KB040492

신라 상대 관복제도사

정덕기 지음

三國史記卷第三十三

宣撰

雜志第二　色服　車騎　器用　屋舍

新羅之初衣服之制不可考色至第二十三葉
法興王始定六部人服色尊卑之制猶是夷俗
至眞德在位二年金春秋入唐請襲唐儀玄宗
皇帝詔可之兼賜衣帶遂還來施行以夷易華
文武王在位四年又革婦人之服自此已後衣

역사산책

이 책은 필자가 2017~2022년에 신라 상대 관복제도를 주제로 게재한 글 4편을 모아 수정·보완한 것이다. 필자의 큰 학문(大學) 공부는 2002년에 시작했었고, 2009년 석사학위논문을 내면서 '사색공복(四色公服)의 의미'라는 짧은 절을 썼다. 석사학위논문의 절 제목에 쓴 7자(字)를 다소나마 책임지기까지 15년이 걸렸다. 이 책에서 다룬 문제는 필자의 뇌리에서 늘 맴돌던 문제이기도 하다.

사람의 삶에서 복식·장복 등 '옷'의 의미는 가볍지 않다. 옷은 잉태에서 장례까지 사람과 함께하나, 대부분의 사람은 삶의 처음과 마지막에 입는 옷을 자신이 선택하기 어렵다. 첫 옷은 아이를 잉태한 부모가 준비하며, 마지막 옷은 장례를 치르는 자식이 준비하기 때문이다. 개인의 삶에서 의미 있는 여러 옷이 있겠지만, 삶의 처음·마지막에 입는 옷은 전세(前世)·후세(後世)의 문화정체성을 따라 결정되는 경우가 대부분이다. 근대화 이후 개인에게 의미 있는 시간에 함께한 옷은 대부분 양장이지만, 죽을 때 전통을 따른 수의(壽衣)가 여전히 활용되는 이유가 그것이다.

이 점에서 옷의 변화는 단순한 패션의 유행·변화에 대한 문제가 아니다. 개인과 옷은 세대를 걸쳐 형성되는 국가·사회·공동체의 문화정체성을 매개로 과거·현재·미래의 3세가 이어져 있다. 따라서 장복을 포함한 옷의 변화와 그 함의에 대한 평가는 인문학적 가치의 변화와 평가를 내포하는 문제이다.

　이 책에서 필자는 신라 상대 관복제도를 공복(公服)·조복(朝服)·무관복(武官服) 등 3개의 관복과 각 관복의 구성 품목을 통해 설명하고자 하였다. 공복은 관인의 일상 근무복인 상복(常服)이자, 품목을 많이 생략한 종생복(從省服)·약복(略服), 즉 '줄인 옷'이다. 조복은 관인의 정복(正服)이자, 필요한 모든 품목을 갖추는 구복(具服), 즉 '갖춘 옷'이다. 무관복(武官服)은 무관의 업무와 환경으로 인해 문관 관복과 차이가 있는 관복이다. 신라 관복의 구성 품목을 직접적으로 전하는 핵심 자료는 신라 사신도 2장과 188~300여 자(字) 정도의 단편적인 문헌에 불과하다.

　필자가 관복별 1벌의 구성 품목을 구체적으로 설명하기 위해서는 중국 정사의 예지·거복지·여복지와 『삼례(三禮)』를 비롯한 각종 예서, 현존 복식 그림·유물과 전근대에 출판된 사전을 꼼꼼히 살펴야만 했다. 동이와 중국의 고대 관복은 어떤 부분이 같고 다르며, 같고 다른 이유는 무엇인가? 관인은 어떠한 때와 상황을 고려해 관복을 선택해 입어야 하는가? 국가는 어떤 상황에 어떤 관복을 입으라고 규정할 것인가? 이 책을 쓰면서 가장 많이 물은 질문이었다. 남은 고민거리와 읽을거리는 바다보다 많다.

　이 책에서 선학에 대한 예를 미처 갖추지 못한 부분이 있다면, 이것은 모두 필자의 탓이다. 아직 갈 길이 멀지만, 지금보다 더 나아가기 위한 중간 점검을 위해 출판을 하게 되었다. 이 책의 출판이 훗날 고구려·백제·발해·고려·조선 등 전통 시대의 관복·복식 연구자들의 회합에 초석을 제공할 수 있기를 바란다.

이 책은 많은 분의 도움을 거쳐 나왔다. 가장 먼저 한국고등교육재단과 사서삼경 강독을 통해 3년에 걸친 한학 연수를 지도해주신 지두환·이석형·양일모 선생님께 깊이 감사드린다. 고전을 읽고, 공부만 하면 더 이상의 바람이 없다는 재단의 도움과 경학의 생 기초를 하나하나 닦아주신 선생님들과의 인연이 없었다면, 이 책은 나오기 어려웠을 것이다. 이 책의 최대 난제이자 선결과제는 한~당 훈고학의 시대를 이끈 유자·사학자의 글을 철저히 이해하는 것이었기 때문이다. 또 석사를 마친 필자를 육군3사관학교 군사사학과에 불러주셨던 허중권 선생님께도 깊은 감사를 올린다. 계급과 때·상황을 따른 복장이 규제된 교수사관의 경험은 제도·예제·관복·군사 등에 문제의식을 두고 공부하는 필자에게 많은 무형의 유산을 남겨주었다. 이 책에 수록된 논문을 토론하고 심사해주시고, 험난한 필자의 연구를 음으로 양으로 응원해주셨던 학계의 선생님들께 고개 숙여 깊이 감사드린다. 또 어려운 여건 속에서도 흔쾌히 출간을 맡아주시고, 좋은 책을 만들기 위해 마지막까지 심혈을 기울여주신 도서출판 역사산책의 박종서 선생님과 출판사 관계자분들께도 감사의 말씀을 드리고자 한다. 무엇보다 하나라도 더 찾겠다고 책이나 사서 모으고 그림이나 골똘히 쳐다보던 답답이를 묵묵히 지켜보며 응원하시던 어머님과 항상 형의 편인 동생에게 고마울 따름이다.

2023년 2월

緣好堂에서

표차례

그림 차례

1장
서론

1. 연구사 검토

　복식(服飾)·장복(章服)은 기후·외부 환경 변화로부터 사람의 몸을 가리고 보호하며(掩護), 잉태부터 장례까지 사람과 관계를 맺는 사물이다. 국가·사회는 시의(時宜)·지의(地宜)에 따른 복식을 의칙(儀則)·규범(規範)으로 규정해 통치의 정당성을 드러내었다. 개인은 때·상황에 맞는 복식을 준수해 현재의 위치와 존비(尊卑)를 분별하고,[1] 국가·사회적 합의에 대한 동의를 표현하였다.[2] 따라서 복식은 개인·사회·국가 간 관계에서 타자에 대비해 자신(自身)·자국(自國)의 정체

---

[1] 『三國史記』 권33, 雜志2, 色服, "新羅之初, 衣服之制, 不可考色. 至第二十三葉法興王, 始定六部人服色尊卑之制, 猶是夷俗.";『三國史記』 권9, 新羅本紀9, 景德王 15년(756) 春 2월에 인용된 唐 玄宗의 五言十韻詩. "衣冠知奉禮."

[2] 『日本書紀』 권19, 欽明天皇 5년(544) 3월, 413쪽. 일본의 좌로마도(佐魯麻都)는 영광된 반열과 높고 성한 지위를 지닌 무리에 포함되나(入榮班貴盛之例), 신라 나마(奈麻)의 관(冠)을 착용했다는 이유로 백제로부터 모함을 받았다. 복식의 강제력이 군신(君臣)에게 적용된 중국의 사례는 '王維提 저 / 김하림·이상호 옮김, 『중국의 옷문화』, 에디터, 2005, 93~103쪽' 참고. 이하 본서에서 인용한 한적(漢籍) 자료 중 필요한 경우에는 참고문헌에 수록한 저본의 쪽수를 표기한다.

성을 표현하고3 예(禮)를 이행하는 수단이었다.

전근대 동아시아는 '행례(行禮)의 구현 수단'이란 복식의 의미를 국가 운영에 적극적으로 활용하였다. 전근대 동아시아에서 복색(服色)·휘호(徽號)·기계(器械)·의복(衣服) 등 문물을 변혁해 일신(一新)을 드러낸다는4 이념은 일찍부터 발달하였고, 여복(輿服)은 위의(威儀)·품절(品節)에 따른 예(禮)의 분별을 가시화(可視化)하는 수단으로 이해되었다.5 또 국가는 복식의 시정(始定)·개정(改定)을 통해 국가 규범, 대내·대외정책의 방향성, 국제관계에 대한 고려 등을 표현하였다.6 이로 인해 국가·사회에서 복식은 현실의 국가적 변화를 효율적으로 전달·표현하는 실용적 수단이기도 하였다. 오늘날보다 정보 교류가 원활하지 않고, 매스미디어 등 정보의 소통·공유수단의 발달이 미약한 사회에서, 문물변혁은 국가 변화를 가장 잘 표현하는 도구였기 때문이다. 이로 인해 동아시아 전근대 국가는 관인(官人)의 제복(制服)을 령(令)으로 정해 운영하고, 제복을 통해 국가·사회·집단의 정체성을 대

---

3 『論語』 憲問. "微管仲, 吾其被髮·左衽矣." 공자는 관중(管仲)의 대표적인 업적을 푼 머리(被髮)·좌임(左衽)을 막았다는 측면에서 찾았다. 공자의 관중 평가는 전근대 문화정체성 인식을 잘 보여주는 사례이다.

4 [元]陳澔 編 / 정병섭 역, 『譯註 禮記集說大全 - 大傳』, 學古房, 2014, 84~90쪽. "立權度量·考文章·改正朔·易服色·殊徽號·異器械·別衣服. 此其所得, 與民變革者也.【[唐]孔穎達 疏 : "此其所得, 與民變革者也"者, 結權度量以下, 諸事是末. 故可變革, 與民爲新, 亦示禮從我始也.】

5 『南齊書』 권17, 志9, 輿服, 贊曰, 343쪽. "文物煌煌, 儀品穆穆, 分別禮數, 莫過輿服."

6 「忠州高句麗碑」에서 고구려 태왕(太王)이 동이매금(東夷寐錦)·제위(諸位)에게 의복을 내린 사례나, 김춘추의 당 장복(章服) 요청과 신라의 중국 의관 착용 시작(始服中朝衣冠) 등도 유사한 맥락이다. 전자는 신라-고구려 관계의 개선 의도로 이해된다(이도학, 「中原高句麗碑의 建立 目的」『高句麗渤海硏究』 10, 高句麗硏究會, 2000, 280~281쪽 ; 장창은, 『고구려 남방 진출사』, 景仁文化社, 2014, 376쪽), 후자는 신질서 시도, 해당 국가 종주권의 상징적 인정으로 보기도 한다(김영하, 『韓國古代社會의 軍事와 政治』, 高麗大 民族文化硏究所, 2002, 269쪽 ; 하일식, 『신라 집권 관료제 연구』, 혜안, 2006, 325쪽 ; 한준수, 『신라중대 율령정치사 연구』, 서경문화사, 2012, 50~51쪽).

변하였다.

전근대 동아시아 국가에서 복식이 갖는 함의는 신라사 속 의관(衣冠)·의복(衣服)의 함의에도 통용된다. 신라에서 의관은 '일정한 정치·사회적 지위를 지닌 집단'을 말하며,[7] 사람의 상·하와 위(位)의 존(尊)·비(卑)를 드러내었다.[8] 이를 제도화하여 개인의 정치적 등급을 복(服)·대(帶)·관(冠) 등으로 가시화하고, 왕·관인이 공식 석상에서 착용할 위신재를 규정한 것이 의관제(衣冠制)이다.[9] 이로 인해 의관제를 구성하는 각종 의복 관련 규정은 율령제(律令制)·관료제(官僚制)·신분제(身分制) 등 여러 제도와 관계를 맺으며 운영되었고, 정치·사회적으로 중요한 함의를 가졌다.

신라 의관제를 전하는 자료는 고구려·백제의 의관제 자료보다 희소하고, 한국 측 문헌 자료와 중국 측 문헌·회화 자료로 계통이 구분된다. 한국 측 문헌 자료는 『삼국사기(三國史記)』의 신라본기(新羅本紀, 이하 '본기')·잡지(雜志)가 대표적이다. 본기는 법흥왕(法興王) 7년(520) "백관 공복(公服)의 제정",[10] 진덕왕(眞德王) 3년(649) "중국(中朝, 즉 당(唐)) 의관 착용 시작",[11] 진덕왕 4년(650) "진골 관인이 상아홀(牙笏)을 들게 한 하교(下敎)"[12] 등을 전한다. 잡지의 색복(色服, 이하 '색

---

7 『三國史記』 권47, 列傳7, 薛聰頭. "亦新羅 衣冠 子孫也." ; 『三國史記』 권44, 列傳4, 金陽. "今渠魁就戮, 衣冠 士女·百姓, 宜各安居, 勿妄動."

8 『三國史記』 권33, 雜志2, 色服, 興德王 卽位 9년·太和 8년(834) 下敎曰. "人有上·下, 位有尊·卑, 名例不同, 衣服亦異."

9 노중국, 「三國의 官等制」『강좌 한국고대사 2』, 가락국사적개발연구원, 2003, 163쪽 ; 김영심, 「6~7세기 삼국의 관료제 운영과 신분제-衣冠制에 대한 검토를 기반으로-」『한국고대사연구』 54, 한국고대사학회, 2009, 87~90쪽.

10 『三國史記』 권4, 新羅本紀4, 法興王 7년(520) 春 正月. "頒示律令. 始制, 百官公服, 朱紫之秩."

11 『三國史記』 권5, 新羅本紀5, 眞德王 3년(549) 春 正月. "始服中朝衣冠."

복지')은 법흥왕제(法興王制),13 흥덕왕(興德王) 9년(834) 하교(下敎)를14 전하고, 직관지(職官志)의 무관(武官, 이하 '무관 조')은 범군호(凡軍號)·제군관(諸軍官)에 부대별 금색, 특정 무관의 금 착용 여부를 전한다. 또 금(衿)·화(花)·령(鈴) 등 조는 신라 무관 고유의 위신재(威信材)·의장물(儀仗物)의 활용을 전한다.15 이 외 『삼국유사(三國遺事)』, 선도성모수희불사(仙桃聖母隨喜佛事)는 "조의(朝衣)",16 849년경 김립지(金立之)가 지은(撰) 「성주사비(聖住寺碑)」는 "조복(朝服)을 베풀다(施朝服)"란17 단어·문구를 전한다.

중국 측 문헌 자료로는 정사(正史)의 동이전(東夷傳)·신라전(新羅傳)이 대표적이다. 『후한서(後漢書)』·『삼국지(三國志)』, 한전(韓傳)과 『진서(晉書)』, 진한전(辰韓傳)은 진한의 풍속을 전하며,18 『양서(梁書)』·『남사(南史)』, 신라전은 4종 관복 명사를 전한다.19 『수서(隋書)』·『북사(北史)』, 신라전은 신라에서 숭상한 복색을 소(素)·화소(畫素)라 하였다.20 『구당서(舊唐書)』·『신당서(新唐書)』, 신라전은 신라 조복이 백색(白)을 숭상했다고 하고, 『신당서(新唐書)』, 신라전은 신라 남·녀의 복식에 대한 간략한 설명을 더 서술하였다.21 중국 측 회화

---

12 『三國史記』 권5, 新羅本紀5, 眞德王 4년(550) 夏 4월. "下敎. "以眞骨在位者, 執牙笏.'"
13 『三國史記』 권33, 雜志2, 色服, 法興王制.
14 『三國史記』 권33, 雜志2, 色服, 興德王 卽位 9년·[唐 文宗]太和 8년(834) 下敎曰.
15 『三國史記』 권40, 雜志9, 職官 下, 武官, 衿·大將軍花~諸著衿幢主花·花·鈴.
16 『三國遺事』 권5, 感通7, 仙桃聖母隨喜佛事.
17 崔鉛植, 「金立之撰 聖住寺碑」, 韓國古代社會研究所 編, 『譯註 韓國古代金石文 3』, 駕洛國史蹟開發研究院, 1992, 241~245쪽.
18 『後漢書』 권85, 列傳75, 東夷, 韓, 2818~2820쪽 ; 『三國志』 권30, 魏書30, 烏丸·鮮卑·東夷傳, 韓, 849~853쪽 ; 『晉書』 권97, 列傳67, 東夷, 辰韓, 2534쪽.
19 『梁書』 권54, 列傳48, 東夷, 新羅, 805~806쪽 ; 『南史』 권79, 列傳69, 東夷, 新羅, 1973쪽.
20 『隋書』 권81, 列傳46, 東夷, 新羅, 1820쪽 ; 『北史』 권94, 列傳82, 新羅, 3123쪽.

자료로는 「[전(傳)]염립본(閻立本) 왕회도(王會圖)」(이하 '「왕회도」')
·「남당(南唐) 고덕겸(顧德謙) 모(摹) 양(梁) 원제(元帝) 번객입조도
(蕃客入朝圖)」(이하 '「번객입조도」') 속 신라 사신도(使臣圖) 2종이 있다.

　신라 의관제에 대한 선행연구의 흐름을 검토하면 다음과 같다. 신
라 의관제 연구에서 가장 많이 주목된 주제는 '520년 법흥왕이 제정한
백관의 공복'이다. 주로 ①본기의 520년 공복 제정 기사와 ②색복지의
'법흥왕제'(이하 '법흥왕제')를 통해 의관제의 실체·운영양상에 대한
접근이 시도되었다.

　520년 제정한 공복을 이해하는 과정에서 가장 먼저 초점이 된 것은
②의 편년이었다. ②는 관위 기준의 의제(衣制)와 관위·관직 기준의
관제(冠制)를 전하므로, 신라 의관제의 이원적(二元的) 구조를 보여준
다.[22] ②에서 제기된 문제는 크게 3가지이다. 첫째, 의제를 서술한 부
분에만 '법흥왕'이란 시점이 명시되고, 의제·관제 사이는 줄바꿈(隔行)
이 있었다. 둘째, 의제 기준에 '圃 태대각간(太大角干)·圈 대각간(大角
干)' 등 법흥왕 이후 신설되는 비상위(非常位)가 설정되었다.[23] 셋째,
관제 기준에 고관제(古官制)로 분류되는 관직이[24] 혼용되었다.

---

21 『舊唐書』권199上, 列傳149, 東夷, 新羅, 5334쪽 ;『新唐書』권220, 列傳145, 東夷, 新羅,
　6202쪽.
22 金義滿, 「新羅의 衣冠制와 骨品制」『慶州史學』27, 慶州史學會, 2008(a) : 김희만, 『신라의
　왕권과 관료제』, 景仁文化社, 2019, 314~318쪽 ; 김영심, 앞의 논문, 2009, 106~107쪽.
23 본서에서 신라의 19관위를 표기할 때는 관위 등수를 쉽게 파악하도록 관위명 앞에 등수를
　붙여 표기하겠다. 상위(常位) 17등은 괄호 문자를, 비상위(非常位) 2등은 '圃·圈'를 붙여
　표기하기로 한다.
24 고관제는 마립간시기 관제(노중국, 앞의 논문, 2003, 167쪽), 법흥왕대 관제(武田幸男,
　「新羅の骨品體制社會」『歷史學硏究』299, 東京, 歷史學硏究會, 1965 : 韓國人文科學院 編
　輯委員會 編, 『新羅의 骨品制度』, 韓國人文科學院, 1989), 법흥왕대 성골(聖骨)·진골(眞
　骨)·비골(非骨) 등이 성립하며 나타난 관제라고도 한다(木村誠, 「6世紀新羅における骨品

이상의 문제로 인해 ②는 법흥왕대 품주(稟主) 조직에 기준한 의관
제이며, 649년 성골(聖骨)의 소멸과 두품제(頭品制) 정비를 계기로 기
존 관제의 폐기를 상정하기도 하였다.[25]

또 경문왕(景文王) 11~13년(871~873)의 「황룡사(皇龍寺) 구층목탑
(九層木塔) 찰주본기(刹柱本記)」에 서술된 적위(赤位)·청위(靑位)·황
위(黃位)가 주목되었다. 649년 중국 의관을 착용했지만, 520년 설정한
4색이 유지됨을 보여주기 때문이었다. 이로 인해 ②를 649년의 사실
로 보기도 한다.[26] 이 견해는 이원적 기준의 관제를 골품제·관료제와
의 관계를 토대로 이해하려는 노력에서, 편년을 약간 수정한 것이다.
그러나 대개 ②는 법흥왕대 상황이며, 중조 의관(즉 당복(唐服)) 수용
후 공복제의 변화를 상정한다.[27]

制の成立」『歷史學硏究』428, 東京, 歷史學硏究會, 1976 ; 木村誠, 『古代朝鮮の國家と社
會』, 東京, 吉川弘文館, 2004, 185~189쪽).

25 木村誠, 위의 책, 2004, 185~192쪽.

26 全德在, 『新羅六部體制硏究』, 一潮閣, 1996, 160~169쪽 ; 全德在, 「7세기 중반 관직에 대
한 관등규정의 정비와 골품제의 확립」『한국 고대의 신분제와 관등제』, 아카넷, 2000,
300~315쪽 ; 전덕재, 『한국 고대사회의 왕경인과 지방민』, 태학사, 2002, 258~266쪽. 이
상의 글은 ①의 편년은 인정하되, ②는 진덕왕 5년(651)의 관제(冠制)로 이해하였다. ①에
비상위가 있고, ②는 대부분 직관지 상권에 보이는 성전(成典)의 관직을 기준으로 하며,
좌로마도가 쓴 '나마(奈麻禮)의 관(冠)'(『日本書紀』 권19, 欽明天皇 5년(544) 3월, 413쪽)
을 볼 수 없기 때문이었다. 따라서 ①은 520년 의관제 시행을, ③은 649년의 개정조치라
하였다. 그러나 ③의 기준관직은 대사(大舍) 외에 대부분 정원이 적다. 이들을 위한 관제
(冠制)를 별도로 만들었다면, 그 행정적 함의는 분명히 규명되어야 한다. 또 신라·당 공복
의 색은 차이가 있고, 의색(衣色)을 따르는 위(位)를 법흥왕 고관제(古官制)로 볼 수도 있
다. 『양서』, 신라전의 '관(冠)'과 『일본서기』의 '나마 관'은 양·일본 양국에서 신라 관복을
본 모습이 남은 것이다. 따라서 본서에서는 ①·③ 모두 520년 규정으로 파악한다.

27 노중국, 앞의 논문, 2003, 166~167쪽 ; 武田幸男, 앞의 논문, 1965 ; 韓國人文科學院 編輯委
員會 編, 앞의 책, 1989 ; 武田幸男, 「新羅法興王代の律令と衣冠制」『古代朝鮮と日本』, 東
京, 龍溪書舍, 1974 ; 武田幸男, 『新羅中古期の史的硏究』, 東京, 勉誠出版, 2020 ; 申東河,
「新羅 骨品制의 形成過程」『韓國史論』5, 서울대학교 국사학과, 1979, 59~61쪽 ; 李鍾旭,
『新羅國家形成史硏究』, 一潮閣, 1982, 174쪽 ; 朱甫暾, 「新羅骨品制社會とその變化」『朝鮮
學報』196, 奈良, 朝鮮學會, 2005, 163~173쪽 ; 金義滿, 앞의 책, 2019, 314~318쪽 ; 金義

②의 편년을 법흥왕대로 인정해도 공복제(公服制)에 대한 접근방식
은 논자별로 다르다. 초기 연구에서는 520년 "율령 반포(頒示律令)"의
실체를 해명하고자 공복제에 접근하였다. 즉 공복제 자체를 파악하려
는 의도보다, 6세기 초 율령(律令)의 시행 여부나 내용추론,[28] 율령의
성격,[29] 율령조항의 복원 단서로[30] 고찰한 것이다. 또 공복제 연구를
통해 관위제·골품제의 성립 시기를 추적한 연구가 주류를 이루었다.[31]

이후 공복제의 실상과 중조 의관의 수용 정도가 관심사로 부상하였
다. 중조 의관의 수용 정도에 대해서는 전면 수용이란 입장과 부분
수용이란 입장이 구분된다. 전자는 법흥왕대의 자(紫)·비(緋)·청(靑)
·황(黃)이 진덕왕대에 자(紫)·비(緋)·녹(綠)·청(靑)의 4색으로 변했

滿, 「新羅 衣冠制의 成立과 運營」 『전통문화논총』 6, 한국전통문화학교, 2008(b) : 김희만,
앞의 책, 2019, 283~288쪽 ; 김영심, 앞의 논문, 2009 ; 구효선, 「衣冠制를 통해 본 중고기
貴族의 양상」 『新羅文化』 34, 東國大學校 新羅文化硏究所, 2009 ; 한준수, 앞의 책, 2012,
53쪽 ; 이한상, 「신라 복식의 변천과 그 배경」 『新羅文化』 43, 東國大學校 新羅文化硏究所,
2014, 152~158쪽.
28 武田幸男은 520년의 율령 반포가 의관제 시행에 불과하다고 설명하였다(앞의 논문, 1974
: 앞의 책, 2020, 3~33쪽). 이에 김용선의 반론이 제출되었다(「新羅 法興王代의 律令頒布
를 둘러싼 몇 가지 問題」 『加羅文化』 1, 경남대학교 가라문화연구소, 1982, 124~128쪽).
29 「蔚珍鳳坪新羅碑」의 발견으로 율령 반포에 대한 시비는 거의 종식되었고, 의관제는 율령
의 성격과 관련해 연구되었다(朱甫暾, 「蔚珍鳳坪新羅碑와 法興王代 律令」 『韓國古代史硏
究』 2, 한국고대사연구회, 1989 ; 朱甫暾, 『금석문과 신라사』, 지식산업사, 2002 ; 盧鏞弼,
「新羅時代 律令의 擴充과 修撰」 『洪景萬敎授停年紀念 韓國史學論叢』, 景仁文化社, 2002
; 洪承佑, 「新羅律의 基本性格-刑罰體系를 중심으로」 『韓國史論』 50, 서울대학교 국사학
과, 2004 ; 山本孝文, 「服飾과 身分表象」 『三國時代 律令의 考古學的 硏究』, 서경, 2006).
30 田鳳德, 「新羅의 律令攷」 『서울大學校論文集』 4, 1956 ; 盧重國, 「法興王代의 國家體制
强化」 『統一期의 新羅社會 硏究』, 경상북도, 1987 ; 延正悅, 「新羅律令攷」 『南都泳博士古
稀紀念 歷史學論叢』, 민족문화사, 1993 ; 李仁哲, 「新羅律令의 篇目과 그 內容」 『정신문
화연구』 54, 한국정신문화연구원, 1994.
31 金哲埈, 「高句麗·新羅의 官階組織의 成立過程」 『李丙燾博士華甲記念論叢』, 一潮閣, 1956
: 『韓國古代社會硏究』, 知識産業社, 1975 ; 木村誠, 앞의 논문, 1976 ; 申東河, 앞의 논문,
1979 ; 武田幸男, 「新羅官位制의 成立」 『朝鮮歷史論集 上』, 龍溪書舍, 1979 : 武田幸男, 앞
의 책, 2020, 57~85쪽 ; 李鐘旭, 「新羅 中古時代의 骨品制」 『歷史學報』 99·100合輯, 歷史
學會, 1983 ; 朱甫暾, 앞의 논문, 2005 ; 金義滿, 앞의 책, 2019, 312~318쪽.

다거나,[32] 651년 신라 공조사(貢調使) 지만(知万) 사찬(沙湌) 등의 당복 착용이 일본 사료에서 확인됨을 주목하였다.[33] 그러나 대개 신라와 당의 사회 성격 차이를 전제로, 649년 조치는 옷의 양식변화 등 부분 수용이란 입장에서 파악되었다.[34]

당복의 수용 정도 논의는 520년 공복의 성격을 다시 환기시켰다. 520년 공복을 '이속(夷俗)'으로 평한『삼국사기』찬자의 인식이 재확인되었기 때문이다. 이로 인해 당시 공복은 전통 복제에 기반을 둔 상고 관행의 정리조치이며, 중조 의관 수용 이전의 과도적 성격을 지닌다고 평가되었다.[35]

상기 성과와 함께 논의된 것이 공복의 착용 집단이다. 당복의 수용 정도에 관계없이 의·관제의 기준 변화를 상정하지는 않는다. 따라서 신라 관료제의 운영 집단을 의관제로 찾고자 한 것이다. 이로 인해 주목된 것이 의제의 기준 관위와 속성이었다.

자·비·청·황의 기준 관위는 관직별 상당위와 비슷하게 설정되었

---

32 高富子·권준희·정완진,「新羅 王京人의 衣生活」『신라문화제학술발표논문집』28, 동국대학교 신라문화연구소, 2007, 61~62쪽.

33 『日本書紀』권25, 孝德天皇 白雉 2년 是歲, 271쪽. "新羅貢調使, 知万沙湌等, 著唐國服." 이를 신라의 전면적인 당복(唐服) 수용으로 파악하기도 한다(延敏洙,「新羅의 大倭外交와 金春秋」『新羅文化』37, 동국대학교 신라문화연구소, 2011, 16~17쪽 ; 연민수·김은숙·이근우·정효운·나행주·서보경·박재용,『역주 일본서기 3』, 동북아역사재단, 2013, 243~244쪽).

34 황선영은 옷 양식에서 당복을 수용하나, 복색과 그 적용 범위는 520년의 것이 유지되었다고 하였다(『나말여초 정치제도사 연구』, 국학자료원, 2002, 259~261쪽). 김희만은 '당식 과대(銙帶)' 등의 도입을 말하며 649년 이후 당 관련 행사에 공복을 쓰므로, 신라의 공복 체계는 이중성이 있다고 하였다(앞의 책, 2020, 318~324쪽). 이한상은 당복의 실체를 황성동·용강동 석실분 출토 토용 의복, 장군로 1호분 대금구 등에서 찾았다(앞의 논문, 2014, 152~158쪽). 한준수는 반비(半臂)를 대표적인 당복이라 하였다(앞의 책, 2012, 54~56쪽).

35 한준수, 앞의 책, 2012, 53~55쪽.

다. 자의(紫衣)를 입는 (5)대아찬 이상은 진골(眞骨)만 받는 관위이고, 자의를 입는 관인은 부(部)·부(府)의 장관(長官)인 령(令)에 진출하였다. 따라서 공복의 기준 관위는 '신분별 승진 제한 관위'로 이해되었다.[36] 부(部)·부(府)의 5등 관직인 '령(令)-경(卿)-대사(大舍)-사지(舍知)-사(史)'와 관직별 담당 신분 연구가 결합되면서, 공복은 관료제에 대한 골품제의 강제를 반영한 관복으로 이해되었다.[37] 또 의제의 기준 관위는 신분별 승진 상한이란 견해가 재확인되었다. 이로 인해 폐쇄적 신분제의 완화 장치로 '1관직-복수관위제'를 이해하거나,[38] 이를 전제로 중고기 귀족(貴族)의 개념이 모색되기도 하였다.[39]

중국 측의 문헌·회화 자료를 통해 신라의 복식·풍속에 대한 접근이 이루어졌다. 유관 연구 초기부터 중국 정사 동이전의 복식·풍속 관계 기사가 검토되었다. 역사고고학적 방법론·삼국 복식의 동질성을 통해 고대 한국 복식의 기본형을 제시하고, 한국복식사 속 고대 복식의 복식문화사적 위치를 자리매김한 연구가 나타났다.[40] 또 『중국정사조선전(中國正史朝鮮傳) 역주(譯註)』를 통해 신라전의 복식 관계 기사에 대한 사료학적·서지학적 검토가 수행되었고,[41] 최근에는 중국 정사 동이전이 다시 교감·역주되었다.[42]

---

36 金哲埈, 앞의 책, 1975, 146~148쪽.
37 李基東, 「新羅 中代의 官僚制와 骨品制」『震檀學報』50, 震檀學會, 1980 : 李基東, 『新羅 骨品制社會와 花郎徒』, 一潮閣, 1984, 128~134쪽.
38 김영심, 앞의 논문, 2009, 126~129쪽.
39 구효선, 앞의 논문, 2009.
40 李如星, 『朝鮮服飾考』, 白楊堂, 1947 : 이여성 지음, 김미자·고부자 해제, 『조선복식고』, 민속원, 2008.
41 국사편찬위원회, 『中國正史 朝鮮傳 譯註 1~2』, 신서원, 2004.
42 동북아역사재단 한국고중세사연구소 편, 『中國 正史 東夷傳 校勘』, 동북아역사재단, 2018

신라전의 복식 관계 기사는 대개 신라 일반인의 평복을 설명한 자료로 알려졌고, 『북사』·『수서』, 신라전의 "복색상(화)소(服色尙(畵)素)", 『구당서』·『신당서』의 "조복상백(朝服尙白)"에 대한 관심이 경도되었다. 『북사』~『신당서』, 신라전까지 소(素)·백(白)이 보이나 법흥왕제에는 소(素)·백(白)이 보이지 않고, 복(服)·조복(朝服)이란 주어의 차이도 있기 때문이었다.

문헌사에서 복은 일반인의 평복, 조복은 관인의 관복(官服)이나 상복(喪服)이란 견해가 제기되었다. 당 조복의 용도나 당 사신이 국상조문(國喪弔問)·신왕책봉(新王冊封)을 위해 신라에 온 경우가 많음을 고려하면, 상백(尙白)의 주어인 조복(朝服)은 관인의 관복이나 상복(常服)을 의미한다고 하였다. 이를 통해 신라 관인은 다양한 관복을 소지했다고 설명되었다.[43]

고고·문헌 자료를 통해 신라 복식의 변화상을 검토하며 관(冠)·식(飾) 위주로 신라 상대(上代) 복식이 설명되었다. 특히 『삼국지』, 한전은 의책(衣幘) 위주로 설명하나, 『양서』, 신라전은 관(冠)의 신라어를 기록하므로, 중고기 초 관의 유행이 지적되었다.[44] 또 중국 정사 신라전의 사료적 가치가 다각도로 모색되며,[45] 신라전의 풍속 관계 기

; 동북아역사재단 한국고중세사연구소 편, 『譯註 中國 正史 東夷傳 1-史記·漢書·後漢書·三國志』, 동북아역사재단, 2020 ; 동북아역사재단 한국고중세사연구소 편, 『譯註 中國 正史 東夷傳 4-晉書~新五代史 新羅』, 동북아역사재단, 2020.

43 朴南守, 「신라의 衣生活과 織物 생산」 『한국고대사연구』 64, 한국고대사학회, 2011, 443~450쪽.

44 이한상, 앞의 논문, 2014, 139~156쪽.

45 林起煥, 「4~6세기 中國史書에 나타난 韓國古代史像」『한국고대사연구』 14, 한국고대사학회, 1998 ; 李康來, 「7세기 이후 중국 사서에 나타난 韓國古代史像 - 통일기 신라를 중심으로 -」『한국고대사연구』 14, 한국고대사학회, 1998 ; 李鎔賢, 「『梁書』·『隋書』·『南史』·『北史』의 新羅傳 비교 검토 - 통일이전 신라 서술 중국 사료의 성격」『新羅史學報』 8, 新羅史

사를 검토할 수 있는 여건이 상향되었다.

「왕회도」·「번객입조도」 등 2종 회화 자료 속 신라 사신도에 대해서도 다각도의 검토가 이루어졌다. 2종 회화 자료는 양(梁) 무제(武帝)의 일곱째 아들인 상동왕(湘東王) 소석(蕭繹)이 형주자사(荊州刺史) 재임 중 무제 즉위 40년을 맞아 주변 제국(諸國)이 양에 견사조공(遣使朝貢)한 성황을 기록하고자, 외국 사신의 용모를 관찰하고 풍속을 물어 제작한 직공도(職貢圖)이다.46 무제 대동(大同) 6년(540) 혹 중대동(中大同) 원년(546)에 완성되었다. 원본은 일찍 없어지고 문헌으로만 전해졌지만, 1950~1980년대에 중국 남경박물원(南京博物院)과 대북고궁박물원(臺北故宮博物院)에서 모사본이 나타났다. 1958년 남경박물원이 소장한 북송(北宋) 희녕(熙寧) 10년(1077)의 모사본 중 「백제국사도(百濟國使圖)」·「백제국기(百濟國記)」가 모사되어 백제 복식 관련 자료로 소개되고, 1960년 북송대 모사본 전체가 소개되었다. 1987년 북송대 모사본과 다른 2종의 모사본이 고궁박물관에 소장되었다고 알려졌다. 백묘화(白描畵)로 종이(紙)에 그린 「번객입조도」(26.8×531.5㎝), 채색화(彩色畵)로 명주(絹)에 그린 「왕회도」(28.1×238.1㎝)가 이것이다. 2종 모사본은 제기(題記)가 없지만, 북송대 모사본에 없는 고구려·신라 사신의 모습이 있었다. 이 외 1739년 [청(淸)]장경(張庚)이 연대미상의 「직공도」를 모사하고, 19세기 말 갈사동(葛嗣澎)이 장경(張庚)의 모사본에서 제기(題記)만 다시 기록해(再錄) 「청장경제번직공도권(淸張庚諸番職貢圖卷)」을 만들었다. 「청장

學會, 2006.
46 『藝文類聚』 권55, 雜文部1, 集序, 梁元帝職貢圖 序, 996~997쪽.

경제번직공도권」을 통해 장경 모사본은 「양직공도」의 다른 모사본으로 확인되었다.[47]

신라 사신은 「번객입조도」에 33개국 중 31번째로, 「왕회도」에 24개국 중 17번째로 나타나며, 모두 공수(拱手) 자세로 그려졌다. 이에 문헌사·미술사·복식사에서 신라 사신의 복식이 연구되었다.

문헌사에서는 「양직공도」의 모사(摹寫)와 유전(流傳)과정, 제기(題記)의 전래와 변형과정이 논의되고, 「양직공도」 원본의 당대(唐代) 유존 여부와 「번객입조도」·「왕회도」에 수록된 사신도의 차이에 대한 문제 제기가 이루어졌다. 2종 회화 자료는 백묘화·채색화란 차이가 있었고, 자료별로 수록된 사신도의 총수, 사신도의 배치순서, 각국 사신의 연령·면모·복식의 묘사도 다르기 때문이었다. 따라서 수요자의 요구·제작 목적별로 여러 모사본이 있었을 가능성이 제기되었다.[48] 미술사에서는 중국 직공도(職貢圖)에 한인(韓人)의 도상(圖像)이 제작된 목적을 설명하고, 2종 회화 자료 속 신라 사신 복식과『양서』·『구당서』신라전의 풍속 관계 기사를 상호보완적으로 이해하는 견해가 제기되었다.[49]

복식사에서는 2종 회화 자료를 통해 삼국 사신 복식의 품목을 분석하는 연구가 제출되었다. 신라 사신복의 품목을 신라전의 복식 관계 기사 및 법흥왕제와 비교하고, 신라 사신복(使臣服)에 묘사된 품목의

---

47 金鐘完, 「梁職貢圖의 성립 배경」『魏晉隋唐史研究』8, 魏晉隋唐史學會, 2001, 29~33쪽 ; 尹龍九, 「『梁職貢圖』의 流傳과 摹本」『목간과 문자』9, 한국목간학회, 2012, 125~127쪽.
48 尹龍九, 위의 논문, 2012, 129~131쪽.
49 정은주, 「中國 歷代 職貢圖의 韓人圖像과 그 인식」『漢文學論集』42, 槿域漢文學會, 2015, 92~95쪽.

양적 특징을 관(冠)·유(襦)·고(袴)·화(靴) 위주로 분석하거나, 「왕회
도」 속 신라 사신복의 품목별 색채(Color)를 분석하였다.50 이 과정에
서 「왕회도」의 묘사와 법흥왕제의 차이가 부각되었고, 「왕회도」 속
신라 사신의 상·하의가 황색(黃色)이란 점이 주목되었다.51 「왕회도」
의 신라 사신은 고관(高官)으로 이해되나, 법흥왕제에서 황의(黃衣)는
최말단 관인의 공복이기 때문이었다. 따라서 법흥왕제의 관제(冠制)·
의제(衣制)는 자료적 편년과 달리 7세기 전반의 관복을 전하며, 520년
제정한 공복은 2종 회화 자료의 사신 관복을 말한다는 견해가 제기되
었다. 나아가 통일신라의 상황을 전하는『신당서』, 신라전에서 상백
(尙白)의 주어는 조복(朝服), 삼국시대 신라의 상황을 전하는『북사』·
『수서』, 신라전에서 상소(尙素)의 주어는 복색(服色)이란 점을 강조
하였다. 소(素)는 낮은 신분의 색이므로, 복색상소(服色尙素)는 일반
인이 소색(素色)을 선호한다는 의미로 설명되었다.52

---

50 김영재, 「「王會圖」에 나타난 우리나라 삼국사신의 복식」『한복문화』 3-1, 한복문화학회,
2000 ; 남윤자·이진민·조우현, 「「王會圖」와「蕃客入朝圖」에 묘사된 三國使臣의 服飾 硏
究」『服飾』 51-3, 한국복식학회, 2001 ; 권준희, 「신라 복식의 변천 연구」, 서울대학교
대학원 의류학과 박사학위논문, 2001, 75~100쪽 ; 권준희, 「삼국시대 품급별 복색(服色)
제도의 제정시기에 관한 연구」『한복문화』 5, 한복문화학회, 2002, 68~73쪽.
51 남윤자·이진민·조우현, 위의 논문, 2001, 161~162·169쪽. 이 글은 '李天鳴,『中國疆域的
變遷 上』, 台北, 國立故宮博物館, 1995, 80쪽'의 그림을 분석의 대상으로 삼고, 신라 사신
의 상·하의 색을『PANTONE Textile Color System - paper edition』의 Color-Chip과
대조해 색을 비정하였다. 신라 사신의 상·하의 색은 13-1018TP·12-0910TP와 가장 유사
하므로, 신라 사신의 상·하의 색을 황색 계열로 보았다. 또 고구려 고분벽화에서 푼 머리
(被髮)는 무용수·악인·평인 등 낮은 신분의 머리 모양이므로, 신라 사신의 신분이 낮거나
특수한 직무를 가졌다고 하였다. 이 견해는 원도의 변색도, 사진 인쇄로 인한 변조, 각국
사신별 상대 채도, 한국 고대의 색과 PANTONE 색의 기준 차이 등을 고려하지 않고 육안
판독에 의존한 결과이다. 색(色)은 감각세포의 교란 작용으로 인지되어 주관적 판단이 개
입할 소지가 많고, 시간에 따른 변색 과정에서 황변 현상은 흔히 나타난다. 신라 남자는
머리를 잘라 팔기도 하므로, 본서는 「왕회도」 속 신라 사신의 상·하의 색이 황색 계열이
란 견해에 대해 동의하지 않는다.

무관복과 무관 조에 수록된 무관 고유의 위신재·의장물은 관복 연구의 중요한 과제이나, 거의 진척되지 못했다. 금(衿)은 '옷깃'으로, 저고리·두루마기 등의 목둘레 부분에 길(몸판) 등 천, 다른 천을 둘러대어 여민 것이며, 군단에 규정한 금색은 깃발 색을 말한다고 한다.[53] 또 금은 휘직(徽織)으로 현대의 부대(部隊) 표지(標識)처럼 쓴 것이며, 금색은 부대별 위계나 지휘계통을 드러낸다고도 한다.[54] 무관 조는 금·화·령을 처음 쓴 시기나 활용한 시기를 서술하지 않았고, 금 활용 여부(착금(著衿)·무금(無衿)·금 관련 서술 없음)는 제군관·범군호에 나누어 서술하였다. 화·령 관계 서술도 소략하다. 현재 연구 단계에서 무관복의 구성 품목에 접근하려면, 무관 조의 원전·사료 가치에 대한 이해에 기초할 필요가 있다. 유관 선행연구를 검토하면 다음과 같다.

무관 조의 원전·사료 가치에 대한 견해는 제군관·범군호의 이해방식을 따라 다양하게 나타난다. 일찍부터 제군관·범군호는 『삼국사기』 편찬 당시 수집한 자료를 열거한 자료이며, 중고기(中古)~하대(下代)의 자료가 섞였다고 이해되었다.[55] 제군관은 신문왕(神文王) 10년(690)~중대의 정리를 저본으로 같은 시대에 병존한 군관을 서술했지만, 이미 소멸한 군호는 범군호에 열거하지 않았다고 한다.[56] 6정(停)을 검토하

---

52 권준희, 앞의 논문, 2001, 75~100쪽. 이 견해는 7세기 이전 신라 주변국에 신분별 복색제도가 없음을 전제로, 「왕회도」 속 신라 사신의 상·하의가 황색 계열이란 점에서 법흥왕제의 편년을 부정하였다. 또 신라전의 내용보다 정사의 편찬연대를 기준으로 "복색상소(服色尙素)"·"조복상백(朝服尙白)"의 편년을 단정하였다. 그러나 색으로 관인을 구분하는 관복은 북위 공복에서 시작한다(본서 3장, 69~70쪽). 「왕회도」 속 신라 사신의 상·하의 색비정은 육안 판독에 의존한 결과이고, 신라전은 편찬 시기까지 수집된 정보를 포함한 자료이다. 따라서 본서는 위 견해에 대해 동의하지 않는다.

53 전덕재, 『三國史記 잡지·열전의 원전과 편찬』, 주류성, 2021, 296~297쪽.

54 홍성열, 「신라 통일기 5주서의 역할과 위상」 『北岳史論』 15, 北岳史學會, 2021, 81~92쪽.

55 末松保和, 『新羅史の諸問題』, 東京, 東洋文庫, 1954, 311쪽.

는 과정에서 제군관은 전시(戰時) 야전군(野戰軍) 편성을 위한 군관(軍官) 배치표(配置表)로 이해되기도 하였다.[57] 초기 연구부터 무관 조의 반영 시기, 군관의 상설직 여부 문제가 대두되었다.

초기 연구의 비판적 검토를 통해 무관 조의 내용, 성격, 사료 계통, 찬술 방식을 정리한 견해가 나타나 이후 연구에 큰 영향을 미쳤다. 중요 내용은 다음과 같다. 첫째, 무관 조의 4개 항목은 저본 차이를 보여주며, 사료 계통, 찬술 방식상 무관 조는 찬자의 주견(主見)이 거의 개입되지 않은 '신라 군사 조직 사료집'의 하나이다. 둘째, 시위부는 군사 조직 위주로 서술되었고, 신문왕 원년(681)~9세기 전반의 상황을 반영하였다. 셋째, 제군관은 군관 위주로 서술되며, 693년~경덕왕(景德王) 이전의 군관 규정을 반영하였다. 또 제군관은 전시출동(戰時出動)에 임해 배속된 인원 배치 규정을 서술하였다. 넷째, 『고려사(高麗史)』를 고려하면, 범군호는 백관지(百官志)보다 병지(兵志)에 서술될만한 내용이다. 범군호는 문무왕(文武王) 12년(672)~효소왕(孝昭王) 2년(693)의 군제(軍制) 개혁으로 23군호가 정착된 상황과 693년~경덕왕 이전 군사 조직의 실태를 주로 서술하였다. 다섯째, 『구당서』, 무관(武官) 조를 고려하면, 금·화는 직관지보다 여복지(輿服志)에 서술될만한 자료이다. 또 대(大)·상(上)·하(下) 등 분화된 장군(將軍)과 31종 제군관 중 13종 군관만 금·화의 활용이 보이므로, 금·화의 활용에 대한 사항은 진평왕 이후~중대의 상황을 반영하였다.[58] 이 견해는

---

56 井上秀雄, 『新羅史基礎研究』, 東京, 東出版, 1974, 131~132·137쪽.
57 이성시 지음 / 이병호·김은진 옮김, 『고대 동아시아의 민족과 국가』, 삼인, 2022, 197~215쪽.
58 李文基, 『新羅兵制史研究』, 一潮閣, 1997, 19~69쪽.

무관 조가 대개 중대의 상황을 반영하나 찬자의 재정리 서술이 적고, 금·화는 상대부터 쓰였다고 이해하였다.

직관 상의 원전 연구가 진전되며 무관 조의 서술방식·원전 관계 연구도 진척되었다. 중요 내용은 다음과 같다. 첫째, 시위부는 형식, 내용 구성이 직관 상·중과 거의 같아 관원 규정·연혁을 파악할 수 있는 '격' 유형의 법, 이를 반영한 규정·제도 관계 자료가 저본이다. 둘째, 제군관은 군관 기준으로 서술되나, 내용·기재 방식은 직관 상· 중과 유사하다. 따라서 군관 관련 규정을 담은 '격' 형식의 법이나 이를 정리한 자료가 저본이다. 제군관의 착금(著衿) 여부는 화 관련 규정과 관련된 별도 추가자료에서 비롯한다. 셋째, 범군호는 ①23군단의 명단, ②군단별 구성·연혁, ③금색 규정으로 구분된다. ①은 특정 시기의 법 조문을 전재하고, ②·③은 별도 추가자료가 쓰였다. 주요 추가자료는 금·화 중 금 관계 규정이다. 넷째, 제군관·범군호는 신라의 법전류 자료로 신뢰성이 높으나, 시기가 다른 2종 이상의 전거가 있다. 다섯째, 금·화의 저본은 군관별 착금 여부, 군단별 금색 규정 관련 단일자료로, 금·화의 유래·의미는 무관 조 찬자의 설명을 부기하였다. 금·화는 직관지에 서술할 내용이 아니나, 무관 조의 주요 전거로 쓰이며 무관 조에 포함되었다.[59] 이 견해는 무관 조에 찬자의 재정리가 많지 않다고 이해하나, 무관 조에 반영된 시기와 관련된 판단은 유보하였다.

직관지 3권을 분석하는 과정에서 『구당서』·『신당서』·『고려사』의

---

59 홍승우, 「『三國史記』 職官志 武官條의 기재방식과 典據資料」 『史學硏究』 117, 한국사학회, 2015.

유관 志와 비교해 무관 조의 몇몇 특징이 지적되었다. 첫째, 무관 조는 색복지(여복지)와 병지의 내용에 가까운 금·화와 범군호를 수록하였다. 둘째, 범군호·제군관이 유기적이지 않다. 셋째, 제군관은 군관별로 서술되나, 이전 사례 준용 방식을 쓰고 관등 규정이 높은 순으로 군관을 배치해 직관 상·중의 서술방식과 큰 틀이 유사하다. 특히 당주 관계 부분의 배열순서는 직관지 찬자의 판단을 따랐다. 셋째, 제군관 중 원전 전재 부분과 찬자의 재정리 부분을 구분하기 어려우므로, 제군관은 여러 번 재정리한 자료를 토대로 작성되었다. 넷째, 범군호는 제군관보다 오류·결락이 많아, 특정 시점에 성립한 부대명을 일괄적으로 전하는 자료나 법전류 자료를 저본으로 보기 어렵다. 범군호는 이미 산실된 자료를 후대에 재정리한 자료이며, 범군호의 전거가 2종 이상인지 알기 어렵다. 다섯째, 찬자는 제군관·범군호의 원전이 분리되어 신라의 군사제도를 파악하기 어려운 상태에서 병지(兵志)를 쓰지 못해 무관 조를 편찬하였다. 여섯째, 금·화의 재질·규격 등 신라의 규정으로 보이는 부분, 금·화 규정 자체에도 오류·착종이 있다.[60] 이 견해는 앞의 두 견해보다 찬자의 재정리 서술이 더 많다는 관점에서 무관 조의 원전에 대해 접근하였다.

최근 잡지와 무관 조의 원전이 적극적으로 분석되면서 몇몇 중요한 시준점이 마련되었다. 첫째, 직관 상·시위부의 서술방식이 유사하므로, 시위부의 원전은 흥덕왕(興德王) 3년(828)~문성왕(文聖王) 17년 (855)경에 정리되었다. 둘째, 제군관은 선덕왕(宣德王) 3년(782)~헌

---

60 朴秀淨, 『『三國史記』 職官志 硏究』, 高麗大學校 大學院 韓國史學科 博士學位論文, 2017, 80~92쪽.

덕왕(憲德王) 14년(822) 군관별로 서술된 다양한 전거를 정리한 원전을 대개 찬자가 전재하였다. 셋째, 범군호의 군단명은 대개 경덕왕 16년(757) 이전 지명과 관계가 있으므로, 범군호는 693~757년에 있던 군단을 서술하였다. 넷째, 범군호는 757년 이전의 중대에 있던 법전류 자료나 다양한 전승을 정리한 자료를 전재하고, 별도 전승을 더했다. 다섯째, 군관별 착금 여부, 군단별 금색(衿色)은 범군호·제군관의 원전에 있던 자료이다. 여섯째, 찬자는 『서전(書典)』·『시경(詩經)』·『사기(史記)』·『한서(漢書)』·『주례(周禮)』 등을 인용해 금의 개념을 서술하고, 금의 형태를 약술하였다. 일곱째, 화·령 관계 규정은 찬자가 참고한 전거를 서술하였고, 화·령의 의미는 찬자가 추가하였다. 화는 경덕왕 이후 정비가 상정되나 불확실하며, 화 규정은 특정 시기의 규정을 정리한 법전류, 특정 시기에 반포한 왕교(王敎)를 전재하였다.[61] 이 견해는 찬자의 재정리 서술이 많지 않다는 관점에서 무관 조의 원전에 대해 접근하였다. 또 시위부·제군관은 하대, 범군호는 중대, 화·령 규정은 중대 말 이후 자료가 저본이며, 범군호·제군관의 원전에 금색과 군관·군단별 착금 여부 서술이 있었을 가능성을 제기하였다.

논자별로 무관 조의 서술방식·전거, 찬자가 재정리한 서술의 분량에 대한 이해는 다르다. 그러나 무관 조는 신라의 원전을 직서한 부분이 많고, 금·화·령 규정은 색복지·여복지 등과 관련이 많은 자료로 이해하는 것이 일반적이다. 선행연구를 통해 금·화·령을 처음 쓴 시기는 알기 어려우나, 금·화·령을 쓴 시기는 적어도 상대~중대임을 알

---

61 전덕재, 앞의 책, 2021, 281~299·303~332쪽.

수 있다. 중고기 중반~중대 말 상황을 반영한 기록에 금·화·령 관계 기록이 서술되었다고 보기 때문이다.

2. 문제제기와 대안

앞 절에서 살핀 것처럼, 신라 의관제 연구는 한국 측 자료를 활용한 공복 연구와 중국 측 문헌·회화 자료를 활용한 신라 복식 연구가 주류를 이루었다. 또 무관 조의 원전·자료 가치에 천착하면서 금·화·령의 활용 시기 등이 설명되기도 하였다. 선행연구를 통해 신라 의관제 연구를 위한 설명이 이루어졌지만, 유관 문제가 많이 남아 있다. 본 절에서는 선행연구의 문제와 대안을 제시하고, 이를 통해 본론의 진행을 상술하고자 한다.

첫째, 연구의 시각을 '의관제'에서 '관복제'로 전환할 필요가 있다. 선행연구에서 지적된 신라의 '의관'에 대한 용례나, '의관제'에 대한 정의는 타당한 측면이 있다. 그러나 '의관제'란 용어는 의관 규정·제도의 적용을 받는 사람이 관인이란 점을 적극적으로 드러내기 어렵다. 관인만 아니라 비관인(非官人)의 옷도 '의관'이라 할 수 있기 때문이다. 의관제는 대개 사신·무관을 포함해 관위·관직에 있는 사람, 즉 관인을 대상으로 적용하는 의관의 규정·제도이다. 관인이 공식 석상에서 착용할 위신재에 차등을 두어 제도로 규정하는 이유는 관인 간 위계·직렬을 구분할 필요가 있기 때문이다. 이 점에서 특정 의관을 착용하는 대상과 이유를 고려해, '관복제'라는 시각에서 연구를 수행할 필요가 있다.

둘째, 현대의 제복 공무원처럼, 전근대 동아시아의 관인은 때·상황에 따라 다종(多種)·다양(多樣)한 관복을 착용했다는 점을 고려해야 한다. 의·관 및 각종 식으로 구성된 관복은 자체로 위신재이며, 관인이 용도·상황별 관복을 구분해 착용하는 것은 예(禮)의 이행·준수를 가시화하는 행위이다. 신라 상고기의 『예기(禮記)』 이해도를 고려하면,[62] 신라 상대 관인도 용도·상황별 관복을 구분해 착용했다고 이해된다. 이 점에서 한국·중국 측 문헌 자료의 차이점을 주목하기보다, 문헌 자료의 계통에 따른 설명·묘사의 차이는 신라의 공복·사신복 등 용도가 다른 관복을 설명했다는 관점에서 접근할 필요가 있다.

셋째, 2종 회화 자료의 신라 사신도를 상호보완적으로 검토해야 한다. 여러 계통의 「양직공도」 모사본이 유전(流傳)됨에 따라 2종 회화 자료 속 신라 사신의 묘사는 상당한 차이를 드러내고 있다. 양자의 차이는 자료의 가치·성격에 대한 문제를 내포하므로, 2종 신라 사신도의 묘사에 보이는 차이점을 위주로 신라 사신 관복을 이해한 연구가 많다. 그러나 중국미술에서 '모사(摹寫)'는 '전모이사(傳模移寫)'로 원작자의 기법·의도를 모방해 원작을 이해하고, 회화 방법을 학습하는 작업으로 중시되었다.[63] 또 직공도 종류의 그림은 오늘날의 증명사진과 유사한 역할을 하는 기록화의 성격을 가진다.[64] 따라서 2종 신라 사신도의 차이점을 통해 자료적 가치의 우열을 구분하기보다, 양자를

---

62 정덕기, 「6세기 초 신라의 尊號改正論과 稱王」 『歷史學報』 236, 歷史學會, 2017.
63 남윤자·이진민·조우현, 앞의 논문, 2001, 159~160쪽.
64 姜熺靜, 「미술을 통해 본 唐 帝國의 南海諸國 인식」 『中國史硏究』 72, 中國史學會, 2011, 47~52쪽.

상보적인 입장에서 분석할 필요가 있다.

넷째, '이(夷)·당(唐) 상잡(相雜)'의 시각[65] 및 비교사적 관점을 기준으로 수·당 관복의 구성 품목·분별 원리를 검토하여 신라 관복의 구성 품목을 자료적으로 보충하고, 용도별 관복 1벌의 전모를 밝힐 필요가 있다. 현존 자료에서 구성할 수 있는 신라 상대 관복은 520년 제정한 공복, 사신복으로 쓰는 조복, 무관의 관복이지만, 3개 관복에 대한 자료는 편린만 전해 관복별 전모를 밝히기가 쉽지 않다. 이 점에서 비교사적 방법론에 입각한 자료적 보완을 수행하여, 3개 관복의 구성 품목을 구체화할 필요가 있다.

이상의 문제의식에서 본서는 다음 순서로 논의를 전개하겠다. 2장에서는 상대 조복의 존재와 용도를 논의하겠다. 동아시아에서 조복은 공복보다 먼저 발생해 청정(聽政)·조회(朝會) 등 조정 의례(朝儀)나 사신 교류·접대 등에 쓴 관복이다.[66] 현전 법흥왕제는 중고기 초 이래 관인의 공복제·상복제(常服制)의 단면을 보여주나, 공복만 전해 상대 관복제의 총체적인 모습을 보여주지 않는다. 또 『수서』·『북사』, 신라전의 "복색상(화)소(服色尙(畫)素)"와 『구당서』·『신당서』, 신라전의 "조복상백(朝服尙白)"의 주어에 대한 논쟁이 있다. 나아가 소·백은 법흥왕제의 4색(자·비·청·황)에 포함되지 않아, 법흥왕제의 편년에 대한 신뢰도 문제도 제기되었다. 이상의 문제를 해결하려면, 유관 자료가 기록될 당시 '중국의 신라 이해도'를 점검해야 한다. 중국 정사 신

---

65 '이(夷)·당(唐) 상잡(相雜)'의 개념에 대해서는 '정덕기, 『신라 상·중대 중앙행정제도 발달사』, 혜안, 2021, 33~36쪽' 참고.

66 尾崎雄二郎·竺沙雅章·戶川芳郎 編集, 『中國文化史大辭典』, 東京, 大修館書店, 2013, 858쪽.

라전의 풍속 관계 기사는 중요하나, 상대 대부분의 시기는 신라·중국의 긴밀한 관계를 상정하기 어렵다. 이로 인해 중국 정사 신라전의 풍속 관계 기사는 상복과 다른 신라 사신의 관복을 중국인의 개념으로 묘사했다고 이해되기 때문이다. 즉 신라전의 풍속 관계 기사를 신라의 예제·관복제에 대한 편린이 남은 자료로 이해할 필요가 있다.

관복이 위신재라는 점과 『삼국지』, 한전에 기록된 마한(馬韓)의 조복 착용 및 삼한(三韓) 풍속의 유사성, 『삼국유사』의 '조의(朝衣)', 중국 정사의 신라전에 보이는 중국의 신라 이해도 등을 종합적으로 고려하면, 520년 공복 제정 이전 '공복 외 관복'인 조복의 존재와 용도를 검토할 수 있다. 이상의 시각에서 2장에서는 신라 상대 조복의 존재·용도를 상고기·중고기로 나누어 검토하겠다.

3장에서는 520년 제정한 공복의 개념 및 구성 품목과 색의(色衣)·색관(色冠) 등 복색(服色)의 존비(尊卑)로 대표할 수 있는 공복의 분별 원리를 구체적으로 검토하겠다. 520년 제정한 공복제는 상고기의 관행·이속(夷俗)이 정리된 것이다. 또 649년 중조 의관 착용 이전까지 6대(代) 130년 동안 신라 중앙 관인의 공복제로 기능하였다. 654년 진덕왕(眞德王)의 죽음(薨)이 중고기의 폐막이므로, 520년부터 시행된 공복의 제도를 '중고기 공복제'로 지칭해도 과언은 아니다. 아울러 649년 조치에도 520년 이래의 전통은 신라에 강력히 남아 있었으므로, 중고기 공복은 과도기 공복 이상의 의미가 있다. 따라서 3장에서는 520년 공복의 개념과 실체를 고증적으로 검토하고, 공복의 분별 원리와 함의를 지적하겠다.

4장에서는 상대 조복의 구성 품목과 분별 원리에 대해 검토하겠다.

전근대 동아시아의 관인은 조복을 입고 조회(朝會) 등 조정 의례(朝儀)에 참여하였다. 사신의 외교 활동도 조의(朝儀)·빈례(賓禮)의 하나였다. 이 점에서 2종 신라 사신도에 묘사된 복식을 신라 상대 조복으로 파악하고, 조복의 구성 품목·분별 원리 등을 공복 구성 품목과의 관계 속에서 분석할 필요가 있다. 아울러 신라 상대 조복의 품목에 대한 국내 측 자료가 희박하므로, 인접 국가 조복의 구성 품목과 비교해 자료적 보완을 수행할 필요가 있다. 따라서 4장에서는 중국 조복의 발달과정 속에서 수·당 조복의 구성 품목을 검토하겠다. 이후 2종 신라 사신도의 복식을 상보적으로 분석하고, 회화 등 이미지 자료를 문헌 자료를 활용해 훈고하겠다. 이상의 방법론을 통해 수·당 조복과 신라 상대 공복의 품목을 비교·활용하여 신라 상대 조복의 품목을 제시하겠다.

5장에서는 상·중대 무관복의 구성 품목을 정리하겠다. 신라 무관은 타 직렬과 달리 금을 쓴 관복과 금·화·령 등 위신재를 쓰나, 무관복의 전모와 금·화·령의 의미·용도는 구체적으로 밝혀져 있지 않다. 『삼국사기』 찬자가 색복지에 공복(公服)을 수록했지만, 무관 조에 금·화·령을 수록한 이유는 금·화·령이 무관 고유의 의장물·위신재이기 때문이다. 따라서 5장에서는 신라 무관복의 구성 품목을 수·당 위관·무관의 관복 품목을 통해 보충하겠다. 또 금·화·령을 훈고학적으로 검토하고, 무관복의 구성 품목 및 휘직(徽織)과의 관계 속에서 금·화·령의 의미·용도를 상론하겠다.

본서의 논의는 신라 상대 관인의 조복·공복·무관복의 구성 품목과 분별 원리에 대한 이해를 담고 있다. 본서를 통해 관복별 개념과 용도,

구성 품목, 차등 원리에 대한 기초적 이해가 이루어진다면, 신라 상대 관복제(官服制)의 변화상 및 신라 상대 관료제의 운영양상과 연계될 수 있는 디딤돌을 더 갖게 될 것이다. 더하여『삼국사기』, 잡지의 자료적 보완과 신라 상대 문화사의 이해에도 일조할 수 있을 것으로 기대한다.

2장

상대 조복(朝服)의 존재와 용도

1. 마한·진한 남자의 복식과 신라 상고기 조복의 활용

신라는 상고기 말~중고기 초에 국가 예제·율령을 활발히 재편하였다. 503년 10월 신라국왕(新羅國王)을 칭하고, 504년 4월 상복법(喪服法)을 반행하였다. 520년 정월 율령을 반포해 '백관(百官)의 공복(公服)'과 '주(朱)·자(紫)의 질(秩)'을 처음 제정하였다.

520년 공복은 의복령(衣服令)의 하나로서 관인의 일상 근무복인 상복(常服)을 제정한 것이다. 중조(中朝)의 의관을 입는 649년까지, 본기에서 공복·관복의 변화를 알려주는 자료는 찾기 어렵다. 이로 인해 649년 이전 신라 관인의 관복이 공복만 있었는지, 공복 외 별도 관복이 있었는지를 쉽게 파악하기 어렵다.

그러나 동아시아 전근대 국가의 관인이 다양한 관복을 착용했다는 점과 신라 중앙행정제도의 발달과정을 고려할 필요가 있다. 신라는 상고기에 전(典) 등의 관청을 두어 중앙행정을 운영하고, 중고기에 상고기의 행정 운영 경험을 재편하며 중대 중앙행정제도의 실질적 원형을 창출하였다.[1] 상고기에도 관인의 활동이 상정되므로, 공복과 다른 관복이 상고기부터 존재했다고 예상된다.

유관 자료로 중국 정사의 '한전(韓傳)·마한전(馬韓傳)·진한전(辰韓傳)'에 보이는 풍속 관계 기사와 『삼국유사』, 선도성모수희불사(仙桃聖母隨喜佛事) 조' 등이 주목된다. '한전·마한전·진한전'은 마한·진한 복식과 조알(朝謁)에 쓰는 별도의 옷을 서술하였고, '선도성모수희불사 조'는 '조의(朝衣)'라는 단어를 전하기 때문이다. A를 보자.

A-①. [한(漢)]이 중흥(中興)한 후(25)에 사이(四夷)가 와 빈(賓)[공(貢)]하였다. 비록 때때로 어그러지거나 배반(畔)했지만, 사자(使者)·역인(譯人)이 끊이지 않았다. 따라서 국가의 풍속과 풍토(國俗風土)를 대략 기록할 수 있었다. 동이(東夷)는 대개 토착(土著)으로 음주가무(飮酒歌舞)를 즐겼고, 혹 관(冠)은 변(弁), 의(衣)는 금(錦)으로 하였다. 기용(器用)은 조두(俎豆)를 쓰니, 이른바 '중국이 예(禮)를 잃으면 사이(四夷)에서 구한다'는 것이다.[2]

A-②. 그 뒤 [245년에] 고구려가 배반하자 또 약간의 군대를 보내 지극히 먼 곳까지 추격하니, 오환(烏丸)·골도(骨都)를 넘고 옥저(沃沮)를 거쳐 숙신(肅愼)의 왕정(王庭)을 짓밟고 동쪽으로 대해(大海)에 이르렀다. …… 드디어 여러 나라를 두루 살펴 그들의 법(法)·풍속(俗)을 모아 작고 큰 것을 구별해 각국의 명호(名號)를 상세히 적을 수 있었다. 비록 이적(夷狄)의 나라이나 조두(俎豆)의 모습이 남았으

---

1 정덕기, 『신라 상·중대 중앙행정제도 발달사』, 혜안, 2021, 46~73·268~270쪽.
2 『後漢書』 권85, 列傳75, 東夷, 2810쪽. "自中興之後, 四夷來賓. 雖時有乖畔, 而使·驛不絶. 故國俗風土, 可得略記. 東夷率皆土著, 憙飮酒歌舞, 或冠弁衣錦. 器用俎豆, 所謂'中國失禮, 求之四夷者也'."

니, '중국이 예(禮)를 잃으면 사이(四夷)에서 구한다'는 것을 더욱 믿을 수 있다. 따라서 그 나라들을 차례로 찬술하고 그 같고 다른 점을 열거해 전사(前史)의 미비한 점을 보완하였다.3

A-③. 마한인은 농사(田)·양잠(蠶)을 알고, 면(縣)·포(布)를 짓는다. …… 금(金)·보(寶)·금(錦)·계(罽)를 귀히 여기지 않는다. 소·말을 [잘] 탈 줄 모른다. 오직 영주(瓔珠)를 중히 여겨 의(衣)에 꿰매 장식하고, 목에 매달거나 귀에 드리운다. 대개 머리를 틀고 상투를 드러낸다.【[당(唐)]장회태자(章懷太子) 이현(李賢) 주(注) : 괴두(魁頭)는 과두(科頭)와 같다. 머리카락을 얽고 둘러 과결(科結)을 만든 것을 이른다.】 포포(布袍, 베로 만든 포)와 초리(草履, 풀로 만든 신)가 있다.4

A-④. [한(韓)은] 3종이 있어 첫째를 마한, 둘째를 진한, 셋째를 변한이라 한다. 진한은 옛 진국(辰國)이다. …… 마한 백성은 토착(土著)으로 곡식을 심고 누에를 치며 뽕나무를 기를 줄 알고, 면(綿)·포(布)를 만든다. …… [마한은] 한대(漢代)에 낙랑군(樂浪郡)에 속해 철마다(四時) 조알(朝謁)하였다. …… 마한의 풍속은 의(衣)·책(幘) 입기를 좋아해 하호(下戶)도 [낙랑(樂浪) 혹 대방(帶方)]군(郡)에 조알(朝謁)할 때에는 의(衣)·책(幘)을 빌리며(假), 스스로 인(印)·수(綬)·의(衣)·책(幘)을 착용하는 사람이 천여 명이다. …… 마한의 장(葬)은 곽(槨)은 있되 관(棺)이 없고, 소·말을 탈 줄 몰라 소·말은

---

3 『三國志』 권30, 魏書30, 烏丸·鮮卑·東夷傳, 840~841쪽. "其後高句麗背叛, 又遣偏師致討, 窮追極遠, 踰烏丸·骨都, 過沃沮, 踐肅愼之庭, 東臨大海. …… 遂周觀諸國, 采其法·俗, 小大區別, 各有名號, 可得詳紀. 雖夷狄之邦, 而俎豆之象存, '中國失禮, 求之四夷', 猶信. 故撰次其國, 列其同異, 以接前史之所未備焉."
4 『後漢書』 권85, 列傳75, 東夷, 韓, 馬韓, 2819쪽. "馬韓人知田·蠶, 作縣·布. …… 不貴金·寶·錦·罽. 不知騎乘牛·馬. 唯重瓔珠, 以綴衣爲飾, 及縣頸垂耳. 大率皆魁頭露紒,【[唐]章懷太子 李賢 注 : 魁頭猶科頭也. 謂以髮縈繞, 成科結也.】布袍, 草履."

송사(送死)에 쓴다. 영주(瓔珠)로 재보(財寶)를 삼고, 혹 의(衣)에 꿰매 장식하며, 혹 목에 걸거나 귀에 드리운다. 금(金)·은(銀)·금(錦)·수(繡)를 보배로 여기지 않는다. …… 머리를 틀고 상투를 드러내 마치 날카로운 병기와 같다. 의(衣)는 포포(布袍)이고, 신발은 혁답(革踏, 즉 가죽신)과 교답(蹻蹋, 즉 풀로 만든 신)이 있다.[5]

A-⑤. [마한은] 소·말을 [잘] 탈 줄 모르고, 가축은 다만 송장(送葬)에 쓴다. 풍속은 금(金)·은(銀)·금(錦)·계(罽)를 중히 여기지 않고, 영주(瓔珠)를 귀히 하며, 옷에 꿰거나, 머리를 장식하거나, 귀에 드리울 때 쓴다. 마한 남자는 과두(科頭)를 얽어 계(紒)를 드러내며(露), 의(衣)는 포포(布袍)이고, 리(履)는 초교(草蹻, 풀로 만든 신)이다.[6]

A-⑥. 진한의 기로(耆老)가 스스로 말하였다. "진(秦)에서 망명한 사람으로 고역(苦役)을 피해 한국(韓國)에 도달했는데, 마한이 동쪽 경계를 떼어 주었다." 그들은 국(國)을 방(邦), 궁(弓)을 호(弧), 적(賊)을 구(寇), 행주(行酒)를 행상(行觴)으로 부르고, 서로 부르길 도(徒)라 하니, 진(秦)의 말과 비슷하다. 따라서 [나라] 이름을 진한(秦韓)이라고도 하였다. …… 토질이 비옥해 5곡에 마땅하다. 누에를 치고 뽕나무를 기를 줄 알며, 겸(縑)·포(布)를 만든다. 소·말을 타고 부린다.[7]

---

5 『三國志』 권30, 魏書30, 烏丸·鮮卑·東夷傳, 韓, 馬韓, 849~852쪽. "有三種, 一曰馬韓, 二曰辰韓, 三曰弁韓. 辰韓者, 古之辰國也. …… 其民土著, 種植, 知蠶桑, 作綿·布. …… 漢時屬樂浪郡, 四時朝謁. …… 其俗好衣·幘, 下戶詣郡朝謁, 皆假衣·幘, 自服印·綬·衣·幘, 千有餘人. …… 其葬有槨無棺, 不知乘牛·馬, 牛·馬盡於送死. 以瓔珠爲財寶, 或以綴衣爲飾, 或以縣頸垂耳. 不以金·銀·錦·繡爲珍. …… 魁頭露紒, 如炅兵. 衣布袍, 足履革蹻蹋."

6 『晉書』 권97, 列傳67, 東夷, 馬韓, 2533쪽. "不知乘牛·馬, 畜者但以送葬. 俗不重金·銀·錦·罽, 而貴瓔珠, 用以綴衣或飾髮垂耳. 其男子科頭露紒, 衣布袍, 履草蹻."

7 『後漢書』 권85, 列傳75, 東夷, 韓, 辰韓, 2819쪽. "辰韓耆老, 自言. "秦之亡人, 避苦役, 適韓國, 馬韓割東界地與之." 其名, 國爲邦, 弓爲弧, 賊爲寇, 行酒爲行觴, 相呼爲徒, 有似秦語. 故或名之爲秦韓. …… 土地肥美, 宜五穀. 知蠶桑, 作縑·布. 乘駕牛馬."

A-⑦. [진한의] 기로(耆老)가 대대(代代)로 전(傳)해 스스로 말하였다. "옛 망명인으로 진(秦)의 역(役)을 피해 한국(韓國)에 왔는데, 마한이 그들 동쪽 경계의 땅을 떼어 주었다." …… 진한 말은 마한(馬韓)과 같지 않아 국(國)을 방(邦), 궁(弓)을 호(弧), 적(賊)을 구(寇), 행주(行酒)를 행상(行觴)이라 하고, 서로 부르길 도(徒)라 하여 秦人과 유사하니, 연(燕)·제(齊)의 물명(物名)만은 아니었다. 낙랑인(樂浪人)을 아잔(阿殘)이라 한다. 동방인(東方人)은 아(我)를 아(阿)라 하니, 낙랑인(樂浪人)은 본래 그 남은 사람임을 이른다. 지금도 [진한(辰韓)을] 진한(秦韓)이라 한다.[8]

A-⑧. [진한인은] 스스로 말하였다. "진(秦)의 망명인으로 역(役)을 피해 한(韓)에 들어왔는데, 한(韓)이 동쪽 경계를 떼어 우리를 살게 하였다." …… 언어가 진인(秦人)과 유사해 이로 말미암아 진한(秦韓)으로도 부른다. …… 진한은 항상 마한인을 주(主)로 삼아 썼고, [주(主)를] 비록 대대로 계승했으나 스스로 세울 수 없는데 그들이 흘러 들어온 사람임이 분명해 마한이 통제하기 때문이다. 땅은 오곡에 마땅하고, 누에치기·뽕나무 가꾸기에 넉넉하다. 겸(縑)·포(布)를 잘 만든다. 소를 부리고 말을 탄다. 진한의 풍속은 마한과 비슷하며, 병기도 마한과 더불어 같다.[9]

---

8 『三國志』 권30, 魏書30, 烏丸·鮮卑·東夷傳, 韓, 辰韓, 852쪽. "其耆老傳世自言. "古之亡人, 避秦役, 來適韓國, 馬韓割其東界地與之." …… 其言語不與馬韓同, 名, 國爲邦, 弓爲弧, 賊爲寇, 行酒爲行觴, 相呼皆爲徒, 有似秦人, 非但燕·齊之名物也. 名樂浪人爲阿殘 東方人名我爲阿, 謂樂浪人本其殘餘人. 今有名之爲秦韓者."

9 『晉書』 권97, 列傳67, 東夷, 辰韓, 2534쪽. "自言. "秦之亡人, 避役入韓, 韓割東界以居之." …… 言語有類秦人, 由是或謂之爲秦韓. …… 辰韓常用馬韓人作主, 雖世世相承, 而不得自立, 明其流移之人, 故爲馬韓所制也. 地宜五穀, 俗饒蠶桑, 善作縑·布. 服牛乘馬. 其風俗可類馬韓, 兵器亦與之同."

A-①~②는『후한서』・『삼국지』, 동이전 서문에서 발췌한 자료로, 동이전을 구성하는 기사의 성격을 보여준다. A-③~⑤・A-⑥~⑧은 각각 마한・진한의 복식에 대한 자료를『후한서』・『삼국지』・『진서』, 동이전에서 인용한 것이다.

『후한서』, 동이전은『삼국지』, 동이전의 기사를 전사(轉寫)・변개(變改)했다고 한다.10 즉 두 사서의 동이전에 수록된 기사는 유사한 계통의 자료로, 두 사서는 사인(使人)・역인(譯人)의 활동이나 답험・관찰 활동을 통한 정보를 공유하고 있다. A-①은 후한(後漢) 성립(25) 후 후한에 대한 사이(四夷)의 부정기적 빈공(賓貢)이나 후한・사이(四夷)의 충돌과정에서 사인(使人)・역인(譯人)을 통해 국속풍토의 대략을 기록하였고, A-②는 관구검의 2차 침입(245)으로 위인(魏人)이 숙신(肅愼, 읍루(挹婁)) 동쪽 대해에 이르러 여러 나라(諸國)의 법(法)・속(俗)을 상술하였기 때문이다.

두 사서의 동이전이 공유한 자료 중 상대적으로 더 많은 비중을 갖는 자료는 사인・역인의 활동으로 얻은 정보이다. 진수(陳壽)는 서진대(西晉代)에 역사 편찬을 전담하는 저작랑(著作郎) 자리에서『삼국지』를 편찬하고,11 동이전 말미에 "사인・역인이 때마다 통(通)해 사실을 따라 기술했다"라고 평했기 때문이다.12 또 두 사서의 한전(韓傳)은 부여(夫餘)・고구려(高句麗)・옥저(沃沮)・읍루(挹婁)・예(濊) 등 전

---

10 全海宗,『東夷傳의 文獻的硏究』, 一潮閣, 1980, 99~106쪽.
11 유지기 지음 / 오항녕 옮김,『史通』, 역사비평사, 2012, 644쪽 ; 金鐸敏 主編,『譯註 唐六典 中』, 신서원, 2005, 162쪽.
12『三國志』권30, 魏書30, 烏丸・鮮卑・東夷傳, 858쪽. "評曰.『史』・『漢』, 著朝鮮・兩越, 東京撰錄西羌. 魏世匈奴遂衰, 更有烏丸・鮮卑. 爰及東夷, 使譯時通, 記述隨事, 豈常也哉!'"

(傳)보다 사인·역인의 활동으로 얻은 정보에 기초한 것이 더 많다. A-②에서 위인(魏人)이 답험·관찰한 범위는 고구려~숙신 동쪽의 대해(大海) 정도로 상정되기 때문이다. 실제『삼국지』, 한전은 한(漢)·한(韓)의 말이 다른 상황과13 기리영(崎離營) 전투의 촉발 계기가 리(吏)의 오역(誤譯)임을 설명하였다.14 한편 A-④에서 마한·낙랑군(樂浪郡)의 관계는 조알(朝謁) 같은 '속(屬)' 관계로 설명되고, A-⑥~⑦도 진한 기로(耆老)의 '자언(自言)·전세자언(傳世自言)' 등에 근거했음을 보여준다. 이 점에서 두 사서의 한전은 사실 오류의 가능성을 배제하기 어렵고, 찬술 당시 중국인의 의도를 반영했을 가능성이 높다.

실제 A-①·②는 두 사서의 동이전 찬술이 동이를 대략 구별하고, 중국과의 구별 및 연관성을 서술하면서, 중국 고례(古禮)를 찾는 노력의 일환임을 보여준다. 두 사서는 "국가의 풍속과 풍토를 대략 기록할 수 있었다(國俗風土, 可得略紀)"(A-①), "그들의 법·풍속을 모아 작고 큰 것을 구별하고, 각국의 명호를 상세히 적을 수 있었다(采其法·俗, 小大區別, 各有名號, 可得詳紀)"(A-②)가 동이전 찬술의 원인이라 하고, 조두(俎豆)를 통해 중국 고례(古禮)와의 연관성을 서술했기 때문이다. 후대 사서에서 동이전이 찬술된 이유·성격도 이와 유사하겠다. 따라서 마한·진한의 풍속·복식 관계 기사(A-③~⑧)는 사인·역인을 통한 간접 정보로, 중국·삼한의 관계를 설명하고 삼한을 구별하려는

---

13 『三國志』 권30, 魏書30, 烏丸·鮮卑·東夷傳, 韓, 馬韓 所引 魏略, 851쪽. "至王莽 地皇時, 廉斯鑡爲辰韓右渠帥, 聞樂浪土地美, 人民饒樂', 亡欲來降. 出其邑落, 見田中驅雀男子一人, 其語非韓人. …… 鑡因將戶來, 出詣含資縣, 縣言郡, 郡卽以鑡爲譯. 從芩中乘大船入辰韓, 逆取戶來."

14 『三國志』 권30, 魏書30, 烏丸·鮮卑·東夷傳, 韓, 馬韓, 851쪽. "部從事 吳林以樂浪本統韓國, 分割辰韓八國以與樂浪, 吏譯轉有異同, 臣智激韓忿, 攻帶方郡崎離營."

찬자의 의도를 전제로 분석할 필요가 있다.

A-③~⑤는 마한, A-⑥~⑧은 진한의 풍속·복식을 전한다. 마한은 토착민, 진한은 유이민이나, 모두 중국과의 관계가 설정되었고, A-④는 후한대(後漢代) 낙랑군(樂浪郡)에 속(屬)했음을 명기하였다. 또 A-⑥~⑧은 진(秦)의 망명인(亡命人)이란 출자와 진한 및 진(秦)의 물명(物名)이 가진 유사성을, A-⑦은 아잔(阿殘)의 해석을 통해 낙랑과의 관계를 강조하였다. 『진서』, 마한·진한전에는 낙랑 관련 서술이 없어졌다. 그러나 『양서』, 신라전은 진한의 물명(物名)이 중국과 유사하며,15 『양서』, 백제전은 백제 물명(物名)에 진어(秦語)·한어(韓語)의 유속이 남았다고 하였다.16 이 점에서 『삼국지』·『양서』, 동이전의 풍속 관계 기사는 내용 차이가 있지만, 중국·동이 관계를 설명하는 역할을 갖고 있다.

즉 A-③~⑧의 풍속 관계 기사는 마한·진한의 풍속을 정리하려는 의도보다 동이 여러 나라(諸國)를 분별하고 동이·중국의 관계를 설명하려는 의도에서, 정사의 대상 시기까지 집록된 정보를 선별한 기사이다. 동이전, 특히 한전의 기사가 간접 정보에 기초했다는 점과 동이전 및 풍속 관계 기사의 서술 의도를 고려하면, A-③~⑧의 설명은 마한·진한이 공유하는 부분도 상당했다고 보인다. 이를 고려해 마한·진한의 복식을 검토해보자. 〈표 1〉을 보자.

---

15 『梁書』 권54, 列傳48, 東夷, 新羅, 805쪽. "辰韓, 亦曰秦韓, …… 傳言秦世亡人避役來適馬韓, 馬韓亦割其東界居之, 以秦人, 故名之曰秦韓. 其言語·名物, 有似中國人, 名國爲邦, 弓爲弧, 賊爲寇, 行酒爲行觴. 相呼皆爲徒, 不與馬韓同."

16 『梁書』 권54, 列傳48, 東夷, 百濟, 805쪽. "其言參諸夏, 亦秦·韓之遺俗云."

<표 1> 『후한서』·『삼국지』·『진서』 중 마한·진한의 옷감 관계 기사

	사서	蠶	桑	布	緜·綿	繡	귀하지 않은 옷감
마한	후한서(A-③)	○	·	○	緜	·	錦·罽
	삼국지(A-④)	○	○	○	綿	·	錦·繡
	진 서(A-⑤)	·	·	·	·	·	錦·罽
진한	후한서(A-⑥)	○	○	○	·	○	·
	삼국지(A-⑦)	·	·	·	·	○	·
	진 서(A-⑧)	○	○	○	·	○	·

　　<표 1>은 A-③~⑧ 중 옷감 관계 기사를 정리한 것이다. A-③에 잠(蠶), A-④에 잠상(蠶桑)이 보이므로, 마한에서 잠상이 이루어졌다. 진한의 잠상은 A-⑥·⑧에 보인다. 마한·진한은 모두 베(布)를 생산하였다.

　　양국은 특산·선호 옷감의 차이가 있었다. 마한은 부드럽고 무늬 없는 면(緜·綿)이[17] 특산 옷감이고, 금(錦)·수(繡) 등 무늬를 넣은 비단[18] 및 계(罽) 등 모직물을[19] 귀히 여기지 않았다고 하였다. 진한은 겸(縑)이 특산 옷감이었다. 겸은 실을 세밀히 짜 오색으로 염색하고, 방수가 가능할 정도로 촘촘히 만든 옷감이다.[20] 마한·진한에서 고급 옷감을 생산하고, 옷감의 선호도가 구별되었으므로, 양국 모두 상당한 옷감 제조기술을 보유했다고 판단된다.

　　또 마한의 식(飾, 꾸미개)인 영주(瓔珠)에 대한 인식, 영주의 활용, 의(衣)·리(履)·두발 형태를 생각할 필요가 있다. <표 2>를 보자.

---

17 『釋名』 권2, 釋綵帛. "緜, 猶湎. 湎柔而無文也."
18 『釋名』 권2, 釋綵帛. "繡, 修也. 文修修然也." 금(錦)관련 설명은 '본서 3장, 96쪽' 참고.
19 『後漢書』 권51, 列傳41, 李恂, 1683~1684쪽. "諸國侍子, 及督使賈胡, 數遺恂奴婢·宛馬·金銀·香罽之屬, 一無所受.【[唐]章懷太子 李賢 注 : 罽, 織毛爲布者.】"
20 『釋名』 권2, 釋綵帛. "縑, 兼也. 其絲細緻, 數兼於布絹也. 細緻染縑爲五色, 細且緻, 不漏水也."

<표 2> 『후한서』(A-③)·『삼국지』(A-④)·『진서』(A-⑤)의 마한 복식

사료	영주(瓔珠)					두발 형태			의(衣)	리(履)
	인식	의(衣)	두발	목	귀	괴두	노출 여부	비고		
A-③	重	綴衣爲飾	·	縣頸	垂耳	魁頭·紒	노출(露)	·	布袍	草履
A-④	財寶	綴衣爲飾	·	縣頸	垂耳	魁頭·紒	노출(露)	如炅兵	布袍	革蹻蹋
A-⑤	貴	綴衣	飾髮	·	垂耳	科頭·紒	노출(露)	남자용	布袍	草蹻

<표 2>는 A-③~⑤에서 4개 품목을 기준으로 마한의 복식에 대한 설명을 정리한 것이다. <표 2>의 품목은 일반적인 마한 남자의 복식을 표현했다고 이해된다. A-③~④까지 성별별 복식은 언급되지 않지만, A-⑤에서 과두(科頭)·계(紒)는 남자 머리 모양이라고 했기 때문이다. 이것은 진한 남자의 복식에도 해당할 것이다. A-③~④는 마한전·진한전을 구별하지 않은 채 한전 첫머리에 마한 관련 내용을 서술하였고, A-⑧은 진한·마한의 풍속이 비슷했음을 서술하기 때문이다.

<표 2>에서 주목할 것은 3가지이다. 첫째, 마한·진한 남자는 영주를 옷에 매달거나, 영주 목걸이·귀걸이를 착용하였다. 두발은 머리를 얽어 병기처럼 생긴 상투(魁頭·科頭·紒)를 만들어 내놓았다(露). A-⑤는 영주로 상투를 장식했다고 하였으므로, 마한·진한 남자는 대부분 관(冠)·책(幘) 등 쓰개를 활용하지 않았다고 이해된다. 마한·진한 남자는 대개 상투를 내놓았고, 귀중한 영주로 상투를 장식했다면 영주로 장식한 상황을 드러내고자 했을 것이기 때문이다.

둘째, 마한·진한 남자의 의(衣)에 포포(布袍, 베로 만든 포)가 서술되었다. 포(袍)는 상체에서 발등까지 닿는 남자의 핫옷이다. 본래 남자의 평상복이나, 한(漢) 이후 조복(朝服)이나,[21] 전포(戰袍)·정포(征

袍) 등 군복에도 쓰였다.22

셋째, 마한·진한 남자의 리(履)로 초리(草履)·혁답(革蹋) 및 교답
(蹻蹋)·초교(草蹻)가 보인다. 리(履)는 목이 짧은 신발이다.23 교·답
(蹻·蹋)은 간편히 신는 외출용 신발로 목이 짧고, 대개 풀로 만들었
다.24 리(履)·교(蹻)는 모양이 거의 같은 신발이나, 신발 재질로 A-
③·⑤는 초(草, 풀), A-④는 혁(革, 가죽)을 설명하였다. 초(草)·혁(革)
의 자형(字形)이 비슷하고 리(履)·교(蹻)의 재질은 풀이 많아, A-④의
혁(革)은 오자일 수도 있다. 그러나 리(履)·교(蹻)에 가죽을 쓸 가능성
도 많다. 답(蹋)·답(踏)은 통용되고, 답(踏)은 혜(鞋)를 포괄하는 단어
이다. 착용 계층별로 가죽(革)·풀(蹻) 등 재질 차이가 있겠지만,25 계
층별 재질의 차이가 금령(禁令)의 하나로 존재했는지는 알기 어렵다.

---

21 『釋名』 권5, 釋衣服. "袍, 丈夫著下至跗者也. 袍, 苞也. 苞, 內衣也. 婦人以絳作衣裳, 上下連,
四起施緣, 亦曰袍. 義亦然也. 齊人謂如衫中小袖曰侯頭. 侯頭猶言解瀆, 臂直通之言也."; 【魏】
張揖 撰·[淸]王念孫 疏證, 『廣雅疏證』 권7, 釋器. "袍絥長襦也【[淸]王念孫 疏證：『續漢書』,
輿服志云."或曰, 周公抱成王燕居, 故施袍." 是, 袍爲古人燕居之服. 自漢以後, 始以絳紗袍·
皂紗袍爲朝服矣."】

22 상고기에 정포(征袍)가 활용되고, 신라의 왕·왕족은 당에서 포(袍)를 선물 받아 입었으므
로, 신라에서는 귀천을 구분치 않고 포(袍)를 입었다고 한다(朴南守, 「신라의 衣生活과 織
物 생산」, 『한국고대사연구』 64, 한국고대사학회, 2011, 464~465쪽). 사례 보충이 필요하
나, 신라에서 포를 널리 입은 것은 진한의 유속(遺俗)과도 관계가 있다고 보인다.

23 강순제·김미자·김정호·백영자·이은주·조우현·조효숙·홍나영, 『한국복식사전』, 민속원,
2015, 276~277쪽.

24 『釋名』 권5, 釋衣服. "屬, 蹻也. 出行著之, 蹻蹻輕便, 因以爲名也."; 『莊子』, 天下. "使後
世之墨者, 多以裘褐爲衣, 以跂蹻爲服.【[唐]成玄英 疏：木曰跂, 草曰蹻也.】"; 『漢書』 권
58, 列傳28, 卜式. "初式不願爲郞, 上曰. "吾有羊在上林中, 欲令子牧之." 式旣爲郞, 布衣屮
蹻而牧羊.【[唐]顔師古 注："蹻, 卽今之鞋也. 南方謂之蹻.】"

25 이한상은 "足履革蹻踏"을 "신발은 [계층별로] 가죽신과 짚신을 신는다"로 새겼다. '『戰國策』
권3, 秦策1. "嬴縢履蹻, 負書擔橐.";『史記』 권76, 列傳16, 平原君 虞卿. "躡蹻檐簦"에서
교(蹻)를 짚신(草鞋)으로 새긴 사례와 가죽·짚의 재질 차이를 고려했기 때문이다(「신라
복식의 변천과 그 배경」『新羅文化』 43, 東國大學校 新羅文化研究所, 2014, 140쪽). 재질
차이와 계층 관계에 대한 설명은 중요하나, 문장 구조로 상 '교(蹻)'는 '풀'로 새겨 혁답(革
踏)·교답(蹻踏)으로 이해하는 것이 더 타당하다.

이상에서 마한·진한 남자는 계층별로 가죽·풀 등으로 만든 목 짧은 신발(리(履)·교(蹻))을 신었다.

이 외 자료에 보이지 않지만, 대(帶, 허리띠)·대구(帶鉤, 허리띠고리)의 활용을 생각할 수 있다. 여밈을 위한 대(帶)는 있었을 것이다. 중국의 의복은 상의(上衣)·하상(下裳)으로 구분되며, 신체를 가리는 행례(行禮)의 도구였다. 이로 인해 여밈을 위한 대(帶)가 발달하고, 상의(上衣)·하상(下裳)을 구분치 않는 의복도 대개 대(帶)를 썼다. 동이 의복 체계의 기본형에서 상의·하상이 구별되는지 알기 어려우나, 「번객입조도」·「왕회도」의 삼국 사신은 상의(上衣)·하고(下袴)를 착용하고 대(帶)를 썼다.[26] 따라서 마한·진한 남자도 대(帶)를 썼다. A-③~⑧에 대(帶)가 서술되지 않는 것은 대(帶)가 있는 것이 당연하기 때문이겠다.

한편 대구(帶鉤)의 활용은 신중할 필요가 있다. 중국에서도 대(帶)·대구(帶鉤)의 활용은 시기적 격차가 있고,[27] 「번객입조도」·「왕회도」에서 대구(帶鉤)에 대한 묘사를 찾기 어렵다. 「왕회도」의 삼국 사신·「번객입조도」의 신라 사신은 공수(拱手)로 인해 대(帶)를 가렸고, 「번객입조도」의 고구려·백제 사신은 대(帶)로만 매듭을 지은 듯 묘사되기 때문이다.

고고학적으로는 진한·변한 지역과 마한 지역에서 청동제 동물형 대구(帶鉤)가 출토된다고 한다. 청동제 동물형 대구는 청동기시대에

---

26 국립공주박물관, 『국립공주박물관 상설전시도록』, 2010, 204~208쪽.
27 쑨지 지음 / 홍승직 옮김, 『중국 물질문화사』, 알마 출판사, 2017, 145~146쪽 ; 국립공주박물관, 위의 책, 2010, 204~208쪽.

는 없던 요소이며, 청동제 동물형 대구의 활용 시기는 지역별 격차가 있다고 한다. 이로 인해 삼한 소국의 지배층은 대구(帶鉤)를 썼고, 청동 팔찌·단추 등도 삼한 복식에 활용되었다고 한다.[28] 따라서 마한·진한 남자 중 일부는 청동 대구(帶鉤)·팔찌·단추 등을 쓰고, 대부분의 마한·진한 남자는 이를 쓰지 못했을 것이다.

A-③~⑧은 마한·진한의 우(牛)·마(馬) 활용 방법 차이를 기술하였다. 이는 고(袴, 바지)·화(靴, 목 긴 신발)의 활용과 긴밀히 관계된다. 〈표 3〉을 보자.

〈표 3〉『후한서』·『삼국지』·『진서』 중 마한·진한의 우마(牛馬) 활용 방법 서술

	사서	乘을 모름	乘을 앎	葬禮	우마 관계 기사의 위치
마한	후한서(A-③)	不知騎乘牛馬	·	·	不貴金·寶·錦·罽 직후
	삼국지(A-④)	不知乘牛馬	·	送死	其葬有槨無棺 직후
	진 서(A-⑤)	不知乘牛馬	·	送葬	無長幼男女之別 직후, 畜者但以送葬 직전
진한	후한서(A-⑥)	·	乘駕牛馬	·	作縑·布 직후
	삼국지(A-⑦)	·	·	·	
	진 서(A-⑧)	·	服牛乘馬	·	善作縑·布 직후

〈표 3〉은 마한·진한에서 소·말을 활용한 방식의 차이를 보여준다. A-③~⑤는 "부지(기)승우마(不知(騎)乘牛馬)"라고 서술하고, 소·말은 장례에만 썼다고 하나, A-⑥·⑧은 소·말은 가(駕(복(服)))·승(乘(가(駕)))의 대상이라 하였다. A-③~⑤는 귀물 여부·장례 풍속을 정리한 후, A-⑥·⑧은 특산 옷감을 정리한 후에 소·말의 활용 방법을 서술

---

28 이한상, 앞의 논문, 2014, 141~145쪽.

하였다.

마한은 소·말을 타는((騎)乘牛馬) 방법을 알지 못한다(不知)고 했지만, 진한은 소·말을 타거나 수레를 끌게 한다(乘駕牛馬)나, 소를 부리고 말을 탄다(服牛乘馬)고 하였다. 소·말을 타거나 수레를 끌게 한다(乘(駕)·駕(服))는 표현은 일차적으로 우거(牛車)·마거(馬車)의 활용·물자의 운송에 대한 표현이므로,[29] 진한에서 우거가 널리 활용되었음을 보여준다.[30] 또 진한의 승가우마(乘駕牛馬)·복우승마(服牛乘馬)는 마한의 부지(기)승우마(不知(騎)乘牛馬)와 대조를 이루므로, 사람이 소·말을 직접 타는 행위를 표현한다. 본기는 탈해이사금 8년(64) 기병(騎兵)의 운용을 전하므로,[31] 진한에서는 소·말을 직접 타는 일도 많았을 것이다.

A-③~⑤는 마한이 소·말을 타는((騎)乘) 방법을 모른다고 하나, 자구 그대로 이해하기 어렵다. 고구려 태조대왕 69년(121) 12월에 '마한(馬韓)·예맥(穢貊)의 1만여 기병'이 보이기 때문이다.[32] 즉 A-③~⑤의 부지(기)승우마(不知(騎)乘牛馬)는 (기)승우마((騎)乘牛馬)의 방법을 전혀 모른다기보다, 마한에서 소·말을 타고 부리는(乘駕·騎乘) 방법이 널리 쓰이지 않았다는 정도, 즉 마한에서 진한보다 소·말을 잘 쓰지 않았거나, 소·말을 쓰는 방법이 널리 알려지지 않았다는 의미이다.

29 [魏]王弼 注·[唐]孔穎達 疏 / 盧光明·李申 整理 / 呂紹綱 審定, 『周易正義』, 北京, 北京大學出版社, 2000, 354쪽. "服牛乘馬, 引重致遠, 以利天下, 蓋取諸隨.【[唐]賈公彦 疏 : 今, 服用其牛, 乘駕其馬, 服牛以引重, 乘馬以致遠.】"
30 『三國史記』 권3, 新羅本紀3, 訥祇麻立干 22년(438). "教民牛車之法." 438년 우거의 활용 방법이 국가 차원에서 체계적으로 정리된 것도 진한에서 우거를 널리 활용한 상황을 전제로 이해할 수 있을 것이다.
31 『三國史記』 권1, 新羅本紀1, 脫解尼師今 8년(64) 冬 10월.
32 『三國史記』 권15, 高句麗本紀3, 太祖大王 69년(121) 12월.

A-③~⑧이 양자를 뚜렷이 대비한 것은 동질성이 많은 한(韓)을 구별하려는 찬자의 의도에 기인할 것이다.

마한·진한의 소·말 활용 방법은 마한·진한 남자의 복식과 관련해 주목된다. 소·말, 특히 말의 기승(騎乘)에 대한 문제는 고(袴·褲, 바지) 및 화(靴, 목 긴 신발)의 착용·보급 문제와 직결되기 때문이다. 중국에서 고(袴)·화(靴)는 대표적인 호복(胡服)의 하나였지만, 춘추전국시대 조(趙)의 무령왕(武寧王)이 기마병 운용을 위해 국가 주도로 보급한 것이다.33 기마는 고(袴)·화(靴) 활용과 관계되고, 복우승마(服牛乘馬)·부지(기)승우마(不知(騎)乘牛馬)의 해석을 고려하면, 진한 남자는 마한 남자보다 고(袴)·화(靴)를 널리 착용했을 것이다.

진한 남자가 고(袴)·화(靴)를 널리 착용했음을 알려주는 직접 자료는 없지만, 신라 쪽 자료로 방증할 수 있다. 마립간시기 자료인 금령총 기마인물형 토기·천마총 채화판의 기마인물도와 중고기 직후의 자료인 「왕회도」·「번객입조도」에서 고(袴)·화(靴)·화대(靴帶, 목 긴 신발 띠)가 묘사되며,34 문헌에도 신라의 화(靴) 착용에 대한 관심이 보이기 때문이다. <그림 1>을 보자.

---

33 쑨지 지음 / 홍승직 옮김, 앞의 책, 2017, 144~146쪽.
34 <그림 1>-❶에 묘사된 신목 선을 장식으로 보기도 한다(남윤자·이진민·조우현, 「「王會圖」와 「蕃客入朝圖」에 묘사된 三國使臣의 服飾 硏究」『服飾』51-3, 한국복식학회, 2001, 165쪽). 그러나 「왕회도」·「번객입조도」는 관찰을 통한 기록화의 성격이 강하므로(姜熺靜, 「미술을 통해 본 唐 帝國의 南海諸國 인식」『中國史硏究』72, 2011, 47~52쪽), 「번객입조도」의 제작자가 임의로 추가했다고 보기 어렵다. 이 선을 행등(行滕)이라고도 하나(권준희, 「신라 복식의 변천 연구」, 서울대학교 대학원 의류학과 박사학위논문, 2001, 99~100쪽), 본서에서는 "흥덕왕 9년(834) 하교(下敎)"의 용어를 존중해 화대(靴帶)라 하겠다.

<그림 1> 신라 남자의 고(袴)·화(靴)·화대(靴帶)

※ 출전 : ❶ 「번객입조도」, 신라 사신 하체. ❷ 「왕회도」, 신라 사신 하체.
❸ "'금령총 기마인물형 토기 주인상"(국립중앙박물관 소장품), 국립중앙박물관 e뮤지엄(http://www.emuseum.go.kr)' 하체.

<그림 1>은 신라 남자의 고(袴)·화(靴)·화대(靴帶)를 보여주는 자료이다. <그림 1>-❶~❸은 모두 고(袴)·화(靴)를, <그림 1>-❷·❸은 고(袴)와 화(靴)를 화대(靴帶)로 묶은 모습을 묘사하였다. <그림 1>-❸의 고(袴)·화(靴)·화대(靴帶)는 기마 상태를 묘사했다는 점에서 당연할 수 있다.[35] 그러나 삼국 사신을 묘사한 각종 직공도에는 고(袴)·화(靴)가 많이 보인다.[36] 중국에서 고(袴)·화(靴)는 관복에 거의 활용되지 않다가, 수 양제대(煬帝代, 604~618) 고구려 원정 등 빈번한 대외 전쟁 과정에서 무관의 관복으로 널리 쓰였다.[37] 중국사에 보이는 고(袴)·화(靴)의 활용이나 직공도의 표현을 고려하면, 중국인이 신라 관

----

35 '유병하·성재현, 「천마총 출토 채화판에 대한 기초적 검토」『동원학술논문집』 11, 국립중앙박물관 외, 2010, 187쪽의 도16-①'에 보이는 기마인물도도 신라 남자의 화(靴) 착용을 보여준다.

36 이진민·남윤자·조우현, 위의 논문, 2001, 158~159쪽 ; 정은주, 「中國 歷代 職貢圖의 韓人 圖像과 그 인식」『漢文學論集』 42, 槿域漢文學會, 2015. 삼국 사신 모습에 고·화가 많이 묘사된 것은 기마병(騎馬兵)의 양성·운용 문제와도 관련이 있겠지만, 본서에서는 논의하지 않는다.

37 본서 3장, 76쪽.

복의 특징으로 인식한 요소의 하나는 고(袴)·화(靴)의 착용이었다.

고(袴)·화(靴)의 착용에 대한 관심은 문헌에도 보인다. 『양서』, 백제전은 중국의 모(帽)·유(襦)·고(袴)가 백제어로 관(冠)·복삼(複衫)·곤(褌)임을 기록했지만, 『양서』, 신라전은 중국의 관(冠)·유(襦)·고(袴)·화(靴)가 신라어로 유자례(遺子禮)·위해(尉解)·가반(柯半)·세(洗)임을 서술하였다.38 『양서』, 신라전에서 화(靴)를 특기한 것은 신라인을 구별하는 관복 품목의 하나가 화(靴)이기 때문이다.39 마립간 시기 신라 남자의 묘사·직공도에 묘사된 신라 사신·문헌의 고유명사 등에 고(袴)·화(靴)·화대(靴帶) 등이 보이는 것은 신라 복식이 진한 복식의 전통을 따른 것에 연유하겠다.

이상 마한·진한의 일반적인 남자가 착용하는 복식의 특징은 6가지이다. 첫째, 머리에 관(冠)·책(幘) 등 쓰개를 쓰지 않고 상투를 내놓았고, 영주로 상투를 장식하기도 하였다. 둘째, 영주로 만든 목걸이·귀걸이를 착용하였다. 셋째, 겉옷에 포(袍)가 있고, 영주로 꾸미기도 하였다. 넷째, 풀·가죽으로 만든 리(履)를 많이 신었다. 다섯째, 대(帶)로 옷을 여미고, 대구(帶鉤)를 쓰는 계층도 있었다. 여섯째, 진한 남자는 마한 남자보다 고(袴)·화(靴)를 더 널리 활용하였다.

그런데 A-④는 후한대 마한이 낙랑·대방 등에 철마다 조알(朝謁)했다고 서술하여, 일반적인 마한 남자의 복식과 구별되는 조복(朝服)의 존재를 전한다. 마한인들은 의(衣)·책(幘) 쓰기를 좋아하였고, 의(衣)

---

38 『梁書』 권54, 列傳48, 東夷, 百濟·新羅, 806쪽.
39 "흥덕왕 9년(834) 하교"에서 화(靴)·화대(靴帶)는 신분별 재질에 따른 금령만 있고, 진골~평인 남자 모두 착용하였다. 이것은 신라 남자가 화(靴)·화대(靴帶)를 널리 착용한 사정을 보여주며, 이러한 상황은 이전 시기에도 있었다고 생각한다.

·책(幘)은 한 군현 조알 시점에 필요하였다. 이로 인해 의·책을 갖추지 못한 하호(下戶)도 한 군현에 갈 때는 의·책을 빌려 갖추며, 스스로 인(印)·수(綬)·의(衣)·책(幘)을 갖춘 사람이 천여 명이라 하였다.[40]

의(衣)·책(幘)·인(印)·수(綬)는 후한 조복의 품목이기도 하다. 후한 조복은 황제·제왕(諸王)·제신(諸臣)을 통천관(通天冠)·원유관(遠遊冠)·진현관(進賢冠)으로 구분하고, 심의(深衣)와 유사한 형태의 의(衣)를 입게 규정하였다.[41] 책(幘)은 관(冠) 속에 썼으며,[42] 쌍인(雙印)·쌍수(雙綬)를 조복 등 관복에 상용하였다.[43] 조복은 조정 의례를 갖추기 위한 관복이며, 조정 의례에는 군신의 조회 참석·사신 교류 등 빈례(賓禮)가 포함된다. 마한인이 조복의 착용을 선호한 것은 조복이 관복이자 위신재(威信材)로 기능하기 때문이겠다.

마한에서는 대외 교류용 관복으로 후한 조복을 활용하였다. 또 평소 조복을 갖추지 못한 하호도 한 군현과 교류할 때는 조복을 빌려 입었고, 스스로 조복을 갖춘 자가 국한된다는 점에서 조복 착용이 가능한 특정 계층이 있었다. 마한에서는 조복을 갖춘 자, 조복을 때때로 갖출 자, 조복을 갖출 필요가 없는 자가 구분되었고, 조복의 용도도 널리 알려져 있었다.

---

40 삼한 왕호의 실상을 추적하면서 이 기사를 통해 마한 목지국에 있던 진왕의 통제력에 한계가 있다는 점이 설명되기도 하였다(문창로, 「『삼국지』 한전의 王號와 그 실상」『한국학논총』 50, 2018, 242~243쪽). 마한 독자의 관제(官制)에 설정된 복제(服制) 규정을 찾기 어렵다는 점에서 중요한 지적으로 판단된다. 본서에서는 의(衣)·책(幘)·인(印)·수(綬)로 대표할 수 있는 조복의 착용·대여(假)·스스로 입는다(自服) 등이 한 군현과의 교류 속에서 설명된다는 점에 주안점을 두어 서술하였다.

41 尾崎雄二郎·竺沙雅章·戶川芳郞 編集, 『中國文化史大辞典』, 東京, 大修館書店, 2013, 858쪽.

42 『通典』 권57, 禮17, 沿革17, 嘉禮2, 君臣冠冕巾幘等制度, 1618쪽.

43 『後漢書』 志30, 輿服 下, 古者君臣佩玉·佩雙印·凡衣冠諸服, 3671~3678쪽.

조복의 의미·용도는 진한에도 널리 알려졌다고 판단된다. A-⑥~⑧은 마한이 진한에 미친 영향을 서술하고, A-⑧에서 진한인은 자립하지 못해 마한인을 진한 왕으로 세웠다고 하였다. 마한·진한 왕권의 상대적 격차가 있겠지만, 진한에서도 관인이 활동하였다.[44] A-⑥~⑧의 마한·진한 관계를 고려하면, 마한이 숙지한 조복의 의미·용도에 대한 지식은 진한에도 알려져 있었다.

진한 조복과 관련해 '『삼국유사』, 선도성모수희불사 조'가 주목된다. 이에 의하면, "[선도성모(仙桃聖母, 이하 '성모')가] 처음 진한(辰韓)에 와 성자(聖子)를 낳아 동국의 첫 임금이 되었다 하니, 아마 혁거세·알영 두 성인(二聖)의 유래이겠다. …… [성모가] 일찍이 여러 천선(天仙)에게 라(羅)를 짜 비색(緋)으로 물들여(染) 조의(朝衣)를 만들어 성모의 남편에게 주니, 국인(國人)이 이로 인해 비로소 신험(神驗)을 알았다"라고 하였다.[45] 이것은 혁거세의 출자나 진한·중국 관계에 대한 전승의 하나겠지만, 설화적 성격을 가져 온전히 믿기는 어렵다. 다만 위신재로 등장한 조의(朝衣)가 주목된다.

기사에서 성모의 신험은 '천선이 비라(緋羅)로 짠 조의(朝衣)'로 보장되며, 국인이 '비라조의(緋羅朝衣)'를 목도한 이유는 성모의 남편이 국인 앞에서 조의를 입었기 때문이다. 즉 기사의 조의는 진한에서 활용되었고, 비색 라(羅)로 만들었으며, 국인(國人) 앞에서 입는 남자 옷이다. 비색을 특기한 이유로, 법흥왕제(法興王制)에서 비색의 지위

---

44 문창로, 앞의 논문, 2018, 240~243쪽.
45 『三國遺事』 권5, 感通7, 仙桃聖母隨喜佛事, "其始到辰韓也, 生聖子爲東國始君, 盖赫居·閼英, 二聖之所自也. …… 甞, 使諸天仙, 織羅緋染, 作朝衣, 贈其夫, 國人因此始知神驗."

가 주목된다. 비색은 (4)파진찬·(5)대아찬의 관색(冠色)·(9)급찬~(6) 아찬의 의색(衣色)이므로, 6세기 초 신라의 색채 위계에서 비색의 지위가 높기 때문이다.[46]

기사의 국인(國人)은 실체가 모호하나, 신라의 국인은 군신(群臣)과 동일한 역할을 갖거나 군신(群臣)을 포함하는 개념이다.[47] 기사의 국인과 신라 국인의 개념이 유사하다면, 성모의 남편이 국인 앞에서 조의를 착용한 이유는 '정사(政事)의 수행'과 관계가 있다. 조의는 관복, 특히 군신(君臣)이 조회(朝會)에 참석할 때 입는 관복이기 때문이다.[48] 진한에서도 관인이 활동했으므로, 진한 관인이 위신재인 관복을 소지·착용하는 것은 당연하다. 따라서 기사의 비라조의(緋羅朝衣)는 진한 남자 복식의 주요 품목·특징을 상당히 반영한 조복일 것이다. 전술한 진한 남자 복식의 주요 품목·특징은 진한 남자 복식의 기본형에 해당하므로, 조복과 공유하는 특징도 많을 것이기 때문이다. 그러나 자료가 미약하여 진한 조복에 대해 더 접근하기 어렵다.

신라 상고기에도 관인이 활동하였고, 전(典) 등의 관청이 운영되므로, 군주와 관인 및 관인 집단 간 관계가 상정된다. 상고기에 '진한의 조복 활용 경험'과 '군주·관인·관인 집단 간 구분의 필요성'이 있었으므로, 신라는 일찍부터 조복을 활용했다고 판단된다.

---

46 『三國史記』 권33, 雜志2, 色服, 法興王制.
47 최의광, 「『三國史記』·『三國遺事』에 보이는 新羅의 '國人' 記事 檢討」 『新羅文化』 25, 東國大學校 新羅文化硏究所, 2005.
48 『孟子』, 公孫丑 上, "立於惡人之朝, 與惡人言, 如以朝衣朝冠坐於塗炭."; 『漢書』 권49, 列傳19, 鼂錯, 2302쪽. "乃使中尉召錯, 紿載行市. 錯衣朝衣斬東市.【[唐][顏]師古曰 : "朝衣, 朝服也."】; 尾崎雄二郎·竺沙雅章·戶川芳郎 編集, 앞의 책, 2013, 858쪽. 현재 통용되는 『역주 삼국유사』도 조의를 조복으로 새겼다(姜仁求·金杜珍·金相鉉·張忠植·黃浿江, 『譯註 三國遺事 Ⅳ』, 以會文化社, 1995, 241쪽).

신라 조복의 활용 시점은 구체적이지 않지만, 조복의 함의와 남당 청정(南堂聽政)의 시작을 통해 늦어도 251년 경으로 생각할 수 있다. 신라는 첨해이사금(沾解尼師今) 3년(249) 7월부터 궁 남쪽에 남당(= 도당)을 짓기 시작하였다. 1년 5개월 뒤인 251년 정월부터 첨해이사 금은 남당에서 청정(聽政)을 시작하였다.[49] 청정은 천자·군주가 조회를 열어 정사를 듣고(聽), 사안별 가부를 판단하는 통치행위이다.

조회에서 청정은 군신(君臣)의 참여로 이루어지며, 청정에 참여하는 군신은 상호 간의 예(禮)를 지켜야만 하였다. 신라의 경우 조회·청정에 참여하는 군신의 예나 군신례(君臣禮)의 강제력에 대한 자료를 찾기 어렵지만, 중국의 경우 청정에 참여하는 군신은 조복을 반드시 착용하였다.

『예기』에 의하면, 중국 고대의 천자는 매일 조복인 피변복(皮弁服)을 입고 조회에 참여한 후에야 아침 식사가 가능하였고, 조회가 끝나 아침 식사를 시작해도 조복을 벗지 못했다. 조복에 공경의 의미가 있기 때문이었다.[50] 제후·제신도 조회·청정에 참여할 때 조복인 피변복의 착용을 요구하여, 천자·제신 등 군신·상하는 조회·청정에서 조복을 같이하도록(同服) 규정되었다.[51] '군신상하동복(君臣上下同服)'의 이념에서 조복은 상의(上衣)의 색(色)으로 구분하는 공복(公服)·상복

---

49 『三國史記』 권2, 新羅本紀2, 沾解尼師今 3년(249) 秋 7월·5년(251) 春 정월.
50 [元]陳澔 編 / 정병섭 역, 『譯註 禮記集說大全-玉藻 1』, 學古房, 2013, 88·91쪽. "皮弁以日 視朝, 遂以食. 【[元]陳澔 集說 : 皮弁服, 天子, 常日視朝之服也. 諸臣, 同此服.】【[唐]孔穎達 疏 : "遂以食"者, 旣著皮弁視朝, 遂以皮弁而朝食, 所以敬養身體.】"
51 [元]陳澔 編 / 정병섭 역, 위의 책, 2013, 105쪽. "[諸侯] 神冕以朝, 皮弁以聽朔於大廟, 朝服 以日視朝於內朝. 【[元]陳澔 集說 : …… 朝, 見天子也. 諸侯, 以玄冠·緇衣·素裳, 爲朝服. 凡在朝, 君臣上下同服.】"

(常服)과 달리 의색의 통일성을 강조하고, 장식으로 위계를 구분하는 관복으로 발달하였다. 당 조복에서 백관의 위계를 특정 품목·식(飾, 장식)의 탈부착으로 구현한 것도,[52] '군신상하동복(君臣上下同服)'이란 이념의 연장선에서 이해할 수 있다.

『예기』의 조복 관계 규정은 조회·청정 등 통치행위에서 조복 착용으로 대표되는 행례(行禮)의 준수가 군신 간에 엄히 준수되었음을 보여준다. 이사금과 중국 고대 천자의 권한에 대한 맞비교는 어렵지만, 조회·청정상황에서 군신이 조복을 착용하는 예는 천자조차도 어기기 어려웠다. 따라서 늦어도 남당 청정이 시작될 무렵의 신라에서는 진한 이래 쓴 조복의 개념·형태를 참작하고, 통일성 있는 조복을 제정해 국정운영에 활용하였다고 이해된다.[53]

2. 중고기 조복의 존재와 용도

중고기 이후 신라의 조복 활용에 대한 자료는 849년경 김립지(金立之)가 「성주사비(聖住寺碑)」에 "시조복(施朝服)"이라고 쓴 문구 정도이다.[54] 당제(唐制)도 조복·공복은 별도 계통을 이루므로, 「성주사비」의 조복은 비문 찬술 당시 신라의 군신조회(君臣朝會)에서 쓰는 관복

---

52 金鐸敏 主編, 『譯註 唐六典 上』, 신서원, 2003, 423~425쪽.

53 『三國史記』 권2, 新羅本紀2, 阿達羅尼師今 4년(157) 3월 ; 『三國史記』 권3, 新羅本紀3, 炤知麻立干 3년(481) 春 2월. 조복은 아니나, 상고기 '통일성 있는 복장'의 사례로 '수졸(戍卒)·군사(軍士)에게 내린 정포(征袍)'를 참고할 수 있다.

54 崔鉛植, 「金立之撰 聖住寺碑」, 韓國古代社會研究所 編, 『譯註 韓國古代金石文 3』, 駕洛國史蹟開發研究院, 1992, 241~245쪽.

을 말한다.[55] 그러나 「성주사비」는 중조 의관 도입 이후의 자료이므로, 이를 통해 중고기 조복의 존재를 논의하기는 어렵다.

중고기 조복(朝服)의 존재에 대한 자료로, 색복지 서문(序文)과 『수서』~『신당서』, 신라전의 풍속 관계 기사가 주목된다. B를 보자.

B. ㉠신라 초의 의복제도는 색(色)을 상고할 수 없다. ㉡제23대 법흥왕에 이르러[520년] 비로소 6부인(六部人)의 복색존비(服色尊卑)에 대한 제도를 정했는데, 이것이 오히려 이속(夷俗)이었다. ㉢진 덕왕 재위 2년(648)에 이르러 김춘추가 당(唐)에 들어가 당(唐)의 의례를 이을 것을 청했다. 태종황제가 이를 조서로 허락하고, 아울러 의(衣)·대(帶)를 내렸다. [649년] 마침내 돌아와 시행해 이속(夷俗)을 화(華)로 바꾸었다. ㉣문무왕 재위 4년(664) 또 부인의 복(服)을 바꾸었다. 이 이후로 의관이 중국과 같았다.[56]

B는 『삼국사기』, 색복지의 서문을 인용한 것이다. 『삼국사기』 찬자들은 신라 의복지제(衣服之制)의 변화를 ㉠520년 이전의 "불가고색(不可考色)·이속(夷俗)" → ㉡520년의 "시정복색존비(始定服色尊卑)·유시이속(猶是夷俗)" → ㉢649년의 "습당의(襲唐儀)·이이역화(以夷易華)" → ㉣664년의 "혁부인지복(革婦人之服)·[남녀(男女)]의관동어중

---

55 김윤정은 『삼국유사』, 선도성모수희불사 조의 '조의'와 「성주사비」의 '조복'을 통해 고려 이전 조복(朝服)의 존재를 추정하였다(「고려전기 집권체제의 정비와 官服制의 확립」『한 국중세사연구』 28, 한국중세사학회, 2010, 461쪽).

56 『三國史記』 권33, 雜志2, 色服, "㉠新羅之初, 衣服之制, 不可考色. ㉡至第二十三葉法興王, 始定六部人服色尊卑之制, 猶是夷俗. ㉢至眞德在位二年, 金春秋入唐, 請襲唐儀. 太宗皇帝, 詔可之, 兼賜衣·帶. 遂還來施行, 以夷易華. ㉣文武王在位四年, 又革婦人之服. 自此已後, 衣冠同於中國."

국(衣冠同於中國)"의 4시기로 구분하였다. 시기별 조치의 내용으로 보아 『삼국사기』 찬자들의 시기 구분과 평가는 적절하다.

신라 남자의 관복·평복은 "비로소 복색을 정함(始定服色)"과 "당의 의례를 본받음(襲唐儀)"을 기준으로 구분되었다. ㉠은 내용을 알기 어렵지만 이속(夷俗)이고, ㉡은 내용을 알 수 있지만 이속(夷俗)으로 평가되었다. 『삼국사기』에서 ㉡에 관계된 사실은 공복(公服) 제정뿐이나, ㉠도 이속으로 평한 『삼국사기』 찬자들의 평가는 유의미하다. 649년까지의 남자 관복에 동질성을 부여한 것은 ㉠의 관복을 이속(夷俗)으로 이해할 수 있기 때문이겠다.

이것은 중국 공복의 발생 과정·공복과 조복의 관계에서 생각할 수 있다. 중국사에서 공복은 북위의 예제 정비에서 나타났고,[57] 공복이 제정된 북위 고조 태화(太和) 10년(486)에 조복은 이미 고례(古禮)·구전(舊典)의 하나로 인식되었다.[58] 이후 공복은 수 양제의 빈번한 고구려 원정을 통해 활동성·편의성을 인정받았고, 중국에 확산되어 당의 공복으로 정착하였다. 남송(南宋) 이후 중국사에서 공복은 이적(夷狄)의 융복(戎服)이자 선왕법복(先王法服)이 아닌 관복으로 평가되었다.[59] 즉 중국사에서 조복은 일찍이 쓰인 선왕(先王)의 법복(法服)으

---

57 申士垚·傅美琳 編著, 『中国风俗大辞典』, 北京, 中國和平出版社, 1991, 628쪽.

58 『魏書』7下, 帝紀7, 高祖 下, 太和 10년(486) 夏 4월 辛酉朔, 161쪽. "始制五等公服."; 『魏書』 권108-4, 志13, 禮4-4, 2817쪽. "至高祖太和中, 始考舊典, 以制冠服."

59 『朱子文集』권69, 雜著5, 君臣服議, 淳熙 丁未(1187) 10월 8일. "今之上領公服, 乃夷狄之戎服. 自五胡之末, 流入中國, 至隋煬帝時, 巡遊無度, 乃令百官戎服從駕, 而以紫·緋·綠, 三色, 爲九品之別. 本非先王之法服. 亦非當時朝祭之正服也. 今雖用之, 亦以其便於事, 而不能改耳."; 『朱子語類』권91, 雜8, 雜儀, "隋煬帝時, 始令百官戎服. 唐人謂之便服. 又謂之從省服. 乃今之公服也."; [清]徐乾學, 『讀禮通考』권18, 喪期18, 服哉, 1696. "公服, 乃夷狄之服, 五胡時流入." 수·당 공복에 대해서는 본서 3장 1절 참고.

로, 공복보다 역사성·전통성이 강한 관복이었다.

진한에서는 일정 정도 조복의 개념을 숙지하며 조복을 활용하였다. 진한 조복은 구체적으로 알기 어렵지만, 『후한서』·『삼국지』의 한전, 『진서』의 마한전·진한전에 보이는 복식 품목이 신라로 계승되고, 251년부터 이사금이 남당에서 청정(聽政)했음을 고려해야 한다. 조복은 조회·청정 등에서 착용하여 현실정치에서 중요성이 높고, 역사성·전통성을 지닌 관복이었다. 반면 공복은 조복보다 상대적으로 역사성·전통성이 떨어지고, 조복을 다소 참작해 제정한 관복일 것이다. 조복에 대한 한국 측 직접 자료가 극히 희박하나, 공복에 대한 직접 자료는 적은 양임에도 편년이 명확한 것은 상고기부터 조복이 활용되었음을 반증한다. 『삼국사기』 찬자들은 조복·공복의 관계와 자료의 경향성을 인식해 ㉠·㉡을 이속(夷俗)으로 평가했을 것이다. 또 「왕회도」·「번객입조도」 속 신라 사신 관복과 『양서』, 신라전의 관복 명사가 공복과 다소 다른 것도, 조복·공복의 관계를 통해 이해된다. 본서 3~4장에서 설명하겠지만, 양(梁) 측 자료는 사신 관복인 조복을 묘사한 것이기 때문이다.

이제 C를 통해 『수서』~『신당서』, 신라전의 풍속 관계 기사를 살펴보기로 한다.

C-㉠. 조(祚)를 전해 김진평(金眞平)에 이르렀다. 개황(開皇) 14년(594) 사신을 보내 방물(方物)을 바쳤다. 고조(高祖)가 진평을 배수해 상개부(上開府)·낙랑군공(樂浪郡公)·신라왕(新羅王)으로 삼았다. ······ 풍속(風俗)·형정(刑政)·의복(衣服)은 대략 고려·백제와 같다. ······

복색(服色)은 소(素)를 숭상한다. …… 대업(大業) 이래(605~616) 매년 조공을 보냈다.[60]

C-②. 30세(世)를 전해 진평(眞平)에 이르렀고, 수(隋) 개황 14년(594) 사신을 보내 방물(方物)을 바쳤다. 문제(文帝)가 진평을 상개부(上開府)·낙랑군공(樂浪郡公)·신라왕(新羅王)에 배수하였다. …… 풍속(風俗)·형정(刑政)·의복(衣服)은 대략 고려·백제와 같다. …… 복색(服色)은 화소(畫素)를 숭상했다. …… 대업(大業) 이래(605~616) 매년 조공을 보냈다.[61]

C-③. 그(즉 신라) 왕(王) 김진평(金眞平)은 수(隋) 문제(文帝) 때 상개부(上開府)·낙랑군공(樂浪郡公)·신라왕(新羅王)을 제수 받았다. [당] 무덕(武德) 4년(621) 사신을 보내 조공하였다. [당] 고조(高祖)가 친히 그들을 노문(勞問)하고, 통직산기시랑(通直散騎侍郎) 유문소(庚文素)를 보내 새서(璽書)·그림 있는 병풍(畫屛風)·금채(錦綵) 300단(段)을 내렸다. 이로부터 조공이 끊이지 않았다. 신라의 풍속(風俗)·형법(刑法)·의복(衣服)은 고려·백제와 대략 같으나, 조복(朝服)은 백(白)을 숭상한다.[62]

C-④. 조복(朝服)은 백(白)을 숭상한다. …… 남자는 갈고(褐袴)를 입는다. …… 남자는 머리를 깎아(剪髮) 팔면(鬻), 흑건(黑巾)을 쓴다.[63]

---

60 『隋書』 권81, 列傳46, 東夷, 新羅, 1820~1821쪽. "傳祚至金眞平. 開皇 十四年, 遣使貢方物. 高祖拜眞平爲上開府·樂浪郡公·新羅王. …… 風俗·刑政·衣服, 略與高麗·百濟同. …… 服色尙素. …… 大業以來, 歲遣朝貢."

61 『北史』 권94, 列傳82, 新羅, 3123쪽. "傳世三十, 至眞平, 以隋 開皇 十四年, 遣使貢方物. 文帝拜眞平上開府·樂浪郡公·新羅王. …… 風俗·刑政·衣服, 略與高麗·百濟同. …… 服色尙畫素. …… 大業以來, 歲遣朝貢."

62 『舊唐書』 권199上, 列傳149, 東夷, 新羅, 5334쪽. "其王, 金眞平, 隋文帝時, 授上開府·樂浪郡公·新羅王. 武德 四年 遣使朝貢. 高祖親勞問之, 遣通直散騎侍郎 庚文素往使焉, 賜以璽書, 及畫屛風·錦綵三百段. 自此朝貢不絶. 其風俗·刑法·衣服, 與高麗·百濟略同, 而朝服尙白."

63 『新唐書』 권220, 列傳145, 東夷, 新羅, 6202쪽. "朝服尙白. …… 男子褐袴. …… 男子剪髮鬻, 冒以黑巾."

C는 『수서』·『북사』·『구당서』·『신당서』, 신라전의 풍속 관계 기사를 인용한 것이다. 정사의 신라전마다 신라의 출자에 대한 차이가 있다. 신라의 출자는 『수서』, 신라전에 고구려 잔류민, 『북사』, 신라전에 진(秦)의 망명인·고구려 잔류민, 『구당서』·『신당서』, 신라전에 변한 후예로 서술된다.[64] 신라의 출자 전승은 혼란스럽지만, 각 신라전에 서술된 신라 풍속은 맥락의 일관성을 갖고 있다.

C-②은 C-①을 원전으로 자구(字句)를 다소 변형하였고, 진평왕(眞平王)의 대략적 대수(代數)를 증보하였다. 정사의 대상 시기·문장의 유관 연대를 고려하면, C-①·②에 서술된 풍속은 수 문제(文帝, 581~604) 재위 기간인 진평왕대(579~632) 신라의 상황으로 이해된다. C-③에 서술되는 풍속은 기사의 위치로 보아 당 고조(高祖, 618~635) 재위 기간인 진평왕대 혹 선덕왕대(善德王代, 632~647) 신라의 상황일 수 있다. 그러나 당 고조가 유문소를 보내 신라의 조공에 답한 것은 진평왕 43년(621)이고,[65] C-①~③에 서술된 풍속은 대개 같은 맥락이다. C-③ 중 "풍속·형법·의복은 고구려·백제와 더불어 대략 같다(風俗·刑法·衣服, 與高麗·百濟略同)"라는 서술은 C-①·②부터 보이며, C-③ 중 "조복상백(朝服尙白)"은 C-①의 "복색상소(服色尙素)"나 C-②의 "복색상화소(服色尙畫素)"와 유사한 의미로 이해되기 때문이다. 따라서 C-①~③에 서술된 풍속은 수 문제대에 입수한 진평왕대 신라의 상황을 위주로 작성한 것이다. 한편 C-④는 C-③의 "조복상백(朝服尙白)"을 쓴 후 "남자는 갈고를 입으며(男子褐袴), 남자가 머리를 잘라

---

64 국사편찬위원회, 『中國正史 朝鮮傳 譯註 2』, 신서원, 2004, 129·49·238·539쪽.
65 『三國史記』 권4, 新羅本紀4, 眞平王 43년(621) 秋 7월.

팔면 흑건(黑巾)을 쓴다(男子剪髮鬐, 冒以黑巾)"라는 서술을 추가하였다.

C-①의 복색상소(服色尙素)는 시간의 경과에 따라 C-②의 복색상화소(服色尙畵素), C-③·④의 조복상백(朝服尙白)으로 정착하였다. C-③ 대비 C-④는 신라 남자의 일반복식만 증보했으므로, 조복상백(朝服尙白)은 C-③에서 정착하였다. 신라의 대중 외교는 수·당대에 활성화되므로, 복색·조복 관련 기사는 유사한 계통의 기사에 유관 정보가 증보되어 자구의 변형이 일어난 기사이다. 즉 복(服)은 조복(朝服), 소(素)는 화소(畵素)·백(白)으로 변형되었고, 색(色)은 삭제되었다.

그러면 복(服)·조복(朝服)과 소(素)·화소(畵素)·백(白)은 각각 같은 실체를 지칭할까? 먼저 소(素)·화소(畵素)·백(白)을 검토해보자. 화소(畵素)의 화(畵)는 연문(衍文)이라고도 하나,[66] 『수서』·『북사』의 편찬연대를 고려하면 재고의 여지가 있다. 『수서』는 당 태종(太宗) 정관(貞觀) 3~10년(629~636)에 본기·열전을 갖추고 고종(高宗) 현경(顯慶) 원년(元年, 656)에 지(志)가 작성되어 정사가 되었고, 『북사』는 태종 정관 원년(元年)~고종 현경 4년(627~659)에 완성된 사찬(私撰) 사서이다.[67] 『수서』·『북사』는 신라의 대중 외교가 급증하는 기간에 찬술되므로, 두 사서의 찬자들이 신라 사신을 목도한 경우도 많았을 것이다. 따라서 화(畵)를 단순한 연문으로 보기 어렵다.

화소(畵素)는 소(素)색 바탕에 무늬를 넣었다고 새길 수도 있으므로,[68] 화소의 해석은 진한의 선호 옷감·<그림 1>-❷의 무늬를 고려

---

66 국사편찬위원회, 앞의 책 2, 2004, 50쪽.
67 국사편찬위원회, 위의 책 2, 2004, 140·67쪽.
68 이여성 지음 / 김미자·고부자 해제, 『조선복식고』, 민속원, 2008, 303~306쪽. 이여성은 삼국의 착색(着色) 및 침염(浸染) 기술의 발달을 전제로, 신라인들이 소견(素絹)에 무늬를

할 필요가 있다. 진한인은 무늬 있는 옷감을 선호했고, 〈그림 1〉-❷
에 묘사된 신라 사신 바지에는 구름이나 자연물로 보이는 무늬가 있기
때문이다.[69] 이 점에서 C-②의 화소(畫素)는 소(素)에 무늬를 넣었다
(畫)고 이해되므로, 화(畫)는 무늬, 옷감의 바탕색은 소(素)가 된다. 따라
서 복색에 주안점을 두면 소(素)·화소(畫素)의 의미 차이는 크지 않다.

중국인에게 소(素)·백(白)은 채도·어감에 다소 차이가 있지만, 흰
색을 말한다. 소(素)는 생백(生帛) 혹 별도 가공이 없는 자연색·백색
(白色)을, 백(白)은 물이 얼 때(結氷)의 흰색을 말하므로, 소(素)·화소
(畫素)·백(白)의 의미는 유사하다.[70]

소(素)·화소(畫素)·백(白)이 유사한 의미이므로, 복·조복도 분리해
이해하기 어렵다. 또 숭상한(尙) 복색(服色)은 대개 왕조별 상징색을
의미하므로, 일반인 복색으로 풀기 어렵다.[71] 더욱이 수가 신라 평인

그린 것이 복색상화소(服色尙畫素)로 기록되었다고 하였다.

69 「왕회도」 속 신라 사신의 바지에 있는 무늬는 청록색 마름모무늬나(김영재, 「「王會圖」에
나타난 우리나라 삼국사신의 복식」『한복문화』3-1, 한복문화학회, 2000, 23쪽), 연한 청
색 구름무늬(雲紋)로 설명된다(이진민·남윤자·조우현, 앞의 논문, 2001, 165쪽). 본서는
바지 무늬를 장(章)의 일종으로 보아 자연물을 표현했다고 이해하겠다.

70 [元]陳澔 編 / 정병섭 역, 『譯註 禮記集說大全-雜記 下』, 學古房, 2014, 509쪽. "純以素,
紃以五采.【[唐]孔穎達 疏 : 素, 謂生帛.】";『釋名』권4, 釋綵帛. "素, 朴素也. 已織則供用,
不復加巧飾也. 又物不加飾, 皆自謂之數, 此色然也.";『詩經』, 召南, 羔羊,"羔羊之皮, 素絲
五紽.【毛傳 : 素, 白也.】";『釋名』권4, 釋綵帛. "白, 啓也. 如氷啓時色也." 소(素)는 백색
대비 약간 누런 기가 도는 '무명·명주·삼베' 색이며, 소복(素服)·소복단장(素服丹粧)·소설
(素雪)·소의(素衣) 등 용례에 보인다. 따라서 현대의 '미색·베이지색'으로 보기도 한다(이
재만, 『한국의 전통색』, 일진사, 2011, 192~193쪽). 그러나 소는 현대의 백색과 차이가
있지만, 전통적으로 백색 계열 색이다. 소는 '흰 소·순백 소'이고, 소의(素衣)·소설(素雪)·
소안(素顏)·소추(素秋) 등 용례에 보인다. 또 소는 누에가 실을 내는 모습을 나타낸 글자
이므로, 소는 염색하지 않은 순수 비단의 색이며, 눈에 보이는 색보다 의미 위주로 이해해
야 하는 색이다(문은배, 『한국의 전통색』, 안그라픽스, 2012, 324쪽). 『예기』·『시경』·
『석명』에 수록된 소의 풀이·최근 전통색 연구에서 소는 모두 흰색(白)을 말하므로, 소·백
의 의미 차이는 크지 않다.

71 『資治通鑑』권73, 魏紀5, 明帝 景初 元年(237) 3월, 2318쪽. "下詔改元. …… 服色尙黃.

복색에 대한 정보까지 수집했다고 볼 수 없다. D를 보자.

D. [민부상서(民部尙書, 『북사』: 호부상서(戶部尙書)) 이(李)]자
웅(子雄)은 명변(明辯)에 기간(器幹)이 있어 [양(煬)]제(帝)가 자웅
(子雄)을 매우 믿었다. 신라가 일찍이 사신을 보내 조공하였다. 자웅
이 조당(朝堂)에 이르러 [신라 사신과] 말을 나누면서, [신라] 사신의
관제(冠制)가 유래한 바를 물었다. 신라 사신이 말하였다. "피변(皮
弁)[『북사』: 고변(古弁), 즉 옛 변관(弁冠)]의 모습이 남았는데, 어찌
대국(大國) 군자(君子)가 피변(皮弁)을 알아보지 못하는가!" 자웅이
말하였다. "중국(中國)에는 예(禮)가 없으니, 여러 사이(四夷)에서 구
한 듯하다." 사신이 말하였다. "지금까지 이 말 외에 무례(無禮)한 말
을 보지 못하였다." 헌사(憲司)에서 자웅의 실사(失詞)[『북사』: 실사
(失辭)]로 그 일을 탄핵하니, 마침내 [자웅이] 면직(免職)되었다. [자
웅은] 조금 있다 복직되어 [양제의] 강도(江都) 행차를 호종하였다.[72]

D는 수 양제 때 민부상서인 이자웅(李子雄)과 신라 사신의 문답을
인용한 것으로, 『태평어람』·『북사』·『통지』에도 보인다.[73] D를 통해
수가 신라 사신의 관(冠)을 이색적으로 인식했다고도 하나,[74] D는 수

【[元]胡三省 注 : 服色尙黃, 以土代火之次.】;『資治通鑑』권167, 陳紀1, 武帝 永定 元年
(557) 春 정월 辛丑, 5158쪽. "以木德承魏水, …… 服色尙黑.【[元]胡三省 注 : 服色尙黑,
隨水行也.】; 金鐸敏 主編, 앞의 책, 2003, 419쪽, "凡服飾尙黃, 旗幟尙赤."

72 『隋書』권70, 列傳35, 李子雄, 1620쪽. "子雄, 明辯有器幹, 帝甚任之. 新羅嘗遣使朝貢. 子
雄至朝堂與語, 因問其冠制所由. 其使者曰. "皮弁遺象, 安有大國君子, 而不識皮弁也!" 子雄
曰. "中國無禮, 求諸四夷." 使者曰. "自至已來, 此言之外, 未見無禮."憲司以子雄失詞, 奏劾
其事. 竟坐免. 俄而復職, 從幸江都."

73 『北史』권74, 列傳62, 李雄, 2557~2559쪽 ; 『通志』권162, 列傳75, 隋, 李雄, 2624-1쪽
; 『太平御覽』권686, 服章部3, 弁, 382쪽. 『북사』는 이웅(李雄)이라 하고, 『수서』를 더
축약하였다. 『통지』는 『북사』를, 『태평어람』은 『수서』를 따랐다.

가 보유한 신라 정보가 변변치 못함을 보여준다. D는 상한·하한 연대
특정이 어려우므로, 이자웅의 관력을 〈표 4〉로 제시하였다.

〈표 4〉 이자웅의 관력

연대	활 동
577	북주(北周) 무제의 북제(北齊) 평정에 약관(弱冠)의 나이로 군공을 세움 군공으로 수도독(帥都督)이 됨
580	상주(相州)에서 발생한 위형(尉逈, 즉 위지형(尉遲逈)의 반란을 진압 양견에 의해 상개부(上開府)·건창현공(建昌縣公)이 됨
581	양견이 수 문제로 즉위 표기장군(驃騎將軍)에 임명
588~589	수와 진의 전쟁에 참전 대장군(大將軍)의 위(位)에 올라 침주(郴州)·강주(江州) 자사(刺史)가 됨
601~604	(수 문제 인수(仁壽) 연간) 면직
604	(8월) 양제 즉위, 한왕(漢王) 양량(楊諒)의 반란 발생 상서좌복야(尙書左僕射) 양소(楊素)에 의해 대장군(大將軍)·염주자사(廉州 刺史)에 보임 반란 진압 후 유주총관(幽州總管)을 잠시 맡다가 곧 민부상서에 보임
604~613	D 사건이 발생하여 잠시 면직, 이후 양제의 강도(江都) 행차 호종
613	고·수전쟁에 내호아(來護兒) 휘하로 참여 (6월) 양현감이 반란하자 양제의 의심을 사 행재소로 소환 소환에 불응하고 양현감에게 망명해 참모로 활동 양현감의 반란이 진압되면서 복주(伏誅), 이자웅 일가 적몰(籍沒)

※ 출전 : '『隋書』 권70, 列傳35, 李子雄'을 토대로 유관 사실을 다소 보충하여 작성함.

〈표 4〉처럼, D의 상한 연대는 수 문제 재위 기간 혹 양량의 모반
이 진압된 인수(仁壽) 4년(604) 8월 이후이다. 이자웅은 양량의 모반
을 진압해 민부상서에 취임하나, '일찍이(嘗)'란 표현에서 D는 문제
때의 사건일 수도 있다. 그러나 이자웅열전 내 D의 위치 상 604년

---

74 山本孝文, 「考古學으로 본 三國時代의 官人」 『한국고대사연구』 54, 2009, 152~153쪽.

8월 이후의 일로 보인다.

D의 하한 연대는 모호하지만, 610년 3월로 이해된다. 이자웅의 활동은 양제본기(煬帝本紀)에 보이지 않지만, 양제의 강도행차는 605년 8월 임인(壬寅)·610년 3월 계해(癸亥)에 보이기 때문이다.[75]

604년 8월~610년 3월까지 신라는 대나마 만세·혜문 등을 수에 보냈고,[76] 이보다 더 많은 교류가 있었다. C-①·②는 "대업 이래 해마다 조공하였다(大業以來, 歲遣朝貢)"라고 하기 때문이다. 실제로 신라는 수 문제 연간인 594~605년에는 2년에 1번씩 수에 사신을 보냈고, 수 양제 연간인 605~617년에는 1년에 1번씩 수에 사신을 보냈다.[77] 따라서 이자웅~신라 사신의 문답은 당시에 충분히 일어날 수 있는 사건이었다.

이자웅은 고관(高官)인 민부상서(당의 호부상서에 준함)로,[78] 명변(明辯)·기간(器幹)이 있어 양제의 총애를 받았으며, 관력으로 보아 중국 각지를 답험한 경험이 많은 지식인이었다. 신라 사신은 고관(高官)·관력·총명함·예우 등을 고려해 이자웅을 '대국(大國) 군자(君子)'로 불렀을 것이다.

이자웅은 수의 조당(朝堂)에서 신라의 관에 대한 무식을 스스로 드러내었다. 신라 사신이 조당에 있었으므로, 신라 사신은 조복을 입었을 것이다. 이자웅은 사신 조복에 쓰인 관제가 중국 예제에 없음을

---

75 『隋書』 권3, 帝紀3, 煬帝 上, 大業 元年(605) 8월 壬寅, 65쪽 ; 『隋書』 권3, 帝紀3, 煬帝 上, 大業 6년(610) 3월 癸亥, 75쪽.

76 『三國史記』 권4, 新羅本紀4, 眞平王 26년(604) 秋 7월·27년(605) 春 3월.

77 정덕기, 「신라 진평왕대 對隋 외교와 請兵」『新羅史學報』 52, 新羅史學會, 2021, 29~30쪽.

78 金鐸敏 主編, 앞의 책, 2003, 267쪽.

들어 사이(四夷)의 관에서 기원한 것 같다고 발언하였다. 신라 사신은 대국 군자가 자신이 쓴 관에 피변(皮弁)·옛 변관(弁冠, 즉 고변(古弁))의 모습이 남았지만 피변도 알지 못함(不識)을 책망하고, 이자웅의 발언을 매우 모욕적으로 받아들였다.

신라 사신의 반응은 두 가지 측면에서 이해된다. 첫째, 신라 사신은 자국 조복 관(冠)의 전통성을 인식하였다. 둘째, 신라 사신은 자국 조복의 관과 『예기』의 피변(皮弁)·변관(弁冠) 등 중국 고례(古禮)와의 관계를 인식하였다. 이는 382년 신라의 『예기』 이해도가 낮지 않았고, 상고기 말~중고기 초 신라의 군신(君臣)이 자국사 정보를 일정 정도 공유했으며,[79] D의 시점이 『국사(國史)』 편찬 이후라는 점에서 이해된다. 즉 신라 사신은 대국 군자가 전통 있는 피변도 모르면서 신라의 관을 사이(四夷)의 관에 빗대었기 때문에 모욕으로 이해하였다. 헌사(憲司)는 신라·수 관계를 고려해 일단 이자웅을 탄핵·면직시켰고, 양제는 이자웅을 곧 복직시켜 강도 행차를 호종케 하였다.

D는 이자웅만 아니라, 수가 수집한 신라 관련 정보가 변변치 못함을 보여준다. 『수서』~『신당서』, 신라전에 보이는 신라의 출자에 대한 혼선도 이 점에서 이해되기 때문이다. 즉 7세기 초 중국의 신라 이해도를 고려하면, 복과 조복은 같은 실체이다.

따라서 진평왕대 신라에는 백색을 쓴 조복이 있었다. B는 상고기~중고기 초(520)·중고기 초(520)~중고기 말(649)을 동질적으로 이해했으므로, 백색 조복은 공복을 처음 제정할(始制) 때도 있었다. 즉 신

---

79 정덕기, 「6세기 초 신라의 尊號改正論과 稱王」『歷史學報』236, 歷史學會, 2017, 123~125쪽.

라는 상고기부터 조복을 쓰다가 중고기 초 공복을 제정하였고, 중고기 이후 조복·공복을 포함한 관복제(官服制)를 구축하였다.

신라 조복의 용도는 무엇일까? 신라 조복의 용도에 대한 자료가 없지만, 중국 조복의 용도를 참고할 수 있다. 『예기』는 군신(君臣) 간 청정·조회에 입는 관복을 조복으로 규정하였고, 중국 전근대 지식인들은 조복을 '선왕법복(先王法服)'으로 이해하였다. 조복의 연원은 유구하나, 조복이 중요 의례를 위해 갖추는 관복·예복이자, 관인의 구복(具服)·정복(正服)이란 개념은 후한에서 발생하였다. 북위에서 공복이 발생하였고, 수·당은 조복·공복이 병존하였다.[80] 수·당의 조복은 '배제(陪祭)·조향(朝饗)·배표(拜表) 등 각종 의례·국가 대사(大事)에 입는 갖춘 옷(具服)'으로, 필요 품목을 모두 갖추고 관품의 고하를 특정 품목·식(飾, 장식)의 탈부착으로 구현한 관인의 정복(正服)이었다.[81] 즉 조복은 행사·대사·조회 참석·사신 왕래에 쓰는 관복이다. 이 점에서 상고기에 조복은 청정(聽政)·조회(朝會)·사신 왕래를 비롯한 관인 공무 전반에 널리 쓰였을 것이다. 중고기 초 공복이 제정되면서 조복은 관복제 상 구복(具服)·정복(正服)의 위치를 차지하겠지만, 조복의 용도는 청정(聽政)·조회(朝會)·사신의 왕래·국가의 대사(大事) 등으로 축소되었다. 따라서 신라 상대(上代) 관복제는 상고기에 조복을 통해 운영되었고, 중고기 초부터 조복·공복이 병존하면서 운영되었다고 이해된다.

---

80 尾崎雄二郎·竺沙雅章·戶川芳郎 編集, 앞의 책, 2013, 858~859쪽.
81 『隋書』 권12, 志7, 禮儀7, 朝服, 258쪽 ; 『舊唐書』 권45, 志25, 輿服, 朝服, 1944쪽 ; 『新唐書』 권24, 志14, 車服, 具服者, 522쪽 ; 金鐸敏 主編, 앞의 책, 2003, 凡百官朝服, 423쪽.

3장

중고기 공복제(公服制)와
복색존비(服色尊卑)

1. 북위~수·당 공복과 신라 공복의 구성 품목

　신라는 일찍이 고유 의관을 지녔고, 520년 백관(百官)의 공복(公服)을 처음 정했다. 이후 649년까지의 문헌 자료에서 공복제의 변화를 찾기 어렵다. 520년 제정한 공복 관계 자료는 81자(字) 정도로 소략하다. 공복의 실체가 분명치 않지만, 적어도 중고기 공복이 '백관에게 적용하는 제복(制服, Uniform)'임은 분명하다.

　공복이란 무엇일까? 공복은 광의(廣義)로 관인 제복(즉 관복)을 통칭할 수 있고, 협의(狹義)로 관복의 일종을 지칭할 수 있다. 전근대·근대를 막론하고, 제복을 착용하는 관인은 착용 환경을 따라서 다종·다양한 관복을 활용하였다. 신라도 이 점은 마찬가지이지만, 색복지는 공복의 착용 환경을 명료하게 규정하지 않았다.

　신라의 공복은 광의적 개념일까? 협의적 개념일까? 또 신라 공복의 구성 품목은 어떤 것일까? 유관 문제는 『삼국사기』의 자료만으로 파악하기 어려우므로, 6세기 초 동아시아에서 활용된 공복을 비교할 필요가 있다. 이 경우, 일본의 관위제(冠位制)·위계제(位階制)는 추고천황(推古天皇) 11년(603)에 처음 나타나므로,[1] 520년 제정된 신라 공복과 본격적인 비교 대상이 아니다. 이로 인해 중국 공복과 비교할 필요가 있으나, 해당 시기는 남북조시대 말기이다. 그러면 남조·북조의 공복 중 더 적절한 비교 대상은 무엇일까?

신라의 대중 외교를 고려하면, 적절한 비교 대상은 북조의 공복, 특히 북위(北魏) 공복이다. 신라–남조 외교는 공복 제정 이후인 521년에 시작되었다.[2] 반면 신라–북조 외교는 520년 이전에 진행되었다. 신라는 4세기 말(377·381년) 전진(前秦)과 교류하였고,[3] 6세기 초(502·509년) 북위와 교류하였다.[4] 더욱이 503년 칭제칭왕(稱帝稱王)에 근거한 존호개정(尊號改正)을 통해 신라국왕(新羅國王)은 성현표위자(聖賢標位者)로 격상되었으며,[5] 504년 상복법(喪服法) 반행(頒行),[6]

---

1 『日本書紀』권22, 推古天皇 11년(603) 12월 戊辰朔 壬申, 93~94쪽.

2 『三國史記』권4, 新羅本紀4, 法興王 8년(521) ; 『梁書』권54, 列傳48, 東夷, 新羅, 805쪽.

3 『三國史記』권3, 新羅本紀3, 奈勿尼師今 26년(381) ; 『資治通鑑』권104, 晉紀26, 孝武帝 太元 2년(377) 春, 3281쪽. 이 외『자치통감』은 380년 전진의 반란군이 신라에 원병을 요청한 사례를 전한다(『資治通鑑』권104, 晉紀26, 孝武帝 太元 5년(380) 3월, 3293쪽. "分遣使者徵兵于鮮卑·烏桓·高句麗·百濟·新羅·休忍諸國, 遣兵三萬, 助北海公 重成薊."). 그러나 '『晉書』권130, 載記13, 符堅 上'의 같은 기사는 新羅 대신 薛羅라 하였고, 이와 관계된 신라의 반응도 찾기 어렵다.

4 『魏書』권8, 帝紀8, 世宗 宣武帝, 景明 3년(502) 是歲, 195쪽 ; 『魏書』권8, 帝紀8, 世宗 宣武帝, 永平 元年(509) 3월 己亥, 204쪽. 두 기사는 사라(斯羅)가 북위에 견사(遣使) 조공(朝貢)했다고 전한다. 당시 사라(斯羅)로 볼 수 있는 나라는 신라뿐이므로, 고구려를 통해 신라가 북위에 사신을 파견했을 가능성이 있다고 설명되었다(서영교, 「『三國志』『魏略』의 '斯羅國'과『魏書』의 斯羅」『歷史學研究』59, 2015). 또 신라가 북위에 사신을 파견한 목적을 왕권의 강화와 서역 물품 구입의 필요성에서 찾는 견해도 제기되었다(曺凡煥, 「新羅 智證王代 北魏에 사신 파견과 목적」『서강인문논총』46, 2016).

5 『三國史記』권4, 新羅本紀4, 智證麻立干 4년(503) 冬 10월. 존호개정의 함의에 대해서는 '정덕기, 「6세기 초 신라의 尊號改正論과 稱王」『歷史學報』236, 歷史學會, 2017' 참고.

514년 시호(諡號) 활용의 시작은7 6세기 초 신라의 국가예제(國家禮制) 정비에 대한 고민을 보여준다. 이 중 504년 상복법 반행은 520년 공복의 제정과도 맥이 통한다. 관인은 상복법의 적용 대상에 해당할 것이므로, 관인의 상복(喪服)·공복(公服)은 무관하지 않기 때문이다. 이 점에서 520년 신라 공복을 제정할 때, 북위 공복의 원리를 다소 참작했을 가능성이 있다.

실제 정사(正史)·『통전』·『통지』에서 남조의 공복 활용을 보여주는 사례는 찾기 어렵다. 반면 북위 공복은 중국 공복의 기원으로 평가된다. 남송 이후 중국 전근대 지식인은 공복을 '①진~송대(五胡之末) 중국에 유입된 이적(夷狄)의 융복(戎服)이 기원으로, ②수 양제(煬帝) 때 확산되고, ③당의 편복(便服)으로 계승된 관복'이라 이해하였다.8 이상의 견해는 현대에도 영향력이 있다.9 따라서 신라와 북위의 공복

---

6 『三國史記』권4, 新羅本紀4, 智證麻立干 5년(504) 夏 4월. 지증왕대 상복법 반행은 자국 전통 위에서 중국 제례(祭禮)를 수용해 신라의 1차 사전(祀典)이 성립했음을 의미한다거나 (辛鐘遠, 「三國史記 祭祀志 硏究」, 『史學硏究』38, 한국사학회, 1984, 39~40쪽), 지증왕대 유학 사상·유교식 상제(喪制)·상복제(喪服制)가 도입되며 중국식 흉례(凶禮)의 최소 원리만 수용한 것을 의미한다고도 한다(채미하, 「한국 고대의 죽음과 喪·祭禮」, 『韓國古代史硏究』65, 한국고대사학회, 2012(a), 55쪽 ; 채미하, 「신라의 凶禮 수용과 그 의미」, 『韓國思想史學』42, 한국사상사학회, 2012(b), 38~39쪽).

7 『三國史記』권4, 新羅本紀4, 智證麻立干 15년(514) 秋 7월 이후.

8 『朱子文集』권69, 雜著5, 君臣服議, 淳熙 丁未(1187) 10월 8일. "今之上領公服, 乃夷狄之戎服. 自五胡之末, 流入中國, 至隋煬帝時, 巡遊無度, 乃令百官戎服從駕, 而以紫·緋·綠, 三色, 爲九品之別. 本非先王之法服. 亦非當時朝祭之正服也. 今雜用之, 亦以其便於事, 而不能改耳." ; 『朱子語類』권91, 禮8, 雜儀, "隋煬帝時, 始令百官戎服. 唐人謂之便服. 又謂之從省服. 乃今之公服也." ; [淸]徐乾學, 『讀禮通考』권18, 喪期18, 服哉, 1696. "公服, 乃夷狄之服, 五胡時流入." 주희는 양제(煬帝)의 순행에 정도가 없어지며(巡遊無度), 자(紫)·비(緋)·녹(綠)의 3색으로 9품을 구별한 것을 공복의 확산 계기로 이해하고, 공복은 당시에도 조제(朝祭)에 쓰는 '정복(正服)'이 아니었다고 하였다. 또 송에 이르러서도 일(事)에 편하므로 고치기 어렵지만, 선왕법복(先王法服)이 아님을 주장하였다.

9 申士垚·傅美琳 編著, 『中国风俗大辞典』, 中國和平出版社, 1991, 628쪽 ; 吳欣, 「冠冕之制 : 終結于帝制时代的章服」『中国消失的服饰』, 山东画报出版社, 2013.

을 비교하는 것이 유의미하다. A를 보자.

　　A-①. [태조(太祖) 천흥(天興)] 6년(404). 또 유사(有司)에 조서를
내려(詔) 관복(冠服)을 제정하였다(制). [관(官)의] 품(品)·질(秩)을
따라 각각 차이가 있었으나, 시사(時事)가 바빠 고례(古禮)를 많이
잃었다. …… 고조(高祖) 태화(太和) 중(477~499)에 이르러 비로소
구전(舊典)을 상고해 관복(冠服)을 제정하였다(制). 백관(百官)·후궁
(後宮)에 각각 등차가 있었으나, 젊어서 승하하니 오히려 두루 완비
되지 못했다.10
　　A-②. [북위 고조 태화(太和) 10년(486)] 위(魏)가 비로소 5등 공복
(公服)을 제정하였다(制).【[元(원)]호삼성(湖三省) 주(注) : 공복은 조
정의 복(朝廷之服)이며, 5등은 주(朱)·자(紫)·비(緋)·녹(綠)·청(青)
이다.】11

　A-①은『위서(魏書)』, 예지(禮志)의 일부를, A-②는『자치통감』에
서 북위의 5등 공복 제정과 그에 대한 호삼성(湖三省)의 주를 인용한
것이다. 북위는 404년부터 관복(冠服) 제정을 시도했고, 486년 5등
공복으로 일단락을 지었다. A에서 북위 공복은 '관품·관질을 기준으
로 5색의 차이가 있는 조정의 관복'이라 했다. 즉 북위와 신라의 공복
은 분별 원리·구현 수단이 유사하다.

10『魏書』권108-4, 志13, 禮4-4, 2817쪽. "[太祖 天興] 六年. 又詔有司, 制冠服. 隨品秩, 各有
　差, 時事未暇, 多失古禮. …… 至高祖, 太和中, 始考舊典, 以制冠服. 百僚六宮, 各有差次,
　早世升退, 猶未周洽."
11『資治通鑑』권136, 齊紀2, 武帝, 永明 4년(486) 夏 4월 辛酉朔, 4272쪽. "魏, 始制五等公服.
　【[元]湖三省 注 : 公服, 朝廷之服, 五等, 朱·紫·緋·綠·青.】"

그러나 A 외 북위 공복의 착용 환경과 구성 품목을 알려주는 자료는 보기 어렵다.[12] 따라서 신라 공복의 착용 환경과 구성 품목을 보완하려면 더 이후 시기로 눈을 돌려야 한다. 북위 율령의 계승 관계,[13] 자료의 풍부함을 고려해 수·당 공복을 살펴보자.

수·당의 공복은 2가지 뜻을 지니고 있다.[14] 첫째, 조복(朝服)·구복(具服)에서 일부 장식을 덜고 입는 종생복(從省服), 즉 '종생조복(從省朝服)'이나 '간소화된 조복'이란 의미이다. 조복(朝服)은 격이 가장 높은 관복으로 배제(陪祭)·조향(朝饗)·배표(拜表)·대사(大事)에 쓴다. 조복의 상·하의는 강색(絳色) 단의(單衣)·백색 군(裙, 치마)로 통일되며, 관품 차이는 장식의 탈부착으로 구현한다. '간소화된 조복'을 지칭할 때의 공복은 조복과 기본 원리가 대개 유사하나, 장식·테두리 선 등의 요소를 줄인 것이다. 다만 수·당에서 간소화된 조복의 개념이 적용되는 공복은 각각 용도가 다르다. 수의 공복은 조복 착용 상황이나 일상 근무 외 나머지 공사(自餘公事)에 쓰며, 당은 초하루·보름에 있는 조회(朔望朝會) 및 황태자를 알현할 때(東宮謁見)만 썼다.[15] 간소화된 조복을 의미하는 공복은 관품별 색 구분이 없어 신라 공복의 비교 대상이 아니다.

---

12 '『魏書』108-4, 志13, 禮4-4, 2817쪽'은 공복의 품목보다 제정과정을 위주로 설명하였다. '『通典』권61, 禮21, 嘉6, 君臣服章制度'는 북위 공복을 서술하지 않았다. '『通志』권47, 器服略1, 君臣服章制度'는 상기 禮志를 축약하고, 북위 숙종 희평(熙平) 2년(517) 5시 조복(五時朝服)·5교(五郊衣幘)의 정비를 보충한 정도이다.

13 程樹德 저·임병덕 역주, 『九朝律考』1, 세창출판사, 2014, 31·47쪽.

14 尾崎雄二郎·竺沙雅章·戶川芳郎 編集, 『中國文化史大辞典』, 大修館書店, 2013, 373~374·858~859쪽.

15 『隋書』12, 志7, 禮儀7, 258쪽. "自餘公事, 皆從公服.【亦名, 從省服.】"；『唐六典』4, 尙書 禮部, 423쪽. "公服, 朔望朝謁, 見皇太子則服之."

둘째, 일상 근무용 관복인 상복(常服)이다. 수·당 문관은 상복으로 변복(弁服), 즉 변관(弁冠)의 관복(官服)을 입었고, 변복은 관품별 색(色) 구분이 있다. 따라서 변복의 착용 환경을 B로 살펴보자.

B-①. 변관(弁冠)·주의(朱衣)·소상(素裳)·혁대(革帶)·오피리(烏皮履)이니, 이것이 공복(公服)이다. …… 문관(文官)이 평소 입내(入內)하거나, 본사(本司)에 있으면 항상 입는다.[16]
B-②. 변관(弁冠)[복(服)]은 심상공사(尋常公事)에 입는다.[17]
B-③. 변복(弁服)은 문관(文官) 9품이 [착용하는] 공사(公事)의 복(服)이다.[18]

B-①은 수 변복의 설명으로, 궁 안에 들어오거나(入內), 소속 관청에 있을 때(在本司) 입는다고 하였다. B의 ②·③은 당 변복의 설명으로, B-②는 평소 공무(尋常公事)에, B-③은 공무에 입는다고 전한다. B는 같은 표현으로 이해된다. 관인은 관청에 출근해 공무를 처리하고, 처리한 공무 중 궁에 보고할 것도 있었을 것이기 때문이다. 수·당의 변복은 이상의 상황에 입는 관복이며, 수·당은 변복을 '공복'이라 한 것이다.

수·당 공복의 구성 품목과 특징은 무엇일까? 이를 살필 수 있다면, 신라 중고기 공복의 구성 품목과 특징을 살필 때 도움이 될 것이다.

---

16 『舊唐書』 권45, 志25, 興服, 隋制, 1930쪽. "弁冠·朱衣·素裳·革帶·烏皮履, 是爲公服. …… 文官, 尋常入內及在本司, 常服之."
17 『唐六典』 권4, 尙書禮部, 凡百官朝服, 423쪽. "弁服, 尋常公事則服之."
18 『新唐書』 권24, 志14, 車服, 從省服, 520쪽. "弁服者, 文官九品公事之服也."

따라서 520년에 가장 가까우면서, 수·당 공복제가 일정한 틀을 갖추는 605·631년 공복의 품목을 〈표 5〉로 정리하였다.

〈표 5〉 수·당 공복(弁服)의 구성 품목

구분	No.	품목	수									당								
			1	2	3	4	5	6	7	8	9	1	2	3	4	5	6	7	8	9
머리	①	弁冠	鹿胎(烏漆紗)					烏漆紗				鹿胎(烏漆紗)					烏漆紗(=烏紗)			
	②	纓	○									○								
	③	簪導	犀					象牙				犀					象牙			
	④	琪(瑒)	9	8	7	6	5	×				9	8	7	6	5	×			
상체	⑤	(色)衣	朱(紫)					絳				紫				緋		綠(黃)		靑(黃)
손	⑥	笏	象牙					竹木				象牙					竹木			
허리	⑦	(革)帶	○									○								
	⑧	飾*	·									玉					金		銀	鍮石
	⑨	紛(小綬)	○					×				○					×			
	⑩	玉佩	隻珮					×				隻珮(or 雙珮)					×			
	⑪	鞶囊	金縷		銀縷		綵[縷]	×				○					×			
하체	⑫	素裳	○									○								
발	⑬	白韈	[○]									○								
	⑭	烏皮履	○									○								

※ 출전 : 『隋書』권12, 志7, 禮儀7, 弁之制, 266쪽 ; 『舊唐書』권45, 志25, 輿服, 弁冠, 1930쪽 ; 『唐六典』권4, 尙書禮部, 423~425쪽 ; 『新唐書』권24, 志14, 車服, 弁服者, 520쪽 ; 『唐會要』권31, 輿服 上, 章服品第, 663쪽.
※ 범례 : (1)'○' : 있음 (2)'×' : 미포함 (3)'*' : 당만 보임 (4)( )은 통용가능 (5)瑒는 '珥' (『新唐書』). (5)④琪(瑒)의 숫자 : 관에 다는 옥(琪(瑒))의 개수.

〈표 5〉는 수·당 공복의 구성 품목을 시선 순서와 착용 부분별로 정리한 것이다. 수 공복은 13품목, 당 공복은 14품목으로 구성되며, 차이가 있는 품목은 혁대 장식(飾)의 재질이다. 〈표 5〉의 품목은 머리·상체·손·허리·하체·발에 착용하게 되어 있다. 이 중 머리의 3품목

과 허리의 3~4품목, 발의 1품목은 착장 방법으로 인해 상호 의존적인 품목이다. 머리에 쓰는 변관(弁冠, 고깔 모양 관)은 영(纓, 관끈, 관을 묶거나 고정하는 끈)·잠도(簪導, 남자용 비녀)로 고정하며,19 기(璂, 변관을 꾸미는 옥돌)로 장식된다. 즉 영·잠도·기는 변관의 부속 품목이다. 허리에 차는 분(紛, 소수)·옥패·반낭(鞶囊, 도장 주머니)은 혁대에 거는 장신구이며, 장식도 혁대에 표현된다. 발에 신는 백말(白襪, 흰 버선)은 오피리(烏皮履, 검은 가죽신) 안에 들어간다. 즉 공복의 품목은 변관·색의(色衣, 色이 있는 상의)·홀·혁대·소상(素裳, 흰 치마)·오피리로 구성된다.

관인의 구별은 혁대 이상, 즉 상체에만 나타난다. 구별 수단은 크게 3가지이다. 첫째는 장식의 유무로, 변관 장식(기)과 혁대 장식(분·옥패·반낭)에 설정되었다. 둘째, 재질의 차이로, 변관과 잠도 및 홀에 설정되었다. 혁대의 장식도 재질 차이가 있지만, 재질의 색이 있어 모호하다. 셋째, 상의의 겉옷 색에 설정되었다. 대개 장식의 유무와 재질의 차이는 1~5품(수의 분·옥패는 1~3품)과 6~9품에 설정되었고, 기의 개수(수·당 공통)와 반낭을 수놓는 실의 재질(수)은 1~5품 내부

---

19 『隋書』권12, 志7, 禮儀7, 簪導, 272쪽. "案, 『釋名』云. "簪, 建也, 所以建冠於髮也. 一曰, 笄. 笄, 係也. 所以拘冠使不墜也. 導所以導擽鬢髮, 使入巾幘之裏也." 今依『周禮』, 天子以玉笄, 而導亦如之. 又, 『史記』曰. "平原君誇楚, 爲玳瑁簪." 班固『與弟書』云. "今遺仲升以黑犀簪." 『士燮集』云. "遣功曹史貢皇太子通天犀導." 故知天子獨得用玉, 降此通用, 玳瑁及犀. 今並準是, 唯, 弁用白牙笄導焉.";『隋書』권12, 志7, 禮儀7, 弁之制, 266쪽. "…… 唯文官服之, 不通武職. 案『禮圖』, 有結纓而無笄導. 少府 少監 何稠, 請施象牙簪導. 詔許之. 弁加簪導, 自茲始也." 잠도는 관(冠)을 고정하고, 머리를 묶기 위해 쓰는 남자용 비녀이며, 묶은 머리(修髮)를 전제한다. 묶은 머리에 관을 세우거나(建) 이어주며(係), 묶은 머리를 흐트러지지 않게 인도(引導)하므로 잠도(簪導)라 하였다. 변관의 고정품목인 영·잠도 중더 중요한 고정품목은 영이다. 본래 변관은 문관만 사용하고 무직에 통용하지 않았고, 변관에 잠도를 꽂기 시작한 것은 수(隋) 하조(何稠)의 건의에서 비롯하기 때문이다.

를 구분했다. 상의 겉옷 색은 관인을 2개 군(群, 수, 1~5·6~9품)이나, 4개 군(群, 당, 1~3·4~5·6~7·8~9품)으로 나누었다. 즉 장식 유무와 재질 차이는 큰 틀에서 관인의 고하만 구별하고, 기의 개수 등은 고관 내부를 구별하였다. 상의 겉옷 색은 전체 관인을 4개 군(群)으로 구별 하는 기능을 가졌다.

  보는 사람은 관인을 어떻게 구별할까? 일단 상체를 확인하겠다. 시 선이 먼저 가기도 하지만, 분별 품목이 상체에 집중되기 때문이다. 확인 순서는 다음과 같다. 먼저 장식 유무나 재질 차이로 5품 이상인 지, 6품 이하인지를 구별하고, 상의 겉옷의 색이나 혁대 장식의 재질 로 대략적인 관품을 파악할 것이다. 혹은 장식 유무나 재질 차이를 생략하고, 상의 겉옷 색으로 관품을 구별할 것이다. 이후 고관은 '몇 품'인지를 기의 개수로 파악할 것이다. 즉 보는 사람이 몇몇 특징만 안다면, 관품의 고하가 간단히 구분되는 관복이 공복이다.

  공복의 구성 품목은 옷 1벌의 기본품목에 관품이 식별되는 장식 몇 개를 달았다고 할 정도로 단출하다. 이것은 공복의 용도에서 기인 한다. B의 공복은 일상 업무용 관복으로 나타난다. 이것은 공복이 관 인 생활에서 가장 많은 시간을 입는 관복이란 의미이다. 역으로 생각 하면, 공복에 전제할 요소는 착용자의 편의를 통한 '행정의 효율성 제 고'이다. 착용 시간이 가장 긴 관복에 다양한 장신구가 달릴 경우, 관 인은 불편함은 업무의 비능률로 이어질 것이기 때문이다. 따라서 상체 의 가장 넓은 면적을 차지하는 상의 겉옷 색 구분으로 분별의 가시성 을 증대시킨 것이다. 이러한 의도는 C에서 확인할 수 있다.

C. 대업(大業) 원년(605)에 이르러, …… 천자부터 서리(胥吏)까지 장복에 모두 차등이 있었다. 비로소 령을 내려(令) 5품 이상은 주(朱)·자(紫)를 통용해 입었다. 이후 군사가 무성하고 거가(車駕)가 많이 행행(行幸)하자, 백관이 수종(隨從)하며 비록 고습(袴褶)을 입었으나 군중(軍中)에 불편하였다. [대업] 6년(610)에 다시 조서를 내려(詔), 거가를 수종하여 원행하는 문무관 등은 모두 군복(戎衣)을 입되, 귀천의 등급을 달리해 5색을 섞어 썼다. 5품 이상은 통용하여 자포(紫袍)를 입었고, 6품 이하는 비(緋)·녹(綠)을 겸하여 썼다. 서리(胥吏)는 청(靑), 서인(庶人)은 백(白), 도축업자(屠)·상인(商)은 조(皂), 사졸(士卒)은 황(黃)으로 하였다.[20]

C는 수의 공복에 고습(袴褶)과 '색이 있는 전포(戰袍, 핫옷)'의 확산 과정을 보여준다. 605년 이후 전쟁·친정(親征)의 빈발로 백관의 수종(隨從)이 늘자, 백관에게 소상 대신 고습을 착용시켰다. 그러나 이마저도 군중 막사에서 '불편'했고, 610년에 문무관 모두 군복을 입혔다고 한다. 이 과정에서 관인과 서리를 비롯해, 도축업자·상인, 사졸 등 전쟁 수행에 관련된 모든 구성원에게 포색(袍色)을 규정하여 구분하였다. 임시 상황이지만, '모든 업무 관련자'에게 '불편'을 이유로 맨 마지막 상의 겉옷, 즉 마감 상의의 색으로 구분했다는 점이 주목된다. 편리를 위해 식별 수단을 상의 겉옷 색에 집중한 공복과 동일한 원리를 사용했기 때문이다.

---

20 『舊唐書』 권45, 志25, 輿服, 隋制, 1951~1952쪽. "及大業 元年, …… 自天子逮于胥吏, 章服皆有等差. 始令五品以上, 通服朱·紫. 是後, 師旅務殷, 車駕多行幸, 百官行從, 雖服袴褶, 而軍間不便. 六年, 復詔從駕涉遠者, 文武官等, 皆戎衣, 貴賤異等, 雜用五色. 五品已上, 通著紫袍, 六品已下, 兼用緋·綠. 胥吏以青, 庶人以白, 屠·商以皂, 士卒以黃."

이상 북위~수·당 공복을 검토한 결과를 정리하면 4가지로 요약할 수 있다. 첫째, 공복은 관인의 일상 업무용 관복이다. 둘째, 공복은 착용자의 편의와 업무의 효율성 제고를 전제로 한다. 셋째, 공복은 구성 품목이 단출하며, 상의 겉옷 색의 구분기능이 가장 큰 관복이다. 넷째, 공복을 통한 식별순서는 생략 가능한 장식 여부나 재질 차이 → 상의 겉옷 색 → 고관의 정확한 관품 확인이다. 이상 수·당 공복의 4가지 분별 원리는 신라 중고기 공복에도 대부분 해당할 것으로 판단된다.

그렇다면 520년 제정한 신라 공복의 구성 품목은 어떤 것일까? 색복지의 법흥왕제는 의(衣)·관(冠)·홀(笏)의 3품목만 기록하였고, 관복 1벌의 구성 품목을 기록하지 않았다. 수·당 공복의 품목을 최대한 요약해도 8품목이다. 수·당과 신라 공복의 교집합인 의·관·홀과 장식인 혁대의 장신구를 제외해도, 혁대 아래 품목은 기록 자체가 없다. 신라 공복에도 혁대 아래 품목이 있었겠지만, 품목별 양식 차이나 수·당과 다른 분별 요소나 품목이 존재할 수 있다. 이와 관련해 521년 신라-양 외교의 과정에서 기록된 4종의 의복 명사가 주목된다. D를 보자.

D. [양 무제] 보통(普通) 2년(521) 왕은 성(姓)이 모(募)이고, 명(名)이 진(秦)인데, 비로소 사신을 보냈고, 백제를 따라가게 하여 방물(方物)을 봉헌(奉獻)하였다. …… 신라(其)의 官名에는 자분한지(子賁旱支)·[일한지(壹旱支)]·제한지(齊旱支)·알한지(謁旱支)·일고지(壹告支)·기패한지(奇貝旱支)가 있다. 신라(其)는 관(冠)을 유자례(遺子禮), 유(襦)를 위해(尉解), 고(袴)는 가반(柯半), 화(靴)는 세(洗)

라 부른다.[21]

　D는 521년 신라가 백제를 따라 양에 들어간 사실을 전한다. 본기는
사신단이 출발한 시점을 서술하지 않았다. 한편 『양서』는 11월 양국
의 사신이 입조하였고, 12월 5일(戊辰) 양 무제가 백제 무령왕을 영동
대장군(寧東大將軍)으로 임명했다고 서술하였다.[22] 백제 사신이 12월
5일까지 체류한 정황이 있으므로, 양에서 신라의 정보를 입수한 기간
은 11월 1일(乙未, 521. 12. 15)~12월 5일(戊辰, 522. 1. 12)이다. 즉 D는
공복 제정과 1~2년의 시차를 가진 기록이다. D는 백제의 통역을 거친
내용이 양의 국사(國史)에 남겨졌고, 이 기록이 『양서』에 수록되었다
고 알려져 있다.[23]

　D에서 4종의 의복 명사가 남은 이유는 무엇일까? 4종 의복 명사는
평복 명사가 아닌 관복 명사로 이해된다. 이유는 다음과 같다. 신라는
처음 양과 외교를 진행하면서 자국 통역자를 데려가지 못했다. 또 신
라인 통역자가 있었어도 양 무제와 조정이 신라 평복까지 관심을 기울
일지 의문스럽다. 신라의 관명을 설명한 후 4종 의복 명사가 출전되므

---

21 『梁書』 권54, 列傳48, 東夷, 新羅, 805~806쪽. "普通二年. 王姓募名秦, 始[遣]使, 使随百
　濟, 奉獻方物. …… 其官名有, 子賁旱支·[壹旱支]·齊旱支·謁旱支·壹告支·奇貝旱支. 其冠
　曰, 遺子禮, 襦曰, 尉解, 袴曰, 柯半, 靴曰, 洗." [壹旱支]는 '동북아역사재단 한국고중세사
　연구소 편, 『中國 正史 東夷傳 校勘』, 동북아역사재단, 2018, 55·68쪽', [遣]은 '국사편찬
　위원회, 『중국정사조선전 역주 2』, 신서원, 2004, 451쪽'을 통해 보충하였다.

22 『梁書』 권3, 本紀3, 武帝 下, 普通 2년(521), 64~65쪽. "冬 十一月. 百濟·新羅國, 各遣使獻
　方物. 十二月. 戊辰. 以鎭東大將軍, '百濟王 餘隆'爲寧東大將軍." 유관 기사로 『三國史記』
　권26, 百濟本紀4, 武寧王 21년 冬 11·12월이 참고된다. 본문의 서력 환산은 '대만 중앙연
　구원, 兩千年中西曆轉換, https://sinocal.sinica.edu.tw/'을 참고하였다. 이하 본서에서 중
　국 달력을 서력으로 환산하는 경우, 모두 이를 참고하였다.

23 하일식, 『신라 집권 관료제 연구』, 혜안, 2006, 23~26쪽.

로, 4종 의복 명사는 관복 품목을 설명했다고 이해된다.[24] D에 기록된 6개의 관위 명칭은 각각 (1)이벌찬(伊伐湌)·(2)이찬(伊湌)·(3)잡찬(迊湌)·(6)아찬(阿湌)·(7)일길찬(一吉湌)·(9)급찬(級湌)에 비정되나,[25] 간군(干群) 관위란 공통점 외 행정·사회적 공통점이 없어 '6개 관위만' 서술한 이유를 알 수 없다.[26] 즉 양이 상기 관위만 기록할 이유나, 백제의 통역을 거친 신라 사신이 상기 관위만 전달할 이유가 없다.

이 점에서 D에 기록된 관위 명칭은 양 무제를 알현한 인물의 관위 명칭이 남았다고 보인다. 신라 사신의 입량 통보, 양 무제 알현을 위한 허가요청에 대해, 양이 최소한의 신원조회를 할 것이기 때문이다. 즉 신라 사신이 양 무제를 알현하는 사람의 명단을 제출할 때 적은 관함(官銜)의 일부가 D에 남았다고 판단된다.[27] 나아가 D는 백제·신라의 동반 입조를 전제하므로, 양은 양국의 사신을 가시적으로 구별할 필요성이 있었겠다. 따라서 D에 기록된 4종의 의복 명사는 관복 명사이다.

훗날 「번객입조도」·「왕회도」에 묘사된 신라 사신은[28] 이상에서 남

---

24 이한상은 D의 해석을 『삼국지』 단계보다 관을 쓰는 인물이 많았고, 관(冠)의 신라 방언이 독특한 발음이었다는 관점에서 접근하였다(이한상, 「신라 복식의 변천과 그 배경」 『新羅文化』 43, 東國大學校 新羅文化硏究所, 2014, 153~154쪽). 본서는 관명 서술 직후 쓰개의 명칭(冠名) 등 복식(服飾)의 품목을 서술한 사례로 생각한다. 유사한 사례로 『唐六典』 권 13, 御史臺, 侍御史, 313~314쪽을 고려할 수 있다. 시어사를 설명한 주석에 시어사의 해치관(獬豸冠) 착용이 서술되기 때문이다. 사례수집이 더 필요하나, 유사한 설명방식으로 판단된다.

25 일한지(壹鬪支)의 비정은 '선석열, 「6세기 초반 신라 금석문을 통해 본 『梁書』 新羅傳의 관등 사료 비판」 『지역과 역사』 28, 부경역사연구소, 2011, 130~131쪽' 참고.

26 하일식은 『양서』의 5개 관위가 기록된 이유를 ①백제인의 통역오류·②양의 무관심·③신라인이 비간군(非干群) 관위를 전달하지 않았을 가능성 등을 다각도로 검토하였다(앞의 책, 2006, 27~30쪽).

27 구체적이지는 않지만, 김부식은 자신이 송에 사신으로 갔을 때, 송의 자진전(紫宸殿) 문(門) 앞에서 고려 사신임을 확인받은 경험을 남겨놓았다(『三國史記』 권33, 雜志2, 色服). 시차가 크지만, 유사한 절차는 521년에도 당연히 있었다고 판단된다.

은 기록물을 근거로 제작되었을 것이다. 타국에 입조할 때의 관복은 공복과 다르지만, 4종 관복 명사와 2종 회화 자료를 한정적으로 활용해 공복의 품목을 따져보기로 한다. 먼저 관·유·고·화(靴, 목 긴 신발)의 어원을 〈표 6〉으로 정리하였다.

〈표 6〉 관(冠)·유(襦)·고(袴)·화(靴)의 어원

구분	No.	梁의 명칭	신라 명칭	『釋名』의 풀이	어원(『釋名』의 해석)
머리	①	冠	遺子禮	冠貫也. 所以貫韜髮也.	모자와 머리 묶음을 꿰뚫는 쓰개
상의	②	襦	尉解	襦㼖也. 言溫㼖也.	따뜻한 옷
하의	③	袴	柯半	袴跨也. 兩股, 各跨別也.	사타구니에서 갈라진 바지
신발	④	靴	洗	鞾(=靴)跨也. 兩足, 各以一跨騎也.	기마(승마)용 신발

※ 출전 : 『釋名』 권4, 釋首飾 ; 『釋名』 권5, 釋衣服.

〈표 6〉에서 상술해야 할 것은 관·고·화이다. 유는 일단 큰 문제가 없다. 신라 사신이 입조한 시점이 한겨울이고, '법흥왕제'의 의(衣)는 윗옷의 범칭이기 때문이다.[29] 4품목 중 계절에 따른 변화가 가장 심할 것이 윗옷이므로, 현존 자료로 공복의 품목까지 생각하기는 무리가 있다.

---

28 「번객입조도」는 남당(南唐, 923~936년)대 작품이나, 「왕회도」의 제작연대는 혼란스럽다. 「왕회도」 공개 당시 629년 [덩염립본(閻立本)의 작품으로 보았으나 관식(款識)이 없었고, 기록에 혼선이 많기 때문이다. 이로 인해 염립본 그림의 모사나(정은주, 「中國 歷代 職貢圖의 漢人圖像과 그 인식」 『漢文學論集』 42, 槿域漢文學會, 2015, 80~84쪽), 염립본의 진적이 아니라고도 한다(김영재, 「「王會圖」에 나타난 우리나라 삼국사신의 복식」 『한복문화』 3-1, 한복문화학회, 2000, 18쪽 ; 이진민·남윤자·조우현, 「「王會圖」와 「番客入朝圖」에 묘사된 三國使臣의 服飾 研究」 『服飾』 51, 한국복식학회, 2001, 157~158쪽 ; 尹龍九, 「「梁職貢圖」의 流傳과 摹本」 『목간과 문자』 9, 2012, 129쪽). 양자 선후는 모호하나, 2종 회화 자료가 「양직공도」의 모사도란 점은 인정된다(김영재, 위의 논문, 2000, 19~20쪽 ; 이진민·남윤자·조우현, 위의 논문, 2001, 159~160쪽).
29 『釋名』 권5, 釋衣服, "凡服上曰衣, 衣依也. 人所依以芘寒暑也."

관은 어떨까? 수·당 변관은 고정하는 품목인 영·잠도와 장식하는 품목인 기(璂)가 있었다. 반면 신라는 고정품목으로 잠도를 쓰기 어렵다. 〈그림 2〉를 보자.

〈그림 2〉 「번객입조도」(**①**)·「왕회도」(**②**)·"금령총 기마인물형 토기 주인상"(**③**)의 머리 부분 비교

※ 출전 : **①** 「번객입조도」, 신라 사신 상체. **②** 「왕회도」, 신라 사신 상체.
③ '"금령총 기마인물형 토기 주인상"(국립중앙박물관 소장품)의 머리,
국립중앙박물관 e뮤지엄(http://www.emuseum.go.kr)'.

〈그림 2〉-**①**·**②**는 「번객입조도」·「왕회도」에 그린 신라 사신의 머리 부분을, 〈그림 2〉-**③**은 마립간시기로 편년 되는[30] 금령총 기마인물형 토기 주인상의 머리 부분을 인용한 것이다. 〈그림 2〉-**①**·**②**는 책(幘, 사각형 관)인데, 〈그림 2〉-**②**는 흑색에 가까운 진녹색으로 채색했다는 견해가 있다.[31] 〈그림 2〉-**③**은 변(弁, 고깔)이다. 〈그림 2〉-

---

30 이한상, 앞의 논문, 2014, 150쪽.

31 이진민·남윤자·조우현, 앞의 논문, 2001, 163쪽. 이 글 170쪽의 주41)에 의하면, 색채는 별도 보정 없이 PANTONE-Color Chip을 활용한 육안 판독의 결과이다. 「왕회도」의 관색을 '진한 녹색' 혹 '검은 빛이 도는 진한 녹색', 즉 '진녹색'이라고도 한다. 「왕회도」의 관색은 모사 당시 화가가 신라의 관색 관련 자료를 어떤 문헌·그림에서 인지했기 때문에 나타났을 것이다. 그러나 이 문제는 원도(原圖)와 편년, 묘사 대상, 관복의 종류, 과학적이고 정확한 색채 비정 등 다양한 문제를 해명해야 설명할 수 있으므로, 차후 연구를 기다리기로 한다.

❶·❷와 〈그림 2〉-❸은 관의 모양이 다르나, 관의 둘레가 머리의 둘레보다 작아 관을 머리 위에 살짝 얹은 듯 표현한 것은 공통이다. 신라인이 제작한 〈그림 2〉-❸의 관도 이러한 모양이라면, 신라 고유 관의 둘레는 비슷했겠다. 문제는 이러한 모양의 관을 쓰려면, 반드시 고정품목이 필요하다는 것이다.

관의 고정품목은 영·잠도가 대표적이지만, 〈그림 2〉-❶·❸은 영만 표현되었고, 〈그림 2〉-❷는 영·잠도가 모두 묘사되지 않았다. 그러나 〈그림 2〉-❷는 푼 머리(被髮)이며, 영이 생략된 것이다. 〈표 6〉의 설명처럼, 잠도가 관의 고정부품이 될 수 있는 이유는 묶은 머리(修髮, 韜髮)를 꿰뚫기(貫) 때문이다. 그러나 〈그림 2〉-❷는 묶은 머리(修髮)가 아니다. 실제 신라 남자는 머리를 잘라 팔기도 했으므로,[32] 푼 머리(被髮)를 상정해야 한다. 그런데 묶은 머리(修髮)가 없다면 잠도도 쓸 수 없다. 즉 신라의 관에서 영은 필수품목이며, 관과 영은 불가분의 관계가 있다.[33] 다만 신라의 영에서 무엇을 구별했는지는 알 수 없다. 이 외 관에 새 깃 모양 장식 등 여러 장식을 꽂았겠으나, 중고기 공복의 관에 특정한 의미를 지닌 수식이 있었는지 알 수 없다.

이제 고·화를 보자. 수·당의 문관 공복은 하의·신발로 소상·오피리를 썼는데, D는 고·화를 전한다. 중국의 고·화는 대개 무관 복식, 즉 군복에 썼다.[34] 반면 신라는 사신도 고·화를 썼으므로, 중고기 공

---

32 『新唐書』 권220, 列傳145, 新羅, "男子翦髮鬻, 冒以黑巾."
33 武田幸男은 조영(組纓)이 관(冠)을 전제한 표현이라 하였다(『新羅中古期の史的硏究』, 東京, 勉誠出版, 2020, 68쪽). 또 관·영의 관계는 변(弁)이 고깔 모양(厶)과 끈(卝)을 합친 글자라는 점과도 부합한다(강순제·김미자·김정호·백영자·이은주·조우현·조효숙·홍나영, 『한국복식사전』, 민속원, 2015, 375쪽).
34 『隋書』 권12, 志7, 禮儀7, 履·舃, 276쪽. "唯褶服以靴. 靴, 胡履也. 取便於事, 施於戎服."

복에도 고·화를 썼겠다.[35] 「왕회도」의 고·화는 백(白)·흑(黑)이 칠해
졌는데(이하 〈그림 3〉-❸ 참고), 수·당 공복의 하의·신발은 소상(素
裳)·오피리(烏皮履)이다. 수·당 공복의 하의·신발 색은 소(素)·오
(烏)이다. 따라서 공복의 하의는 백색이나 단색 고를 썼다고 추정한
다. 공복의 신발은 「왕회도」의 화가 검정색이기도 하지만, 수·당의
오피리나 때가 덜 탄다는 실용성을 고려해 흑화(黑靴)로 추정한다.

혁대(革帶, 가죽 허리띠)·백말(白襪, 흰 버선)은 어떨까? 혁대는 여
밈을 위한 품목이므로 있었겠다. 또 백말은 규정에 관련 없이 관인이
알아서 신을 수 있었겠다. 〈그림 3〉을 보자.

〈그림 3〉「번객입조도」의 혁대(❶) 및 화(❷)와 「왕회도」의 화(❸)

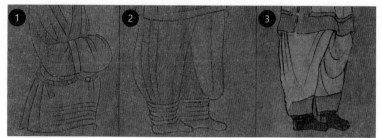

※ 출전 : ❶·❷「번객입조도」, 신라 사신의 허리와 하체. ❸「왕회도」, 신라 사신의 하체.
※ 「왕회도」의 혁대는 공수에 가려졌으므로, 〈그림 3〉에 인용하지 않음.

〈그림 3〉-❶은 「번객입조도」의 혁대 부분을 보여주며, 혁대에는
둥근 무엇이 박힌 듯 묘사되었다. 둥근 것은 혁대 장식이겠지만, 중고
기 공복의 혁대에 있었는지, 있다면 어떤 의미를 가질 것인지는 알

---

35 삼국 사신의 신발을 화로 묘사한 경우가 많다고 한다(이진민·남윤자·조우현, 앞의 논문,
2001 ; 정은주, 앞의 논문, 2015). 따라서 삼국은 여러 관복에 靴를 통용해 신었다고 이해
된다.

수 없다. 〈그림 3〉-❷·❸은 「번객입조도」·「왕회도」의 하체 부분인데, 착장 방법으로 인해 백말이 보이지 않는다. 〈그림 3〉-❷는 바지부리를 신에 넣어 끈으로 감았고, 〈그림 3〉-❸은 바지부리가 화를 덮고 있기 때문이다. 즉 백말은 안 보이는 품목이므로, 규정과 무관계하게 관인이 알아서 신었겠다. 백말의 착용은 계절이나 착용감의 문제와 더 관련이 깊을 것이다.[36] 다만 수·당 공복은 백말을 규정하고 있으므로, 중고기 공복의 규정에도 백말이 있었다고 추정한다.

2. 색의(色衣)·색관(色冠)·색복(色服)과 중고기 공복제

앞 절에서 수·당 공복의 개념·특징, 구성·분별 품목, 보는 사람의 관인 식별순서를 제시하고, 중고기 공복의 품목을 관과 영(관끈)·의(상의, 윗옷)·홀·혁대·고(바지)·백말(흰 버선)·흑화(검정색 목 긴 신발)로 보충하였다. 본 절에서는 중고기 공복의 함의와 분별 원리를 정리해 중고기 공복제의 실체를 해명하기로 한다.

신라 중고기 공복도 관인의 평소 공무나 관청 근무를 위한 관복이

---

36 '흥덕왕하교'에 4두품의 말 착용 금지 조항이 있다. 이로 보아 4두품은 화(靴)·화대(靴帶)로 말을 대체했다고 이해한 견해도 있다(朴南守, 「신라의 衣生活과 織物 생산」『한국고대사연구』 64, 한국고대사학회, 2011, 467쪽). 그러나 화대(靴帶)는 화(靴)의 여밈 품목이므로, 말과 역할이 다르다. 또 말을 신더라도 여름의 경우에는 신지 않았을 수도 있었다고 생각한다. 본서는 말의 비가시성에 중점을 두어, 규정보다 착용자의 편의, 착용감을 따를 확률이 높다고 생각한다. 나아가 신라의 조당(朝堂)·청사(廳舍)·옥사(屋舍)의 구조가 입식인지 좌식인지, 입식이라면 신발을 신는 것·벗는 것 중 원칙이 무엇인지에 대한 해명이 이루어진다면, 논의의 진전을 기대할 수 있다. 본서에서는 현재 연구 단계를 고려해 말의 비가시성에 중점을 두어 서술하였다.

겠다. 따라서 착용자의 편의를 통한 업무 효율성 제고를 전제로 하겠으며, 마련된 품목도 많지 않았다. 신라는 520년 공복 제정에 앞서 509·517년 동시전(東市典)·병부(兵部)를 설치하였다.[37] 상고기 다종·다양한 전(典)의 운영, 동시전·병부 설치의 함의,[38] 509년 수도 행정을 맡는 육부소감전(六部少監典)과 4전(典, 식척전(食尺典), 직도전(直徒典), 고관가전(古官家典), 대사급(大舍級) 경성주작전(京城周作典))의 정비를 고려하면,[39] 관인이 해당 관청에 출근해 공무를 집행하는 모습은 당연한 풍경이다. 503년 성현표위자로 격상된 신라국왕이 관인의 대우를 표현하는 예제를 재편하는 것은 이념적으로 당연하다. 520년 이후 '법제화·조직화 시대의 도래'로 평가되는 제도의 정비를 고려해도 마찬가지다. 이상에서 520년의 공복 제정은 조복의 활용 등으로 대표할 수 있는 관인 의례의 재정비를 포함해, 6세기 초부터 뚜렷이 나타나는 관인 조직의 발달을 웅변한다. 국가적 차원에서 일상 업무 속 관인의 가시적 분별이 더욱 요구되는 상황은 관인 조직의 확충과 업무구조의 세분화를 전제하기 때문이다. 소략한 자료이지만, 법흥왕제에 관위별 색의(色衣)가 선명히 남은 것은 이러한 상황의 반증이다.

그러면 중고기 공복의 전모를 밝히기 위해 색복지의 법흥왕제를 검토해보기로 한다. E를 보자.

---

37 『三國史記』 권38, 雜志7, 職官 上, 東市典; 『三國史記』 권4, 新羅本紀4, 法興王 4년(517) 夏 4월.

38 상고기 전의 운영과 재편과정 및 동시전·병부 정비의 과정·함의에 대해서는 '정덕기, 앞의 책, 2021, 41~106쪽' 참고.

39 정덕기, 「신라 상·중대 6부 관청의 운영과 구성 원리」 『東아시아古代學』 65, 東아시아古代學會, 2022, 264~278쪽.

E-①. 율령(律令)을 반포하고, 비로소 백관(百官)의 공복과 주(朱)·자(紫)의 질(秩)을 제정하였다(制).[40]

E-②. 법흥왕(法興王)이 제서(制)를 내렸다. "🔲 태대각간(太大角干)에서 (5)대아찬(大阿湌)까지 자의(紫衣), (6)아찬(阿湌)에서 (9)급찬(級湌)까지 비의(緋衣)이며, 모두 아홀(牙笏)을 들라. (10)대나마(大奈麻)·(11)나마(奈麻)는 청의(靑衣)이다. (12)대사(大舍)부터 (17)선저지(先沮知)까지는 황의(黃衣)이다."[41]

E-③. "(2)이찬(伊湌)·(3)잡찬(迊湌)은 금관(錦冠)을 쓰라. (4)파진찬(波珍湌)·(5)대아찬(大阿湌)·금하(衿荷)는 비관(緋冠)을 쓰라. 상당(上堂)·대나마(大奈麻)·적위(赤位)·대사(大舍)는 조영(組纓)을 쓰라."[42]

E는 『삼국사기』의 520년 공복제정 기사이다. E-①은 520년 반시율령에 '백관(百官)의 공복(公服)과 주(朱)·자(紫)의 질(秩)에 관한 제(制)'가 있음을 보여준다. E-①의 제(制)는 E-②·③으로 나뉘어 수록되었다. E-②는 '법흥왕의 제(制)'로 시작해 연대와 명령형식이 같고, E-③은 내용상 연결되기 때문이다. E-②·③의 사이에 줄바꿈이 있어 별도 규정일 수도 있지만, '흥덕왕하교'도 내용상 줄바꿈이 있다. 따라서 E-①~③은 모두 연결된 기사이다.

실제 544년 백제가 일본에 보낸 표(表)에는 신라의 관(冠)·복(服)이 모두 나타난다. 이 표(表)에서 백제는 일본의 대련(大連)인 좌로마도

---

40 『三國史記』 권4, 新羅本紀4, 法興王 7년 春 正月, "頒示律令. 始制, 百官公服, 朱紫之秩."

41 『三國史記』 권33, 雜志2, 色服, "法興王制. 自太大角干, 至大阿湌, 紫衣, 阿湌, 至級湌, 緋衣, 並牙笏. 大奈麻·奈麻, 靑衣. 大舍, 至先沮知, 黃衣.'"

42 『三國史記』 권33, 雜志2, 色服, "伊湌·迊湌, 錦冠. 波珍湌·大阿湌·衿荷, 緋冠. 上堂·大奈麻·赤位·大舍, 組纓."

를 모함하였다. 모함한 근거는 신라 (11)나마례(나마)의 관(冠)을 썼고, 타복(他服)을 입고 날로 신라의 영역에 공사(公私)로 왕래했다는 것이다.[43] 복(服)은 의(衣)·관(冠)을 포함한 개념이므로, 타복은 나마를 표현하는 신라의 관복이다. 즉 백제가 좌로마도를 모함한 핵심 근거는 빈번히 신라의 나마 관복을 입고 신라의 영역에 돌아다닌다는 것이다. 521년 양과 544년 일본에서 신라의 '관복'을 착용한 사례가 보이므로, 520년 제(制)를 통해 공복에 관한 령(令)이 시행되었음은 분명하다.

다만 E-②·③은 3가지 이유로, 520년 제(制)를 온전히 전한다고 파악할 수 없다. 첫째, E-②는 비상위인 ▨태대각간·▨대각간을 포함한다. 대각간은 진흥왕대 수여되기도 하나, ▨태대각간은 문무왕 8년(668) 김유신에게 처음 수여하였다.[44] 즉 E-②는 520년 제(制)에 후대의 비상위가 부기된 형태이다. 둘째, E-③은 (1)이벌찬이나, 조영(관 끈)을 매는 관인의 관이 없다. (2)이찬~(5)대아찬의 관이 있다면, (1)이벌찬도 관이 있었을 것이다. 하위 관위의 관만 있고, 상위 관위의 관이 없다는 것은 생각하기 어렵다. 또 관과 영의 관계에서, 조영을 매는 관인도 관이 있어야 한다. 따라서 E-③의 관제(冠制)는 잔편만 남은 상태이다. 셋째, 장신구는 홀(笏) 뿐이다. 공복은 착용 목적으로 인해 장신구가 적지만, 현존 규정은 너무 소략하다. 다만 의·관·홀은 모두 상체 품목이자, 관위군별 차등을 둔 품목이다. 따라서 E-②·③은

---

43 『日本書紀』권19, 欽明天皇, 5년(544) 3월, 413쪽. "佐魯麻都, 雖是韓腹, 位居大連. ······ 而今反着, 新羅 奈麻禮 冠. 卽身心歸附, 於他易照. ······ 今猶着他服, 日赴新羅域, 公私往還". 나마례(奈麻禮)는 나마(奈麻)의 이칭이다(연민수·김은숙·이근우·정효운·나행주·서보경·박재용, 『역주 日本書紀 2』, 동북아역사재단, 2013, 289쪽).

44 『三國史記』권38, 雜志7, 職官 上, 太大角干·大角干 ; 정구복·노중국·신동하·김태식·권덕영, 『개정증보 역주 삼국사기』4, 한국학중앙연구원, 2012, 469쪽.

분별 품목만 남았다고 이해된다. 이상을 전제로 중고기 공복의 전모를 복원해보자.

먼저 보충 품목 중 분별 품목이 있을까? 백제는 관위별 대색(帶色)이 구분되므로 가능성은 있지만,[45] 신라 공복의 대는 전모를 알기 어렵다. 또 의·관·홀이 '분별 품목만' 서술한 것이라면, 혁대에 관위군별 차등은 없을 가능성도 있다. 또 고·말·흑화 등은 하체 품목이므로, 차등은 없었다고 생각한다.

E-②·③에 서술되는 품목은 어떨까? 먼저 의·관의 설명순서와 종류 문제를 살펴보자. 우선 E-②와 E-③의 순서는 독특하다. 관(冠)에서 의(衣)로 의복을 설명하는 중국식 방식과 차이가 있기 때문이다. 예를 들면 변관복(弁冠服)은 '변관(弁冠)에 딸린 옷'이란 의미이다. 또 『통전』·『통지』처럼, 다종의 관·의를 모아 설명하는 자료의 총 목차는 '관(冠)·면(冕)·건(巾)·책(幘) 이후 복장(服章)'의 순서를 따르며, '흥덕왕하교'도 복두(幞頭) 금제부터 시작된다. 반면 E-②와 E-③는 이것의 역순이다.

648년 김춘추 대신 온군해가 죽는 사건에서, 온군해는 김춘추를 대신하고자 '고관대의(高冠大衣)'를 입고 있었다.[46] 이로 인해 고구려 군사는 김춘추 대신 온군해를 잡아 죽였다(捉殺). 이 사건에 기록된 '고관대의(高冠大衣)'처럼, 관에서 의로 쓴 용례가 없지는 않다. 그러나 의관사녀(衣冠士女)·의관자손(衣冠子孫) 등 신라에서 통용된 관용어

---

45 김영심, 「6~7세기 삼국의 관료제 운영과 신분제-衣冠制에 대한 검토를 기반으로-」『한국고대사연구』54, 한국고대사학회, 2009, 102쪽.
46 『三國史記』 권5, 新羅本紀5, 眞德王 2년(648) 冬.

구나, 적위(赤位)·청위(靑位)나 황위(黃位)처럼47 의색(衣色)을 딴 관직명은 흥미롭다. 중국과 신라의 의·관 나열순서에 보이는 차이가 중요도를 반영하고 있다면, 신라에서는 관(冠)보다 의(衣)가 더 중요한 개념으로 이해할 수 있기 때문이다. 즉 신라는 '의(衣)를 입고, 관(冠)을 쓴다'는 개념이 강했으며, 이것은 착장 순서에 따른 방식으로 이해된다. 잔편 위주로 남은 '법흥왕제'에 전 관위를 대상에 둔 색의(色衣)가 선명한 이유도, 상기 개념의 중요도가 투영되었기 때문이겠다.

의·관의 종류는 어떠한가? E-②·③은 윗옷과 쓰개의 통칭이며, 구체적인 종류를 밝히지는 않았다. 전 절에서 검토한 결과, 적어도 520년에는 책(幘)이나 변(弁) 등의 관이나, 유(襦) 등 윗옷이 있었다. 수·당의 공복의 관(冠)은 변관(弁冠)을 지정하여 구체적인 종류를 명시하였다. 그러나 현존 규정은 윗옷·쓰개로 통칭하였다. 즉 현존 법흥왕제는 '어떤 종류의 의·관을 착용하던 규정된 분별은 지킬 것'이란 다소 포괄적 규정으로 이해된다.

이제 아홀(牙笏)을 보자. E-②는 "모두 아홀(並牙笏)[을 들라]"라고 하였다. 따라서 520년 아홀은 (1)이벌찬~(9)급찬에 규정되었고, 관인을 간(干)·비간(非干)의 2개 군(群)으로 크게 나누는 품목이다. 이 점에서 520년 공복에 설정된 아홀은 수·당 공복의 홀이 1~5품과 6~9품을 상아(象牙)·죽목(竹木) 등 재질로 구별하는 것과 동일한 기능을 가졌다.

그러면 비간군은 홀이 있을까? F를 보자.

---

47 鄭炳三,「皇龍寺九層木塔刹柱本記」, 韓國古代社會研究所 編,『譯註 韓國古代金石文 3』, 駕洛國史蹟開發研究院, 1992, 370쪽.

F. 『예기(禮記)』를 살펴보았다. "제후(諸侯)는 상아(象牙)로, 대부(大夫)는 어수문죽(魚須文竹, 물고기 수염으로 장식한 대나무)으로, 사(士)는 대나무(竹)로 하되, 상아(象牙)의 장식을 쓸 수 있다.라고 하였다. 모두 군주의 앞에서 가리킬 일이 있거나, [군주의] 명을 받아 홀에 적었으니, 홀은 반드시 쓰는 것이다." 『오경요의(五經要義)』에 말하였다. "적는 것(記事)은 잊어버리는 것을 막기 위함이다." ······ [홀은] 진(晉)·송(宋) 이래 수판(手版)으로 불렀다. 그러나 지금은 도리어 홀로 부르니, 옛 명칭을 본받은 까닭이다. 서위(西魏) 이래 5품 이상은 상아(象牙)를 통용하였고, 6품 이하는 대나무(竹木)를 겸용하였다.[48]

F는 홀의 용도·기원과 서위(西魏) 이래 활용양상을 보여준다. F는 『예기(禮記)』에서 제후(諸侯)는 상아(象牙), 대부(大夫)·사(士)는 대나무 홀(笏)을 들었음을 제시하였다. 또 홀의 역할을 두 가지로 설명하였다. 첫째, 군주 앞에서 가리키는(指畫於君前) 도구, 즉 군주 앞에서 활용할 수 있는 지시봉 같은 도구이다. 둘째, 망각 방지를 위해 명을 받아 적는(受命記事) 도구, 즉 군주 앞에서 활용할 수 있는 메모

---

48 『隋書』 권12, 志7, 禮7, 笏, 275쪽. "案, 『禮』. "諸侯以象, 大夫魚須文竹, 士以竹, 本象可也. 凡有指畫於君前, 受命書於笏, 笏畢用也." 『五經要義』曰. '所以記事, 防忽忘.' ······ 晉·宋以來, 謂之手板, 此乃不經, 今還謂之笏, 以法古名. 自西魏以降, 五品已上, 通用象牙, 六品已下, 兼用竹木." 위 사료 중 『예기』에서 인용한 부분은 『예기』, 옥조(玉藻)' 본문의 문장을 상당히 축약한 것이다([元]陳澔 編 / 정병섭 역, 『譯註 禮記集說大全-玉藻 2』, 學古房, 2013, 1~16쪽. "笏, 天子以球玉, 諸侯以象, 大夫以魚須文竹, 士竹, 本象可也. 見於天子與射無說笏, 入大廟說笏, 非禮也. ······ 凡有指畫於君前, 用笏. 造受命於君前, 則書於笏. 笏, 畢用也. 因飾焉."). 따라서 『예기』, 玉藻'의 본문 문맥을 고려해 본서의 해석문을 작성하였다. 또 경학에서는 대부의 홀 재질인 어수문죽(魚須文竹)의 실체가 논의되었다. '상어 가죽으로 싼 대나무'와 '물고기 아가미 부분의 수염으로 장식한 대나무'로 나뉘어 논쟁이 있었으나, 전자보다 후자가 많은 지지를 받았다([元]陳澔 編 / 정병섭 역, 위의 책, 2013, 1~5쪽). 따라서 본서에서는 어수문죽을 '물고기 수염으로 장식한 대나무'로 새겼다.

장·수첩 같은 도구이다. 이로 인해 홀은 모든 신하의 필수 품목이며, 모든 신하가 들었으므로 재질에 차등을 두었다고 하였다. 다만 서위 이후로는 관인을 세분하지 않아 재질을 상아·대나무만으로 구별했으므로, 수도 이를 따랐다는 것이다. 즉 중국 고례에서 홀은 실용 품목으로 여겨졌고, 경전적 근거에서 전 관인은 원칙적으로 홀을 들어야만 하였다. 또 '전 관인이 홀을 소지한다'라는 이념은 후대 관(官)·리(吏)의 위신재가 홀·부서(簿書)로 분화되는 근거로 작용하여, 홀은 관인 고유의 위신재로 전화된 기물이다.[49]

　신라 상고기의 『예기』 이해도나 높았다는 점이나[50] 중고기에 『예기』 학습자가 있었음을 고려하면,[51] 경전적 근거는 인지했겠다. 또 비간군 관위도 상위(常位) 17등에 포함되었다. 따라서 일단 비간군도 간군과 재질이 다른 홀을 들었다고 추정된다. 다만 모든 비간군이 홀을 들지, 또 홀의 모습에 어떤 차이가 있을지는 불명확하다. 후술하겠지만, 규정적으로 의·관을 모두 갖추는 관인은 (13)사지가 하한이기 때문이다. 이 점에서 (10)대나마~(13)사지의 4개 관위와 달리 (14)길사~(17)선저지의

---

49 『周禮注疏』 권1, 天官冢宰1, 司書, 19~20쪽. "上士, 二人. 中士, 四人. 府, 二人. 史, 四人. 徒, 八人.【[漢]鄭玄 注 : 司書, 主計會之簿書.】【[唐]賈公彦 疏 : 司書在此者, 會計之事, 司書 主之. 故其職云. "凡上之用財用, 必攷于司會."故連職在此也. [[漢]鄭玄 注言, '簿書'者, 古有簡策以記事. 若在君前, 以笏記事. 後代用簿. 簿, 今手版. 故云. "吏當持簿." 簿則, '簿書' 也.】' 가공언(賈公彦) 소(疏)의 '리(吏)'를 '관리'로 풀이하기도 한다(注 鄭玄·疏 賈公彦 / 金容天·朴禮慶 譯註, 『十三經注疏 譯註 周禮注疏 1』, 전통문화연구회, 2020, 178~179쪽). 그러나 '가공언 소'의 주요 시점은 후대(後代)·금(今), 즉 당(唐)대이다. 중국사의 관(官)·리(吏) 구분은 남북조시대에 확연히 진행되어 양(梁)은 유내(流內)·유외(流外)의 구분을 두었고, 수(隋)에서는 이미 제도적으로 굳어진 상태였다(미야자키 이치사다(宮崎市定) 지음 / 임대희·신성곤·전영섭 옮김, 『구품관인법의 연구』, 조합공동체 소나무, 2002, 38~41·483~489쪽). 따라서 '가공언 소'의 리(吏)는 관(官)과 구분되는 리(吏)로 이해된다.

50 정덕기, 앞의 논문, 2017.

51 崔光植, 「壬申誓記石」, 韓國古代社會研究所 編, 앞의 책 2, 1992, 175~178쪽.

4개 관위는 홀의 대체품을 들었을 수도 있다. 그러나 현존 자료로 비간군의 홀의 활용 여부, 홀의 재질, 홀을 대체하는 위신재의 활용에 대한 문제는 속단할 수 없고, 자료·연구의 확충을 기다려 논의해야 한다.

그러면 신라 중고기 공복의 의·관 분별 원리와 전모는 어떤 것일까? 의·관은 관위별 차등이 전제된 품목이다. 현존 의제(衣制)는 17개 상위(常位)와 2개의 비상위를 포함해 신라의 모든 관인을 자(紫)·비(緋)·청(靑)·황(黃)의 4색으로 구분하였다(E-②). 520년 법흥왕이 제(制)를 내릴 때는 비상위가 없었겠지만, (1)이벌찬에 '위를 더한(加位)' 대각간과 대각간에 '위를 더한(加位)' 태대각간도 자의(紫衣)를 입었을 것이다. 중고기 고관의 복색(服色)은 자의(紫衣)였고, 649년에도 이 사실은 변하지 않았다. 649년 조치 이후 복색의 변동 여부는 알 수 없지만, 당제도 고관의 공복 의색은 자의(紫衣)였기 때문이다. 따라서 신라 전 시기 동안 자의(紫衣) 착용 관인은 최상급 고관이었다. 백제도 (1)좌평(佐平)~(6)나솔(奈率)은 자의(紫衣)를 입었으므로, '자의(紫衣) 착용 관인=고관(高官)'은 적어도 신라·백제 양국에서 통용된 개념이라 하겠다.

자의(紫衣) 이후 나머지 관인은 비의(緋衣)·청의(靑衣)·황의(黃衣)로 구별하였다. 여기서 비(緋)·청(靑)·황(黃)의 순서는 주목된다. 신라를 위시한 삼국 전통의 색채 위계를 반영했다고 이해되기 때문이다. 북위·수·당 관인의 의색(衣色) 위계는 '주(朱)·자(紫)·비(緋)·녹(綠)·청(靑)'(북위), '주(朱)·자(紫)'나 '주(朱)·자(紫)·비(緋)·녹(綠)'(수), '자(紫)·비(緋)·녹(綠)·청(靑)'(당, 당의 녹(綠)·청(靑)은 황(黃)을 통용할 수 있지만, 일차적인 규정은 아님)이기 때문이다. 즉 중고기 신라 관인의 일차적인 의색(衣色) 규정에는 북위·수·당과 달리 녹(綠)이 없고, 황(黃)이 있었다.

그런데 당의 청(靑)·황(黃)은 논란이 많았다. 자(紫)·청(靑)은 7세기 중반에도 혼란이 많아 짙은 청색(深靑)이 자색을 어지럽히므로(亂) 청(靑) 대신 벽(碧)을 쓰자는 주장도 있었다. 또 황(黃)은 허통(許通)·겸용(兼用)과 금지가 반복되었고, 당 고종(高宗) 총장(總章) 원년(元年, 668)에는 황(黃)을 모두 금지하였다.[52]

중고기 신라의 공복에 자(紫)·청(靑)이 포함된 이유를 쉽게 파악하기 어렵지만, 황(黃)은 상당히 독특하다. 당 공복에서 황(黃)은 경우에 따라 쓸 수도 있는(허통(許通)·겸용(兼用)) 색이나, 일차적인 규정은 아니었다. 반면 신라는 황(黃)을 최하급 관인에게 일차적인 규정으로 적용하고, 황(黃)의 사용을 양성화했다. 신라·당의 황(黃)이 가진 의미의 차이가 있었다고 판단된다. 이상에서 신라 공복의 의색(衣色)은 신라 전통의 색채 위계로 정해진 것이다.

다음으로 가장 난제인 관을 보자. 관은 관위·관직의 이원적 기준을 쓰고, 소재와 색이라는 분별 수단의 혼용이 지적되어 있다. E-③에서 금관(錦冠)·비관(緋冠)이라 하므로, 작명방식은 '구체적인 분별 수단 + 관(冠)'으로 나타난다. 우선 관이 설정된 관인의 범위를 2가지 단서로 추적해보자. 첫째, 521년 양 자료의 간군 관위와 관복 명사에서,

---

52 『舊唐書』 권45, 志25, 輿服, 1952~1953쪽. "貞觀四年又制, …… 雖有令, 仍許通著黃. …… 龍朔二年, 司禮 少常伯 孫茂道奏稱. "舊令六品·七品着綠, 八品·九品着靑, 深靑亂紫, 非卑品所服. 望請改八品·九品着碧, 朝參之處, 聽兼服黃." 從之. 總章 元年, 始一切不許着黃."

간군 관위는 규정된 관이 있다고 볼 수 있다. 6개 관위는 (1)이벌찬~(9)급찬에 비정되기 때문이다. 둘째, 신라 고유 관은 조영과 불가분의 관계를 맺는다. 따라서 조영을 매는 관인은 모두 관이 있다고 볼 수 있다. 문제는 E-③에서 조영을 매는 관인이 대개 관직으로 규정되었다는 것이다. 금관·비관의 착용 대상은 금하(衿荷) 외에는 관위가 기준이나, 이 상태로는 관을 쓴 관인과 조영을 매는 관인의 비교가 불가능하다. 조영은 특정 관직만 착용했더라도, 관직에 있는 사람은 관직별 상당위 중 하나를 가졌을 것이다. 따라서 관직별 상당위를 통해 의·관의 기준을 관위로 일원화할 필요가 있다.

E-③의 금하는 논란이 많지만, 상당위는 (4)파진찬~(5)대아찬이란 견해가 대부분이다.[53] 상당(上堂)·적위(赤位)는 분명한 관직이다. 대나마(大奈麻)·대사(大舍)는 관위·관직에 혼용되지만, E-③의 대나마·대사는 관직이다. E-③의 순서상 관위는 대아찬까지, 관직은 상당(上堂)부터 서술되었다고 보이기 때문이다. 5개 관직의 상당위는 상당(上堂)이 (6)아찬~(11)나마, 적위(赤位)는 (9)급찬~(10)대나마, 대나마(大奈麻)는 (10)대나마~(11)나마, 대사(大舍)는 (11)나마~(13)사지이다.[54] 즉 E-③에서 조영을 매는 관인은 (6)아찬~(13)사지에 해당한다. (1)이벌찬은 당연히

---

53 금하(衿荷)를 고관직(古官職)으로 보아 '(6)아찬~(7)일길찬의 관위'로 보기도 하나(木村誠, 『古代朝鮮の國家と社會』, 東京, 吉川弘文館, 2004, 188쪽), 편년의 수정이 필요하고, 직관 상(上)의 금하신이 지닌 지위와 달라 동의하기 어렵다. 금하 관직은 (4)파진찬~(5)대아찬 혹 (5)대아찬 이상으로 이해하는 것이 일반적이다(정구복·노중국·신동하·김태식·권덕영, 앞의 책 4, 2012, 104쪽). 본서도 『三國史記』 권38, 雜志7, 職官 上'에 보이는 금하신(衿荷臣)의 상당위를 따라 (5)대아찬 이상의 관직으로 본다(정덕기, 앞의 책, 2021, 127~128·136쪽). 이 경우 금관(錦冠)의 착용 대상이 금하신의 상당위보다 좁아지나, 관직의 상당위와 공복의 범위 차이가 갖는 관계는 차후 과제이다.

54 정덕기, 위의 책, 2021, 127~134·136쪽.

관이 있을 것이므로, 최소 (13)사지 이상의 관인은 관이 있었다고 판단된다. 즉 적어도 규정적으로 의(衣)·관(冠)을 갖추어야 하는 계층은 (1)이벌찬~(13)사지의 관인이다. 한편 (14)길사~(17)선저지도 공복 구성상 특정한 관이 있었겠지만, 전모를 파악하기는 어렵다.

관(冠)의 분별 수단은 무엇일까? 현존 사례는 (2)이찬~(3)잡찬의 금(錦)과 (4)파진찬~(5)대아찬의 비(緋)뿐이다. 자의(字意)로 보아 금(錦)은 재질, 비(緋)는 색(色)이므로, 선행연구는 재질·색채를 분별 수단으로 풀이하였다.

그런데 공복은 자체로 위신재라는 점을 유념할 필요가 있다. 관인끼리는 차치해도, 관인과 비관인이 대면할 때, '특정 품목의 재질'이 관인을 쉽게 식별하는 수단인지 의심스럽다. 관복제의 운영목적은 '분별의 가시화'에 있으므로, 관복의 분별 수단은 보는 사람이 관인을 식별하기 쉽도록 설정된다. 고구려의 자라관(紫羅冠)·청라관(靑羅冠), 비라관(緋羅冠)·강라관(絳羅冠)처럼,[55] 색·재질을 같이 규정한 관을 쓰거나, 백제가 자(紫)·조(皂)·적(赤)·청(靑)·황(黃)·백(白)의 6색 관(冠)·대(帶)를 쓴 사례를 주목할 필요가 있다. 고구려·백제가 모두 색관(色冠)을 쓴 것은 '분별의 가시화'를 위한 가장 효율적인 수단이 색이었음을 방증하기 때문이다. 따라서 신라의 금관(錦冠)도 금(錦)이 색(色)이거나, 재질 자체에 색이 있을 가능성을 고려할 필요가 있다. 예컨대 '흥덕왕하교'의 금·은·동·철·유석(鍮石, 놋쇠)이나, 당 공복의

---

55 자(紫)·청(靑)은 혼선이 심한 색이므로, 양자는 같은 실체일 수도 있다. 후술하겠지만, 비(緋)·강(絳)도 유사한 색으로 이해되기 때문이다. 다만 본서는 신라 관복제를 다루고 있으므로, 고구려 관복제 연구의 성과를 기다리기로 한다.

혁대 장식 구분(옥(玉)·금(金)·은(銀)·유석(鍮石))처럼, 재질 자체의 색, 광택 등으로 분별이 가능한 사례가 있기 때문이다. 따라서 금(錦)을 살펴보자.

금(錦)의 자원(字源)에 대해 『강희자전(康熙字典)』은 3가지의 중요한 풀이를 서술하였다. 첫째, '색을 섞어 무늬를 짠 것'이다. 둘째, '금(錦)은 직조에 많은 노력이 필요하고 값이 금(金)과 같아, 금(金)과 백(帛)을 합쳐 글자를 만든 것'이다. 셋째, '5색의 실을 먼저 염색하여 직조한 것'이다.[56] 이를 종합하면, 금(錦)은 '2색 이상의 여러 색실을 섞고 무늬를 놓아 직조해 색이 어우러진 진귀한 직물'이다. 즉 금관(錦冠)은 2가지 이상의 색과 무늬가 있는 관(冠)이다.

그렇다면 분별 요소는 무늬일까? 색일까? 일단 E-③의 금(錦)은 무늬를 지정하거나 무늬를 나타낸 수식어가 없고, 관의 어떤 부분이 금(錦)으로 구성되었는지도 알 수 없다. 또 신라의 관·머리 둘레의 관계를 고려하면, 신라의 관은 타인이 볼 수 있는 부분의 면적이 크지 않다. 그리고 삼국의 관인은 관색(冠色)을 구분하고 있었다. 따라서 무늬보다는 관색을 고민해보자.

금관이 2색 이상의 색관(色冠)이라면, 바탕색은 무엇일까? 바탕색으로 자색(紫色)이 주목된다. 『한원(翰苑)』에 인용된 『고려기(高麗記)』는 "고구려 사람도 금(錦)을 짤 줄 안다. 자색 바탕에 힐염한 무늬를 넣으면(紫地纈紋) 상(上)이다. 다음 오색금(五色錦)이 있다. 다음

---

56 漢語大詞典編纂處, 『康熙字典 標點整理本』, 上海, 漢語大詞典出版社, 2002, 1299쪽, "錦. 『說文』襄色織文也. …… 『徐曰』. 襄, 雜色也. 『釋名』. 錦, 金也. 作之用功重, 其價如金, 故字从金帛. …… 『拾遺記』. …… 染五色絲, 織以爲錦." 『설문해자(說文解字)』와 서개(徐鍇) 주(注)의 관계는 '李春植 主編, 『中國學資料解題』, 신서원, 2003, 361~363쪽' 참고.

운포금(雲布錦)이 있다"라고 하기 때문이다.57 삼국의 고관은 자(紫)를 쓴 품목을 하나 이상 가졌으므로, 삼국 모두 자색에 높은 권위를 부여하였다. (2)이찬~(3)잡찬은 신라의 고관이므로, 금(錦)의 바탕색은 자색이었을 것이다. 따라서 금관(錦冠)은 '자색(紫色) 바탕에 여러 색을 섞어 만든 화려한 직물로 만든 관', 즉 '잡자색(雜紫色)'을 띠는 색관(色冠)이다.

금관을 잡자색관(雜紫色冠), 비관을 비색관(緋色冠) 등 색관(色冠)으로 이해할 수 있으므로, 신라 관제(冠制)는 의제(衣制)처럼 분별을 색으로 구현했다고 판단된다. 따라서 (1)이벌찬과 (6)아찬~(13)사지의 관인도 색관(色冠)을 썼다고 이해된다.

그러면 더 알 수 있는 관색(冠色)은 없을까? (1)이벌찬의 관색은 2가지를 고려할 수 있다. 첫째, (2)이찬·(3)잡찬의 관색이 잡자색이므로, 순수한 자색(純紫色)일 수 있다. 고구려·백제의 고관이 자관(紫冠)을, 647년 일본 관제(冠制)는 3위(位)를 자관(紫冠), 4위(位)를 금관(錦冠)으로 규정했기 때문이다. 특히 신라는 상고기에 고구려 문화를 상당히 수용하므로, 순자색은 중요한 고려대상의 하나이다. 그러나 신라 상고기 말의 정책 방향과 장복의 함의를 생각하면, 순자색을 상정하기 어렵다. 눌지마립간 33년(449)에 있던 고구려 태왕의 의복 사여 의례에 눌지마립간은 행차하지 않았고, 눌지마립간 38년(454)부터 신라는 고구려와 본격적인 대립을 시작하였다. 이후 마립간시기 신라의 중요

---

57 동북아역사재단 한국고중세사연구소, 『譯註 翰苑』, 동북아역사재단, 2018, 234~235쪽.
"佩刀礪而見等威, 插金羽以明貴賤.【『高驪記』云. "其人亦造錦, 紫地纈文者, 爲上. 次有五色錦. 次有雲布錦."】"

정책 방향은 고구려의 영향권에서 이탈하는 것을 중요한 목적으로 삼았기 때문이다.[58]

둘째, E-①의 "주(朱)·자(紫)의 질(秩)"에 보이는 주색(朱色)을 생각할 수 있다. E-①은 『삼국사기』에서 주(朱)·자(紫)가 함께 나오는 단일사례이며, 2가지의 해석이 가능하다. 주(朱)·자(紫)는 고관이 주로 활용한 색이므로, 자구적 해석인 주색(朱色)·자색(紫色)과 관용적 해석인 '고관'으로 새길 수 있다. 그런데 주(朱)·자(紫)가 '고관'이라면 "처음 백관(百官)의 공복과 고관(高官)의 질(秩)을 제정하였다(制)"라고 해석되므로, 문장의 해석이 궁색해진다. 문맥은 백관을 대상으로 공복을 정했음을 설명하나, 특별히 '고관(高官)의 질(秩)'을 설명할 이유가 없기 때문이다. 또 "백관 공복" 자체가 백관의 질·차서를 전제하는 표현이다. 『동국통감』은 이 문장을 "주(朱)·자(紫)를 활용하여(用朱紫)"라고 명확히 풀이하였다.[59] 주(朱)·자(紫)는 자구적 해석인 주색(朱色)·자색(紫色)으로 새기는 것이 타당하다. 이것은 공복에 주색(朱色)을 쓰는 품목이 있었으며, 순서상 주(朱)의 위계가 자(紫)보다 높음을 알려준다. 따라서 주(朱)는 의색(衣色)이 아니다. 의색은 자(紫)를 정점에 두었고, 주(朱)가 규정될 수 있는 관위도 없다.

비(緋)를 주(朱)로 볼 수도 있지만, 이 경우 E-①의 순서와 어긋난다. 또 주(朱)·비(緋)는 적색 계열 색이지만, 염료는 광물·식물로 다르고 분별이 명료하다.[60] 각종 문헌에서도 비(緋)는 강(絳)과 연관하

---

58 장창은, 『신라 상고기 정치변동과 고구려 관계』, 신서원, 2008, 117~134쪽.
59 『東國通鑑』권5, 法興王 7년(520) 庚子 春 正月, "新羅頒律令, 始制百官公服, 用朱·紫."
60 주(朱)는 천연 황화수은(HgS) 화합물인 주사(朱砂)로 만들며, 비(緋)는 홍람의 꽃이나 꼭두서니(茜)와 자초(紫草)로 만든다(강순제·김미자·김정호·백영자·이은주·조우현·조효

여 설명된다.61 한편 주(朱)는 '비(緋)로 4번 이상을 염색해 나오는 색으로 추측'되거나, '태양의 색인 혁(赫)·적(赤)'으로 설명된다.62 즉 주(朱)는 비(緋)보다 염색 공정이 많고, 채도가 선명하며, 완전한 적색(赤色)을 말한다. 특히 이 시기 주(朱)·비(緋)는 권위의 차가 분명하다. 북위·수 공복에서 주(朱)는 1등·비(緋)는 3등이었다. 당 고조는 주(朱)를 천자의 포(袍)·삼(衫)의 색으로 쓰고, 신민(臣民)의 사용은 금했다.63 즉 북위~당에서 주(朱)의 권위는 자(紫)보다 높은 위계의 색이었고, 비(緋)는 북위·수·당 모두 자(紫)보다 낮은 위계의 색이다.

따라서 (1)이벌찬의 색관은 순자색 관보다 주색 관으로 보는 것이 합리적이다. 상고기 이벌찬의 독특한 지위를 고려하면,64 무리한 추정이 아니다. (1)이벌찬은 주관을 활용하여 잡자색 관을 쓴 (2)이찬·(3)잡찬과 명확히 구분되었다. 훗날 발생하는 2개의 비상위도 주관(朱冠)을 활용했다고 이해된다.

이 외 양에서 기록한 문헌 및 선행연구에서 「왕회도」의 관색(冠色)을 '검정색으로 가까운 진한 녹색'으로 비정했다는 점을 의식하면,65

숙·홍나영, 앞의 책, 2015, 649~650·393쪽).

61 漢語大詞典編纂處, 앞의 책, 2002, 891쪽,『釋名』권4, 釋綵帛, "絳工也. 染之難得色, 以得色爲工也. …… 紅絳也. 白色之似絳者也."; 丁度,『集韻』, 1039, "緋, 絳色";"『說文』新附字. 帛赤色』『類篇』絳色, 又赤練·『唐書』車服志. 袴褶之制, 五品以上, 緋.'"

62 김용천·박례경 역주,『의례역주 1–사관례·사혼례·사상견례』, 세창출판사, 2012, 116쪽, "爵弁服, 纁裳【漢】鄭玄 注 : 此與君祭之服. …… 纁裳, 淺絳裳. 凡染絳, 一入謂之縓. 再入謂之頳. 三入謂之纁. 朱則四入與.』"; 漢語大詞典編纂處, 앞의 책, 2002, 455쪽,『釋名』권4, 釋綵帛, "赤, 赫也. 太陽之色也."; 又『山海』·『西荒經』, "蓋山之國, 有樹赤皮, 名朱木. 又朱赤, 深纁也.'"

63 『新唐書』권24, 志14, 車服, 527쪽. "旣而天子袍衫稍用赤·黃, 遂禁臣民服."

64 하일식, 앞의 책, 2006, 53~64쪽.

65 이진민·남윤자·조우현, 앞의 논문, 2001, 163쪽.

(6)아찬~(9)급찬의 관인 중 녹관(綠冠)을 쓴 관인이 있었을 수도 있다. 그러나 전 절에서 설명한 것처럼, 녹관(綠冠)의 문제는 해명할 과제가 너무 많아 속단하기 어렵다.

이상의 논의를 통해 중고기 공복을 정리하면 〈표 7〉과 같다.

〈표 7〉 신라 중고기 공복과 색의(色衣)·색관(色冠) 등 색복(色服)

구분	No.	관위	머리		상체(상의)	상체장식	하체(하의)		버선	신발
			色冠	組纓	色衣	笏	바지	革帶	白襪	靴
非常位	國	太大角干	朱	공통	紫	象牙	단색 혹 백색 공통	공통	공통	黑靴
	國	大角干								
常位	(1)	伊伐湌	朱	공통						
	(2)	伊湌	雜紫		紫					
	(3)	迊湌								
	(4)	波珍湌	緋			象牙				
	(5)	大阿湌								
	(6)	阿湌	組纓(□色冠)		緋					
	(7)	一吉湌								
	(8)	沙湌								
	(9)	級伐湌								
	(10)	大奈麻	組纓(□色冠)		青					
	(11)	奈麻				□□?				
	(12)	大舍								
	(13)	舍知								
	(14)	吉士	?	?	黃					
	(15)	大鳥				□□?				
	(16)	小鳥								
	(17)	造位								

※ 범례 : ①비상위는 법흥왕제에 기록되었고, 중고기 대각간을 수여한 사례가 있으므로 표기함. ②겹선 : 상체·하체 구분. ③'□色冠' : 색관이 있었다고 추정되나, 색은 알 수 없음. ④'□□?' : 재질이 다른 홀이 있거나, 홀이 있었다고 추정되나 실체를 알 수 없음. ⑤'?' : 관의 활용 여부 자체를 알 수 없음.

〈표 7〉처럼, 신라 중고기 관인은 최소 8개 품목으로 구성된 공복

을 착용하고, 관청에 출근하거나 공사를 집행했다고 보인다. 공복의
분별 품목은 색관(色冠)·색의(色衣)·홀(笏)이며, 조영·혁대·(단색이
나 백색)바지·백말(白襪)·흑화(黑靴)는 공통품목이다. 따라서 관인을
보는 사람은 ①홀 소지 여부(간군·비간군 구분) → ②의색(衣色) →
③관색(冠色)의 순서로 관인을 식별하였다. 이 중 '홀 소지 여부'는 시
선 상 생략이 가능하므로, 사실상 색의(色衣)·색관(色冠)으로 분별하
였다. 의(衣)·관(冠)을 통칭해 '복(服)'이라 하므로, 중고기 공복에서
가장 중요한 분별 품목은 '존비를 표현한 색(色)을 입힌 복(服)', 즉
'색복(色服)'이다.『삼국사기』잡지의 독특한 항목명인 '색복(色服)'이
나,66 색복지 서문의 '복색존비지제(服色尊卑之制)'란 표현은 공복의
구성에서 나타났다고 이해된다.

이상의 추론이 타당하다면, 중고기 공복의 관색은 '주(朱)·잡자(雜
紫)·비(緋)'의 위계로 구성된다. 북위 5등 공복의 색 순서가 '주(朱)·
자(紫)·비(緋)·녹(綠)·청(靑)'이므로, 신라 중고기 공복의 관색과 북위
5등 공복의 의색은 1~3등이 거의 같다. 자(紫)·비(緋)의 위계는 신라
의 색채 위계 순서이기도 하다. 이 점에서 신라 중고기 공복의 색관은
북위 5등 공복의 색으로 대표할 수 있는 중국식 색채 위계, 즉 '주(朱)·
자(紫)의 질(秩)'에서 주(朱)가 자(紫)보다 높다는 개념을 매우 제한적
으로 참고하여 구성하였다.

---

66 지(志)의 명칭은 시대상·자료 환경 등에 따라 유동적이나(조익 지음·박한제 옮김,『이십
이사차기』1, 소명출판, 2009, 47~48쪽),『삼국사기』, 잡지의 색복이란 명칭은 독특하다.
이를 여(輿)·거(車)와 복(服)을 나누며 나타난 명칭이라고도 한다(李文基,「『三國史記』
雜志의 構成과 典據資料의 性格」『한국고대사연구』43, 한국고대사학회, 2006, 207쪽).
그러나 본서는 신라 공복의 가장 중요한 분별 품목이 색이므로, 공복에 쓴 분별 품목의
특징을 반영한 명칭으로 이해한다.

신라가 중국식 색채 위계 중 '주(朱)·자(紫)의 질(秩)'을 도입한 이유는 무엇일까? 신라의 천하화(天下化)에 반영된 정책적 기조가 '이(夷)·당(唐) 상잡(相雜)'이란 점을 고려하면, 중국문물의 수용만으로 이를 설명하기 어렵다. 중국식 '주(朱)·자(紫)의 질(秩)'을 참고하나, 5~7개의 최상급 고관(▨태대각간·▨대각간·(1)이벌찬~(5)대아찬) 중 (1)이벌찬 이상의 관색에만 주(朱)를 쓴 이유는 주색(朱色)의 원료인 주사(朱砂)의 회소성과도 관련이 있다고 생각한다.

신라 중고기 주사의 회소성을 알려주는 직접적인 사례는 찾기 어렵다. 다만 후대 기록을 통해 신라 중고기 주사의 회소성에 대한 접근이 일정 정도 가능하다. 주사는 주색을 내는 안료나 약의 원료 등으로 활용되었다. 한편 전근대 한국의 주사 생산량은 많지 않았다고 이해된다. 후대 기록에서 주사는 수입품이라거나 진귀한 품목으로 설명되는 경우가 보이기 때문이다.

『고려사(高麗史)』에는 고려 문종 33년(1079) 송(宋)에서 문종의 병을 치료하기 위해 '주사(朱砂) 300량(兩)'을 보냈다는 기록을 전한다.[67] 송(宋)은 주사의 가치를 고려해 300량의 주사를 고려에 보냈을 것이며, 이것은 유관 사실이 『고려사』에 기록된 이유의 하나로 작용했을 것이다. 『조선왕조실록』은 주사와 관련된 27건의 기록을 전하며, 4건의 기록은 주사의 회소성을 직접적으로 설명하였다. 4건 중 3건은 주사가 국산(國産)이 아닌 수입품이란 점을 강조하였다.[68] 1건

---

67 『高麗史』9, 世家9, 문종 33년(1079) 秋 7월 辛未.
68 『世宗實錄』권29, 세종 7년(1425) 8월 28일 甲午. "傳旨. "內藥房代言, 自今若龍腦·麝香·朱砂·蘇合油等藥材, 雖有求者, 勿啓." 以其非國所產且稀貴也.""; 『世宗實錄』 권58, 世宗 14년(1432) 10월 20일 乙巳. "上謂左右曰. "藥材和賣之事, 已命承文院提調擬議. 我國所產

은 '양재역 벽서 사건'의 주모자 색출을 위한 중요 단서로 주사의 희소성을 고려한 사례이다. 이것은 양재역에 붙은 벽서가 붉은 글씨(朱書)로 작성되었고, 붉은색의 안료인 주사는 범인이 가질만한 물건이 아니라는 점에 착안한 것이었다.[69] 또 한·중 수교(1992) 이전인 1962년 중공산(中共産) 한약에 쓰기 위한 주사를 대만산 주사로 속여 수입하다가 한약재 수입상을 관세법 위반 혐의로 입건한 사례가 찾아진다. 당시 주사는 일반적으로 홍콩(香港)을 통해 대만에서 수입했다고 알려져 있었다. 그러나 대만은 주사의 생산국이 아니라는 점을 한국 재무부에서 확인하였고, 이로 인해 한약재 수입상이 입건되었다.[70] 이것은 한·중 수교(1992) 이전 주사 수입을 위한 일종의 밀무역이 이루어졌음을 보여주며, 그 원인 중 하나는 1962년 이전 한국에 유통되는 주사의 양이 희소했기 때문으로 이해된다. 후대 기록에 보이는 주사의 희소성을 고려하면, 520년 공복 제정 당시 신라에 유통되는 주사의 양은 많지 않았다고 이해된다. 주사의 희소성은 진귀함으로 이어질 것이므로, 신라는 (1)이벌찬에만 주관을 허용해 공복의 분별 원리를 명확하게 구현했다고 생각한다.

이상에서 중고기 공복의 구성 품목은 신라의 전통·현실을 위주로 중국식 '주(朱)·자(紫)의 질(秩)'을 한정적으로 참고해 규정되었다. 기

已足矣, 然唐藥鮮少, 或有未劑者 ……." 上謂禮曹判書申商曰. "朱砂龍腦, 雖曰貴藥, 求之中國.'" ;『世宗實錄』권107, 世宗 27년(1445) 3월 14일 丁亥. "內醫員奴希道·仲和盜朱砂及沈香一枝以賣, 事覺, 命囚義禁府鞫之. 仍謂承政院曰. "昔在太宗時, 藥材至貴, 雖蘇合元, 未易劑造. 厥後諸般藥材, 求買中國, 無一不具, 別就建內醫院, 兼設久任官以掌之, 而今奸盜若此, 必防守未盡也. 若中國路梗不通, 則雖予藥餌, 未易得也. 其防守之法, 備悉布置.'"

69 『明宗實錄』권6, 明宗 2년(1547) 9월 18일 丙寅. "朱非人人所持之物, 驛館之人, 必有知者, 捉致而問之何如?"

70 「朱砂는 中共産?-漢藥材輸入商을 立件-」『동아일보』19면, 1926.01.24.

타 중고기 공복에 녹색 활용이 불분명하거나, 의색에 황색을 일차적인 규정으로 정하는 등 중국 공복과 다른 규정이 나타나는 이유는 520년 공복에 신라의 전통·현실을 고려한 판단이 전제되었기 때문이겠다.

이처럼 생각하면, "법흥왕이 처음 복색존비의 제도를 정했으나, 되려 이속(夷俗)이었다"라고 설명한 색복지 서문의 평가는[71] 공복의 형태를 고려한 표현이다. 중고기 공복은 색의(色衣)·색관(色冠) 등 색복(色服), 의·관의 상대적 중요도, 의·관의 색채 위계 등을 이속(夷俗)에 기초하고, (1)이벌찬의 관색 및 관색의 색채 위계 중 '주(朱)·자(紫)의 질(秩)' 정도에 해당하는 중국식 색채 위계를 참고한 관복이다. 장복의 함의를 고려하면, 520년 '복색존비를 적용한 백관 공복'은 중고기 초 신라의 천하화 과정에 작동한 정책적 기조, 즉 '이(夷)·당(唐) 상잡(相雜)'의 기조를 반영해 국가예제를 재편한 산물이라고도 하겠다.

---

71 『三國史記』 권33, 雜志2, 色服, "至第二十三葉法興王, 始定, 六部人, 服色尊卑之制, 猶是夷俗."

4장

상대 조복의 구성 품목

1. 조복의 분별 원리와 수·당 조복의 구성 품목

국내 측 문헌에서 신라 상대 조복(朝服)에 대한 자료는 『삼국유사』
의 '조의(朝衣)' 정도이다. 『삼국유사』권5, 감통(感通)7, 선도성모수
희불사(仙桃聖母隨喜佛事) 조는 "[선도성모(仙桃聖母, 이하 '성모')가]
처음 진한(辰韓)에 도착해 성자(聖子)를 낳아 동국의 첫 임금이 되었
다 하니, 아마 혁거세·알영 두 성인(二聖)의 유래이겠다. …… [성모
가] 일찍이 여러 천선(天仙)으로 라(羅)를 짜서(織) 비색(緋)으로 물들
여(染) 조의(朝衣)를 만들게 하고, 성모의 남편(夫)에게 주었다. 국인
(國人)이 이로 인해 비로소 신험(神驗)을 알았다"라고 하였다.[1] 성모
는 혁거세거서간(赫居世居西干)의 어머니(母)이므로, 성모의 남편(夫)
은 혁거세의 아버지(父)이자 진한인(辰韓人)이 된다. 성모·성모의 남
편·혁거세거서간의 관계는 설화성이 강해 자구대로 취신하기 어렵지

---

1 『三國遺事』권5, 感通7, 仙桃聖母隨喜佛事. "其始到辰韓也, 生聖子爲東國始君, 盖赫居·閼
英, 二聖之所自也. …… 嘗, 使諸天仙, 織羅緋染, 作朝衣, 贈其夫, 國人因此始知神驗."

만, 조의(朝衣)라는 용어는 주목된다.

조의란 '특별한 색·직물로 권위를 드러낸 관복·조복'을 말하며, 기사에서 진한(辰韓)의 국인(國人)이 성모의 신험(神驗)을 안 것은 '비색라(羅)로 만든 남자의 조의(朝衣)'를 성모의 남편이 입었기 때문이다. 즉 이 기사에서 비라조의(緋羅朝衣)는 성모의 신험을 보증·구현하는 수단으로 나타난다.

진한은 왕호를 쓴 국가로, '정사(政事)의 수행'을 위한 관인이 활동하였다.[2] 관인이 위신재(威信材)로서 관복·조복을 소지·착용하는 것은 당연하므로, 기사의 비라조의는 진한에서 비라조의 혹 비라조의와 유사한 기능을 갖는 위신재를 쓴 정황을 반영한 표현으로 이해된다. 이 외 신라 초기 관복·조복의 제정·운영양상에 대한 직접적인 자료는 찾기 어렵다. 그러나 진한의 조복 활용 경험을 고려하면, 신라도 국초부터 관복을 정해 운용했을 것이다.

이와 관련해 '남당청정(南堂聽政)'이 주목된다. 신라는 첨해이사금 3년(249) 7월 도당(都堂)·정청(政廳)인 남당(南堂)을 짓기 시작해 첨해이사금 5년(251) 정월부터 남당에서 청정(聽政)하였다.[3] 청정은 천자·군주가 조회(朝會)를 열어 정사를 듣고(聽) 사안별 가부를 판단하는 통치행위이고, 조회에 참여하는 천자(天子)·제후(諸侯)·제신(諸臣)은 군신 상하가 복을 같이한다(君臣上下同服)는 의미에서 조복(朝服)을 착용해야만 하였다.[4]

---

2 문창로, 「『삼국지』 한전의 王號와 그 실상」, 『한국학논총』 50, 國民大學校 韓國學硏究所, 2018, 240~243쪽. 이 글에서는 삼한 관인의 존재를 전제로, 삼한(三韓) 진왕(辰王)의 관제는 불내예국(不耐濊國)의 속리제(屬吏制)와 유사하다고 하였다.
3 『三國史記』 권2, 新羅本紀2, 沾解尼師今 3년(249) 秋 7월·5년(251) 春 정월.

신라는 진한에서 조복을 활용한 역사적 경험을 가졌고, 251년부터 남당(南堂)에서 청정(聽政)하였다. 17개월간의 남당 공사 기간에도 청정 등 첨해이사금의 통치행위는 지속되었다. 이 점에서 청정에 참여하는 관인을 위한 조복(朝服)이 마련되어 있었을 것이다. 한편 새 도당·정청의 건축은 치자(治者)의 통치행위가 지닌 정당성을 강화하고, 변화를 도모하는 행위이다. 따라서 도당·정청의 신축에 따라 유관 의례도 변화했다고 이해된다. 이상에서 신라는 국초 이래 이사금시기부터 조복을 활용하였고, 늦어도 251년부터는 진한 조복과 다른 신라 조복을 정해 운용했다고 판단된다.

251년~진평왕대(眞平王代, 579~632)까지 신라 조복의 운영양상·변화를 전하는 국내 측 자료는 찾기 어렵다. 그러나 진평왕 이후 신라-수(隋)·당(唐)의 외교가 활성화되면서, 중국 측 자료에 신라 조복에 관한 기록이 단편적으로 등장한다. 본서 2장에서 설명했지만,『수서』·『북사』, 신라전의 "복색상(화)소(服色尙(畫)素)"나,『구당서』·『신당서』, 신라전의 "조복상백(朝服尙白)" 등은 신라의 '백색 조복'에 대한 서술로 이해된다.

신라-수·당의 외교에서 사신은 상대국의 통치자를 상대국의 조당(朝堂)에서 알현하였고, 자국 통치자가 상대국 통치자에게 보낸 표(表) 등 문서를 교환하였다.[5] 이것은 양국 사신이 상대국 조당에서 열리는 조회(朝會)에 참여함을 의미하였다. 나아가 각 국의 조당에서

---

4 [元]陳澔 編, 정병섭 역,『譯註 禮記集說大全-玉藻 1』, 學古房, 2013, 105쪽. "[諸侯]神冕以朝, 皮弁以聽朔於大廟, 朝服以日視朝於內朝.【[元]陳澔 集說 : …… 朝, 見天子也. 諸侯, 以玄冠·緇衣·素裳, 爲朝服. 凡在朝, 君臣上下同服.】"
5 『三國史記』권4, 新羅本紀4, 眞平王 30년(608)·眞平王 33년(611).

이루어지는 표(表) 등 문서의 수수(授受) 과정은 국가 간 빈례(賓禮)에 속하는 것이었다. 즉 신라-수·당의 외교에서 양국 사신은 국가 간 빈례의 수행자였다.

수·당은 '배제(陪祭)·조향(朝饗)·배표(拜表)·대사(大事)'를 할 때, 신하가 조복을 입게 하였다.[6] 신라-수·당의 외교에서 신라 사신은 신라왕의 문서를 수·당의 황제에게 전달하였고, 수·당 황제의 문서를 받아 신라왕에게 전달하였다. 수·당 사신 역시 마찬가지였다. 양국 간 외교는 표 등 문서의 수수를 위한 조회 참여가 전제되므로, 양국 사신은 자국 조복을 입어야만 하였다. 조복은 관품별 차등을 전제하나, 신라의 관위 체계와 수·당의 산계(散階) 체계를 완전히 등치할 수 없기 때문이다. 타국 관인이 상대국 관인의 위계 체계를 고려하지 않고, 타국 조복을 입는 것은 무례(無禮)한 일이기 때문이다. 신라-중국의 외교가 양국 간 빈례를 전제한다는 점에서, 사신의 자국 조복 착용은 신라-수·당의 외교에서만 국한되지 않는다. 신라-중국의 외교는 빈례를 전제하므로, 신라 사신이 조복을 입고 상대국에서 활동하는 것은 당연한 일이었다.

이상에서 2종 회화 자료의 신라 사신도는 신라 상대 조복의 구성 품목을 파악할 수 있는 자료이다. 그러나 신라 상대 조복의 구성 품목에 대한 문헌이 희박하므로, 비교사적 방법론에 입각한 자료의 확장이 요청된다.

유관 자료의 확장을 위해서는 비교 대상을 선명히 정리할 필요가

---

6 『隋書』 권12, 志7, 禮儀7, 朝服, 258쪽 ; 『舊唐書』 권45, 志25, 輿服, 朝服, 1944쪽 ; 『新唐書』 권24, 志14, 車服, 具服者, 522쪽 ; 金鐸敏 主編, 『譯註 唐六典 上』, 신서원, 2003, 423쪽.

있다. 신라는 북조에 사신을 보내면서 대중국 외교를 시작하였고, 2종의 신라 사신도는 법흥왕 8년(521) 신라-양 외교에 기초하는 자료이다. 신라는 법흥왕 7년(520) 공복을 제정하였으므로, 521년에는 늦어도 251년부터 운영한 조복에 더하여 공복을 운영하고 있었다. 즉 521년의 신라-양 교류는 조복·공복이 별도 관복으로 운영되는 상태에서 이루어졌다.

중국사에서의 조복은 황제(黃帝)·요(堯)·순(舜)부터 쓰였다고도 하나, 주(周)의 피변복(皮弁服)을 실질적 기원으로 둔 관복이다.[7] 관인의 다종·다양한 관복 중 조복이 구복(具服, 갖춘 옷)·정복(正服)의 의미를 갖고, 복장제도(服章制度)로 정착하는 시기는 후한(後漢) 명제(明帝) 영평(永平) 2년(59)이다. 후한 조복은 제신(諸臣)의 진현관(進賢冠)에 양(梁, 골)의 개수로 관인의 위계를 구분하였고, 심의(深衣)에 여러 식(飾)을 달아 입는 관복이었다. 위진남북조시대의 조복은 후한 복제(服制)를 답습했다고 한다.[8]

중국사에서의 공복(公服)은 진~송대(晉宋之間)에 중국으로 유입된 북방융복(北方戎服)이 북위(北魏)의 공복으로 발달한 것이다. 수 양제(煬帝)가 빈번히 대외원정을 진행하자, 북방융복을 기초로 만든 공복이 확산되었다. 북방융복은 중국 전통 복식보다 활동성이 높아 군사에 편리하였고, 북방융복·공복의 관계로 인해 공복도 활동성이 높은 관복이었기 때문이다. 이후 수의 공복은 당의 편복(便服)으로 계승되었

---

7 『通典』권61, 禮21, 嘉6, 君臣服章制度, 1713쪽. "黃帝·堯·舜, 垂衣裳, 蓋取諸乾坤, 故衣玄而裳黃. …… [『周官』, 司服,] "眠朝, 則皮弁服.【視外·內朝之事. 其服十五升, 白布衣, 積素以爲裳. 王受諸侯朝覲於廟, 則袞冕.】""

8 尾崎雄二郎·竺沙雅章·戶川芳郎 編集, 『中國文化史大辞典』, 東京, 大修館書店, 2013, 858쪽.

다. 이 과정에서 조복은 '선왕법복(先王法服)', 공복은 '비선왕법복(非
先王法服)'으로 인식되었다. 중국 조복의 변천 과정 및 조복·공복으로
운영되는 관복 체계의 발달과정과 관계해 주목할 것이 북위 공복의
발생 요인이다. A를 보자.

A-①. 후위(後魏) [태조(太祖)] 천흥(天興) 6년(404) 유사(有司)에
조서를 내려(詔), 비로소 관면(冠冕)을 제정하였고, 각각 [관(官)의]
품질(品秩)을 따라 등차(等差)를 보이게 하였다. 그러나 진(晉)의 좌
천(左遷)으로부터 중원(中原)의 예(禮)가 많이 빠져 능히 구제(舊制)
를 얻을 수 없었다. [고조(高祖)] 태화(太和) 연간(477~479)에 이르러
바야흐로 옛 사실을 살피고 이전의 오류를 바루어 정해 의관(衣冠)을
다시 만들었으나, 오히려 두루 맞지 않았다. [숙종(肅宗)] 희평(熙平)
2년(517) 태부(太傅) 청하왕(淸河王) 역(懌)·황문시랑(黃門侍郎) 위
연상(韋延祥) 등이 5시(時)의 조복(朝服)은 '한(漢)의 고사(故事)'에
준하고, 5교(五郊)의 의책(衣幘)은 각 '방위의 색(=五方色)'과 같이 정
할 것을 주(奏)하였다.9
A-②. [북위(北魏) 고조(高祖) 태화(太和) 10년(486)] 위(魏)가 비
로소 5등 공복(公服)을 제정하였다(制).【[元(원)]호삼성(湖三省) 주
(注) : 공복은 조정지복(朝廷之服)이며, 5등은 주(朱)·자(紫)·비(緋)·
녹(綠)·청(靑)이다.】10

9 [宋]鄭樵 撰, 王樹民 點校, 「器服略 1-君臣服章制度」,『通志二十略』, 北京, 中華書局, 1995,
815~816쪽. "後魏 [太祖] 天興 六年, 詔有司, 始制冠冕, 各依品秩, 以示等差. 然, 自晉左遷,
中原禮儀多缺, 未能皆得舊制. 至 [高祖] 太和 中, 方考故實, 正定前繆, 更造衣冠, 尙不能周
洽. 及[肅宗] 熙平 二年, 太傅 淸河王 懌·黃門侍郎 韋延祥等, 奏定五時朝服, 准漢故事, 五
郊衣幘, 各如方色焉."
10『資治通鑑』권136, 齊紀2, 武帝, 永明 4년(486) 夏 4월, 辛酉朔, 4272쪽. "魏, 始制五等公
服.【[元]湖三省 注 : 公服, 朝廷之服, 五等, 朱·紫·緋·綠·靑.】"

A는 북위 관복의 변화과정·공복(公服)의 발생을 알려준다. A-①·
②는『위서』의 '예지(禮志) 4-4', '고조본기(高祖本紀) 하(下)'의 기록
이 원전에 가까우나, 내용을 간략히 정리하고 호삼성(湖三省) 주(注)
를 같이 파악하고자 '『통지(通志)』, 「기복략(器服略) 1-군신복장제도
(君臣服章制度)」·『자치통감(資治通鑑)』'에서 인용하였다.

A-①은 북위의 관복 정비에 113년이 걸렸음을 보여준다. 북위는
404년 관면(冠冕)을 제정했지만, 구제(舊制, 즉 한제(漢制))·중원(中
原)의 예(禮)를 얻지 못했다. 이로 인해 486년 5색(주(朱)·자(紫)·비
(緋)·녹(綠)·청(靑)) 상의(上衣)를 활용한 5등의 공복(公服)을 제정했
으나(A-②), 486년의 공복은 구제(舊制)와 더 많은 차이를 가진 관복
이었다. 이후 517년 5시(時) 조복(朝服)·5교(郊) 의책(衣幘)을 제정하
면서 북위 관복제(官服制)의 정비가 일단락되었다.

A-①·②는 486년 공복이 '태화(太和) 연간(477~479) 옛 사실(故實)
을 살펴 기존 오류를 수정해 제정한 의관'이며, 북위 공복의 발생 과정
에 조복(朝服)의 정비에 대한 문제가 내포되었음을 알려준다. 북위
관복제의 정비는 '진(晉)의 남천(南遷)'으로 인한 '중원예의다결(中原
禮儀多缺)'의 문제로 시작되었으므로(A-①), 북위 공복이 고실(故實)·
구제(舊制) 등으로 지칭되는 조복의 정비과정에서 파생했음을 보여주
기 때문이다.

구제(舊制)의 망실은 북위만의 문제가 아니었다. 동진(東晉)도 '복
장다궐(服章多闕)'의 문제를 겪었고, 황제의 면류(冕旒)에 쓰는 백옥
주(白玉珠)를 못 구해 백선주(白璇珠)로 대체하는 형편이었다. 남송
(南宋)도 '다궐조복(多闕朝服)'의 문제를 겪었다.[11] 남조는 구제(舊制)

의 망실 문제와 환경·물산 차이로 인한 변화를 겪었다.

이로 인해 후한 조복은 남북조시대에 계속 변형되었고, 수 문제 즉위년(581)에야 북제(北齊) 조복을 기초로 수 조복의 구성 품목이 정돈되었다. 581년 수 문제는 "북위 이래 법도(法度)가 모두 빠졌다(闕咸)"라는 문제를 제기하고, 북제 조복을 기준으로 수 조복을 제정했기 때문이다.12 이것이 당 조복으로 이어졌다. 즉 중국은 북위 이후 조복·공복을 위주로 관복제가 구축되기 시작하였고, 이것이 수·당의 관복제로 계승되었다.

신라는 진한의 전고(典故)에 대한 망실 문제가 없었다고 이해되므로, 남북조시대 중국의 상황과 차이가 있다. 그러나 신라·후한의 직접 접촉은 상정하기 어렵고, 신라의 대중 외교는 북조와의 관계로 시작되었다. 더욱이 신라는 520년부터 조복·공복으로 구축한 관복제를 운영하였다. 신라의 대중 외교 상황, 조복·공복을 갖춘 시기, 관복제 운영의 유사성으로 보아 신라 상대 조복과 북위 조복의 구성 품목을 비교하는 것이 가장 적절하다.

문제는 북위 조복에 대한 자료가 희박하고,13 남조는 공복(公服)을

---

11 『通典』 권57, 禮17, 沿革17, 嘉禮2, 君臣冠冕巾幘等制度, 1602쪽. "東晉 元帝 初過江, 服章多闕, 而冕飾以翡翠·珊瑚·珠. 侍中 顧和奏. "舊禮, 冕旒用白玉珠. 今美玉難得, 不能備, 可用白璇珠." [元帝]從之;『通典』 권63, 禮23, 沿革23, 嘉禮8, 天子諸侯玉佩劒綬璽印, 1758쪽. "[南宋]羽林郎·羽林長郎, …… 別部司馬以下, 假墨綬.【凡此前衆職, 江左多不備, 又多闕朝服.】"

12 [宋]鄭樵 撰, 王樹民 點校, 「器服略 1-君臣服章制度」, 앞의 책, 1995, 817쪽. "隋 文帝卽位, 將改後周制度, 乃下詔曰. "宣尼制法, 損益可知. …… 宜集通儒, 更可詳議." 太子庶子 攝太常少卿 裴政奏曰. "後魏以來, 法度咸闕. 天興草創, 多參胡制. 周氏因襲, 不可以訓, 今採東齊之法'.

13 '『魏書』 권108-4, 志13, 禮4-4, 2793~2817쪽;『隋書』 권11, 志6, 禮儀6, 215~251쪽'은 북위 조복의 품목보다 정비과정을 위주로 설명하였다. '『通典』 권57, 禮17, 沿革17, 嘉禮2, 君臣冠冕巾幘等制度, 1600~1623쪽;『通典』 권61, 禮21, 嘉6, 君臣服章制度, 1713~1727

쓰지 않아 신라 상대 관복제와 차이가 크다는 것이다. 따라서 신라 상대 조복의 구성 품목을 구체화하려면, 북위 율령과의 계승관계[14]·시기성·자료의 양 등을 고려해 수·당의 유내관(流內官) 중 문관의 조복(이하 '수·당 조복')을 위주로 검토해야 한다. 〈표 8〉을 보자.

〈표 8〉 수·당 조복(朝服)의 구성 품목

구분	No.	품목	수			당		
			1~5품	6~7품	8~9품	1~5품	6~7품	8~9품
머리	①	[進賢]冠	3梁冠	2梁冠	1梁冠	3梁冠	2梁冠	1梁冠
	②	[黑介]幘	○			○		
	③	纓	○			○		
	④	簪導	犀	牛角		○	×	
	⑤	白筆	○		×	×	代簪導	×
상의	⑥	絳紗單衣	○			○		
	⑦	白紗(內)中單	○		×	○		×
	⑧	[白]襦(衫)	○			○		
하의	⑨	[白]裙	○			○		
장식	⑩	曲領	○		×	○		
	⑪	方心	○			○		
	⑫	[皁·玄]領	○			○		
	⑬	[皁·玄]袖(=褾)	○			○		
	⑭	[皁·玄]襈	○			○		
	⑮	[皁·玄]裾	○			○		
대	⑯	革帶	○			○		
	⑰	[金]鉤䚢	○			○		
	⑱	假帶(=紳帶)	○			○		
홀	⑲	笏	象牙	竹木		象牙	竹木	
폐슬	⑳	絳紗蔽膝	○		×	○		
발	㉑	[白]韈(=襪)	○			○		
	㉒	[烏皮]舃	○		代履	○		代履

쪽;『通典』권63, 禮23, 沿革23, 嘉禮8, 天子諸侯玉佩劍綬璽印, 1751~1779쪽'이나, '[宋] 鄭樵 撰, 王樹民 點校,「器服略 1-君臣冠冕巾幘等制度·君臣服章制度」, 앞의 책, 1995, 801~819쪽;[宋]鄭樵 撰, 王樹民 點校,「器服略 1-天子諸侯玉佩劍綬璽印」, 앞의 책, 1995, 827~835쪽'에서도 북위 조복의 품목을 알기 어렵다.

14 程樹德 저, 임병덕 역주,『九朝律考 1』, 세창출판사, 2014, 31·47쪽.

구분	No.	품목	수			당		
			1~5품	6~7품	8~9품	1~5품	6~7품	8~9품
5품 이상 패식	㉓	[眞][金飾]劍	○	×		○	×	
	㉔	佩(珮) 玉環	○	×		○	×	
	㉕	大綬(大雙綬)	○	×		○	×	
	㉖	小綬(小雙綬)	○	×		○	×	
	㉗	紛	○	×		○	×	
	㉘	鞶囊	○	×		○	×	
비고	③ 纓色 : 冠色을 따름. ㉒ [烏皮]舃 : 8~9품은 [烏皮]履로 대치. ㉖ 小綬(小雙綬) : 長 2尺6寸. 대수 首의 반(½). 大綬와 同色. ㉗ 紛 : 長 6尺4寸. 闊(廣) 2寸4分. 大綬와 同色. 　大綬·小綬·紛 및 鞶囊은 1~5품 내부에 관품별 차이가 있음.							

※ 출전 : 수 조복은 '『隋書』권12, 志7, 禮儀7, 258·271~267쪽 ;『舊唐書』권45, 志25, 輿服, 隋制, 1930~1931쪽' 참고. 당 조복은 '『舊唐書』권45, 志25, 輿服, 朝服, 1944~1945쪽 ;『新唐書』권24, 志14, 車服, 具服者, 522쪽 ; 金鐸敏 主編, 앞의 책, 2003, 423쪽' 참고.

※ 범례 : ①'[]' : 필자 보충. ②'○' : 있음. ③'×' : 없음. ④代□□ : □□로 대체.

　〈표 8〉은 수·당 조복의 구성 품목을 정리한 것이다. 수·당 관인의 여러 관복 중 조복은 예(禮)에 규정된 모든 구성 품목을 갖추는 구복(具服)·정복(正服)으로, '배제(陪祭)·조향(朝饗)·배표(拜表)·대사(大事)'에 착용하였다.

　수·당은 5품 이상의 조복에 모든 품목을 갖추지만, 5품 이상만 쓰는 품목은 '5품 이상이면 모두 쓰는 품목'과 '5품 이상이면 쓰지만, 5품 내부의 차등을 표현하는 품목'이 구분된다.

　전자의 대표적인 품목이 검(劍)이다. 검은 금으로 장식한(金飾) 진검(眞劍)으로, 협시관(夾侍官)·시신(侍臣)만 검을 차고 전(殿)에 오르는 것(跫)이 허용되었다. 즉 검은 5품 이상의 관인이 특별한 대우를 받고 있음을 표현하는 품목이자, 관품보다 직렬·용도에 따른 구분이 중시되는 품목이다.[15]

후자의 대표적인 품목이 각종 관인(官印)의 끈인 수(綬, 즉 대수(大
綬)·소수(小綬)·분(紛))와 관인(官印) 주머니인 반낭(鞶囊), 관인(官
印)의 끈을 걸기 위한 옥제 고리인 패옥환(佩玉環)이다. 각종 수는 관
인(官印)의 꼭지(印鈕)에 걸어 통과시킨 후 관인(官印) 주머니의 입구
를 묶는 끈이며, 대수를 차면 소수·분을 찼다.16 이로 인해 수를 차는
사람은 관인(官印)을 휴대하고자 혁대에 차는 관인(官印) 주머니인 반
낭을 같이 찼다.17 패옥환은 관인(官印) 주머니의 입구를 묶고 남은
여분의 수를 걸어 수가 바닥에 끌리지 않게 하였다. 따라서 수(대수·
소수·분)·반낭·패옥환은 상호 의존성을 갖는 품목이었다.

수·반낭·패옥환의 관계는 한(漢)의 관인이 출·퇴근길에 관인(官

---

15 『隋書』 권12, 志7, 禮儀7, 劍, 274~275쪽. "案, 漢自天子至于百官, 無不佩刀. 蔡謨議云.
"大臣優禮, 皆劍履上殿. 非侍臣, 解之." 蓋防刃也. 近代以木, 未詳所起. 東齊著令, 謂爲象
劍, 言象於劍. 周武帝時, 百官燕會, 並帶刀升座. 至開皇初, 因襲舊式, 朝服登殿, 亦不解焉.
[開皇]十二年(592), 因蔡徵上事, 始制凡朝會應登殿坐者, 劍·履俱脫. 其不坐者, 勅召奏事
及須升殿, 亦就席解劍, 乃登. 納言·黃門·內史令·侍郎·舍人, 旣夾侍之官, 則不脫. 其劍皆
眞刃, 非假. 旣合舊典, 弘制依定. 又準晉 [成帝] 咸康 元年(335), 定令故事', 自天子已下,
皆衣冠帶劍. 今天子則玉具火珠鐔首, 餘皆玉鐔首. 唯侍臣, 帶劍上殿. 自王公已下, 非殊禮
引升殿, 皆就席解而後升. 六品以下, 無佩綬者, 皆不帶.";『舊唐書』 권45, 志25, 輿服, 隋
制, 1931쪽. " …… 並絳紗單衣·白紗內單·皁領·襈·裾·白練裙襦·絳蔽膝·革帶·金飾
鉤䚢·方心曲領·紳帶, 玉鏢金飾劍, 亦通用金鏢, 山玄玉佩·綬·襪·烏皮舄. 是爲朝服."『수
서』는 신하가 차는 검을 '옥표수(玉鏢首)'라 하나, 『구당서』, 수제(隋制)는 '옥표금식검(玉
鏢金飾劍)'이며 금표(金鏢)를 통용했다고 하였다. 따라서 본서의 본문에서는 금식(金飾)
한 진검으로 설명하였다. 『구당서』, 여복지(輿服志)·『신당서』, 거복지(車服志)·『당육전』
등에서 "전(殿)에 오를 때는 시신만 검을 찬다"라는 규정과 유사한 규정을 찾기 어려우나,
수·당제의 계승 관계로 보아 유사한 규정이 있었다고 이해된다. 또 수의 시신은 [오피(烏
皮)]리(履)를 신고 전(殿)에 오르는 것도 허용되었다(『隋書』 권12, 志7, 禮儀7, 履·舃. "諸
非侍臣, 皆脫而升殿.").

16 『隋書』12, 志7, 禮儀7, 綬, 274쪽. "凡有綬者, 皆有紛."

17 『隋書』12, 志7, 禮儀7, 鞶囊, 274쪽. "鞶囊. 案『禮記』. "男鞶革, 女鞶絲."『東觀書』. "詔
賜鄧遵獸頭鞶囊一枚." 班固與弟書. "遺仲升獸頭旁囊, 金錯鉤也."古, 佩印, 皆貯懸之, 故有
囊稱. 或帶於旁, 故班氏謂爲旁囊, 綬印鈕也. 今雖不佩印, 猶存古制. 有佩綬者, 通得佩之.
無佩則不. 今採梁·陳·東齊制, 品極尊者, 以金織成, 二品以上服之. 次以銀織成, 三品已上
服之. 下以綖織成, 五品已上服之. 分爲三等."

印)을 휴대하면서 나타났고, 3품목은 위·진까지 관인의 중요 위신재로 기능하였다. 그러나 남북조시대부터 관인(官印)을 패용하지 않는 경향이 있었고, 관인(官印)의 패용을 제도적으로 강제하지도 않았다. 이로 인해 반낭은 위신재·꾸미개(飾)로만 기능했으나, 수(隋) 조복에서 반낭이 남았으므로 각종 수도 남은 것이다.

대수는 색(色)과 채(采)의 개수, 질(質)과 문(文)의 색, 길이(長)·직물의 밀도(首), 수(綬)의 넓이(闊·廣)로 차등을 두었다. 소수·분은 대수의 색을 따르고 길이를 고정하되, 소수는 직물의 밀도(首)를 대수의 반으로 하였고, 분은 넓이도 고정하였다. 특히 수는 길이를 통해 고하를 구별하였다. 반낭은 직금(織金)의 재질, 패옥환은 재질과 옥의 개수로 차등을 두었다.[18] 즉 수·반낭·패옥환은 5품 이상 관인의 관품·관품의 묶음을 표시하는 식(飾)이다. 이를 통해 수의 5품 이상 관인은 '1~2품·3품·4~5품'으로, 당의 5품 이상 관인은 '1품·2~3품·4~5품'으로 구분되었다.

수·당 조복은 모든 관인을 3등급으로 대별하였다. 이를 대표하는 품목이 관(冠)이다. 수·당 조복은 흑개책(黑介幘)을 쓴 후 진현관(進賢冠)을 썼다. 즉 안에 책을, 밖에 관을 쓰도록 규정되었다. '내책외관(內幘外冠)'이란 표현이 가능한 착장 방법인데, 이것은 전한(前漢)에서 유래하였다.

---

18 수·반낭에 대해서는 '崔圭順, 「중국 綬에 관한 연구-漢 이후 변화과정을 중심으로」 『服飾』 56-8, 한국복식학회, 2006; 崔圭順, 「中國의 初期 織金 硏究」 『服飾』 57-5, 한국복식학회, 2007; 崔圭順, 「冕服 관련 服飾史料 校勘-『後漢書』에서 『宋史』까지-」, 『新羅史學報』 13, 新羅史學會, 2008' 참고. 2종 신라 사신도에 수·반낭이 보이지 않으므로, 수·당의 수·반낭 규정은 본문에서 상술하지 않는다.

책(幘)은 변(弁)으로도 부르는 쓰개의 하나이다. 진대(秦代) 무장(武將)의 쓰개로, 관(冠)을 쓸 수 없는 위치의 사람이 썼다. 전한 효원제(孝元帝)가 '앞이마만 머리가 장대한 상황(壯髮·圭頭, 일종의 M자형 탈모)'을 가리고자 황제로서 처음 책을 썼고, 이에 군신(群臣)이 따라하였다. 전한 말의 왕망(王莽)은 정수리와 그 주변 탈모(頂禿)를 가리고자 책 위에 관을 썼고,19 이후 내책외관의 착장 방법이 보급되었다.

진현관은 문사(文士)·유자(儒者)를 1~3개의 량(梁, 골)으로 구분하는 양관(梁冠)이며, 책과 전혀 관계가 없었다. 그러나 왕망 이후 내책외관의 착장 방법이 보급되었고, 수·당은 내외문관(內外文官)이 진현관을 착장하는 방법을 내책외관으로 규정하여 통용시켰다.20 이로 인해 책은 안쪽 쓰개, 진현관은 바깥쪽 쓰개가 되었다. 따라서 진현관은 전 관인을 '1~5품·6~7품·8~9품'으로 구분하는 품목이었다.

수·당은 5품 이하 관인의 조복에서 몇 품목을 제거·격하해 6품 이하 관인의 조복을 구성하였고, 6·7품 관인의 조복에서 몇 품목을 제

---

19 『通典』 권57, 禮17, 沿革17, 嘉禮2, 君臣冠冕巾幘等制度, 1618쪽. "古者, 有冠無幘, 其戴也加首有頍, 所以安物. 故『詩』曰. "有頍者弁", 此之謂也. 秦雄諸侯, 乃加其武將首爲絳袙, 以表貴賤, 其後稍稍作額題. …… 至[漢]孝文乃高其顏題, 續之爲耳, 崇其巾爲屋, 上下羣臣貴賤皆服之. ……【後漢】蔡邕『獨斷』曰 : "幘, 古者之卑賤執事, 不冠者所服也. 漢 元帝, 額有壯髮, 不欲使人見, 始進幘服之. 群臣皆隨焉. 然尙無巾, 王莽頂禿, 幘上施屋." 壯髮謂當額前, 侵下而生, 今俗呼爲'圭頭'者是.〗. '규두(圭頭)'는 원문(原文)에 '주두(主頭)'라 하나, 오기이다. 이 문장은『한서』의 효성조황후 열전이 원전이며, 이 문장에 주를 달면서 안사고(顏師古)는 '장발(壯髮)'을 '규두(圭頭)'라 하였다(『漢書』 권97下, 列傳67下, 外戚, 孝成趙皇后, 3991~3992쪽. "我兒男也, 額上有壯髮, 類孝元皇帝.【唐】[顏]師古曰 : "壯髮, 當額前, 侵下而生, 今俗呼爲'圭頭'者, 是也."〗).

20 『隋書』 권12, 志7, 禮儀7, 進賢冠, 271쪽. "案『漢官』云. "平帝 元始 五年, 令公·卿·列侯冠, 三梁, 二千石, 兩梁, 千石以下, 一梁." 梁別貴賤, 自漢始也. 董巴釋曰. "如緇布冠, 文儒之服也." …… 王莽之時, 以幘承之. 新制依此, 內外文官通服之. 三品已上, 三梁, 五品已上, 兩梁, 九品已上, 一梁. 用明尊卑之等也."

거·격하해 8·9품 관인의 조복을 구성하였다. 즉 수·당의 조복은 5품 이상 관인의 조복에 모든 구성 품목을 갖추되 5품 이상 관인은 관품별로 구별하고, 6품 이하 관인 중 6·7품과 8·9품 관인을 구별해 몇 품목을 제거·격하하였다. 이와 관계되는 대표적 품목이 〈표 8〉에 보이는 잠도(簪導)·백필(白筆)·백사(白紗) 중단(中單, 혹 내단(內單))·홀(笏)·석(鳥)이다.

이상에서 수·당 조복의 특징을 4가지로 지적할 수 있다. 첫째, 조복의 품목이 많다. 5품 이상 관인의 조복은 28품목이며, 5품 이상만 쓰는 식(飾)을 제외해도 22품목에 이른다. 수·당 유내관(流內官) 중 문관의 공복(公服, 즉 상복(常服)·변복(弁服), 이하 '수·당 공복')이 14품목이므로,21 조복은 공복 대비 약 2~1.6배의 품목으로 구성된다. 이것은 수·당 조복에 각종 식(飾)이 많기 때문이다.

둘째, 수·당 조복의 복색(服色)은 통일성이 높다. 수·당 조복의 하의인 상(裳)은 백색 군(裙)이었고, 상의인 의(衣)는 백색 유(襦) 위에 백색(白紗) 중단(中單)을 입었다. 백색의 상·하의를 입고 마지막으로 강색(絳紗)의 겉옷인 단의(單衣)를 입었다. 이것은 전 관인에게 적용

---

21 수·당 문관의 공복은 2가지이다. 첫째, 5품 이상의 고관이 조복을 간추려 입는 종생복(從省服)이다. 수는 5품 이상 고관이 조복(朝服)·상복(常服)의 착용 상황 외 나머지 공사(自餘公事)에 입는 관복, 당은 5품 이상 고관이 초하루·보름의 조알(朔望朝謁, 朔望朝會)이나 동궁알현(東宮謁見)에 입는 관복이 공복이었다. 일종의 '간소화된 조복(從省朝服)'으로 개념화되는 관복으로, 백필(白筆)·[백사(白紗)]내단(內單)·곡령(曲領)·각종 선(襈) ·홀(笏)·폐슬(蔽膝)·검(劍)·각종 수(綬)·반낭(鞶囊)을 갖추지 않으며, 패옥환(佩玉環)은 1개만 차고, 석(鳥)을 리(履)로 대체하였다. 둘째, 상복(常服)·변복(弁服)이다. 일상 근무(尋常), 궁에 들어갈 때(入內), 본사에 있을 때(在本司)의 공사(公事)에 입는 관복으로, 상의(上衣)의 색(色)으로 분별해 품목이 축약되므로(從省) 공복이라 하였다. 수·당 공복의 개념·착용 환경은 본서 3장 1절 참고. 본서의 '수·당의 공복'은 주로 '수·당의 상복(常服)·변복(弁服)'을 말한다.

되었고, 관품별 복색(服色) 구분은 없었다. 또 령(領)·수(袖, 즉 표(標))·선(襈)·거(裾) 등 각종 의복의 마감 선(襈)은 조(皁)·현(玄) 등 단색으로 통일되었다. 수·당의 조복은 모든 관인이 쓰는 품목이 많아 시각적 통일성이 높다. 이것은 조복이 '군신상하동복(君臣上下同服)'의 이념 아래 '배제(陪祭)·조향(朝饗)·배표(拜表)·대사(大事)' 등에 쓰는 행사용 관복이란 점에서 이해된다.

셋째, 수·당 조복은 모든 관인을 '1~5품·6~7품·8~9품'의 3등급으로 대별하고, 5품 이상 관인을 3등급으로 세분하였다. 수·당 공복은 모든 관인을 '1~3품·4~5품·6~7품·8~9품'의 4등급으로 대별하고, 5품 이상 관인을 세분하였다. 즉 수·당 조복은 공복보다 '1~3품·4~5품'의 구별이 선명하지 않다. 수·당 조복의 식(飾)에서 5품 이상이 가장 중시되었음을 고려하면, 조복은 공복에 비해 고관·하관의 구별을 더 강조한 관복이다.

넷째, 수·당 조복에서 관품별 구분은 식(飾)으로 구현되었다. 수(綬)는 색을 통한 구분도 가능하지만, 길이를 통한 구분이 중심이었다. 이 외 수·당 조복에서 모든 관인을 대상으로 적용된 분별 원리는 '특정 품목의 갖춤·제거'·'특정 식(飾)의 탈부착'이었다.

2. 상대 조복의 구성 품목 및 유관 령(令)의 내용

이제까지 2종 회화 자료의 신라 사신도를 분석하고자 수·당 조복의 발달과정·구성 품목과 조복의 이념·분별 원리를 정리하였다. 이제 신라 상대 조복의 구성 품목 및 조복에 관계된 령(令)을 내용적 측면에서 정리하겠다. B를 보자.

B-①. 보통(普通) 2년(521) 왕의 이름은 모태(募泰)이다. 비로소 사신(使臣)을 [보내어] 백제(百濟)를 따라가게 하고 방물(方物)을 봉헌(奉獻)하였다. ······ 신라의 관명(官名)에 자분한지(子賁旱支)·[일한지(壹旱支)]·제한지(齊旱支)·알한지(謁旱支)·일고지(壹告支)·기패한지(奇貝旱支)가 있다. 신라는 관(冠)을 유자례(遺子禮), 유(襦)를 위해(尉解), 고(袴)는 가반(柯半), 화(靴)는 세(洗)라 한다. 신라의 절(拜)·걸음(行)은 고려(高驪)와 더불어 서로 유사하다.[22]

B-②. 11월. 백제·신라국이 각각 사신을 보내 방물(方物)을 바쳤다. 12월 무진(戊辰). 진동대장군(鎭東大將軍)·백제왕(百濟王) [부(夫)]여융(餘隆)을 영동대장군(寧東大將軍)으로 삼았다.[23]

B는 521년 신라의 대량견사(對梁遺使) 과정에서 남은 신라의 관위·풍속 관계 자료를 인용한 것이다. 신라 사신은 백제를 경유해 521년 11월 안에 양 무제를 알현하고 방물을 바쳤다. 이후 신라 사신은 곧장 귀국하지 않았다고 생각된다. 무제는 12월 무진일에 무령왕을

---

22 『梁書』 권54, 列傳48, 東夷, 新羅, 805~806쪽. "普通 二年. 王名募泰. 始[遺]使, 使随百濟, 奉獻方物. ······ 其官名有, 子賁旱支·[壹旱支]·齊旱支·謁旱支·壹告支·奇貝旱支. 其冠曰, 遺子禮, 襦曰, 尉解, 袴曰, 柯半, 靴曰, 洗. 其拜及行, 與高驪相類." [壹旱支]는 '동북아역사재단 한국고중세사연구소 편, 『中國 正史 東夷傳 校勘』, 동북아역사재단, 2018, 55, 68쪽', [遺]은 '국사편찬위원회, 『중국정사조선전 역주 2』, 신서원, 2004, 451쪽'을 통해 보충하였다.

23 『梁書』 권3, 本紀3, 武帝 下, 普通 2년(521) 冬, 64~65쪽. "十一月. 百濟·新羅國, 各遺使獻方物. 十二月. 戊辰. 以鎭東大將軍·百濟王 餘隆爲寧東大將軍." 유관 기사로 『三國史記』 권4, 新羅本紀4, 法興王 21년(521) ; 『三國史記』 권26, 百濟本紀4, 武寧王 21년(521) 冬 11·12월'이 참고된다.

영동대장군으로 삼는 조서를 백제 사신에게 주었고, 백제 사신은 '12월 무진일 조서'를 받아 무령왕에게 전달했을 것이기 때문이다. 신라 사신은 백제 사신의 일행이었으므로, 신라 사신은 백제 사신과 일정을 같이하며 백제 사신이 '12월 무진일 조서'를 받을 때 참관했을 것이다. 이 과정에서 양인(梁人)이 신라 사신을 기록·묘사한 자료가 『양서』, 신라전·「양직공도」에 남았고, 「양직공도」의 묘사가 2종 신라 사신도로 남았다고 이해된다.

B-①처럼, 양인(梁人)은 관(冠)·유(襦)·고(袴)·화(靴)의 신라어를 남겼다. 양인(梁人)이 4종 의복 명사의 신라어를 남긴 이유를 발음의 특이성에서 찾기도 하나,[24] 기사의 성격을 고려할 필요가 있다. 『양서』, 신라전의 풍속 관계 기사는 삼국 사신을 분별하기 위한 기사이며, 4종 의복 명사는 간군(干群) 관위 소개 이후 설명되기 때문이다.

B-① 중 풍속 관계 기사는 4종 의복 명사 외 신라 사신의 절(拜)·걸음걸이(行)를 고구려와 비교하고, 백제의 통역 후에 말이 통했다는 내용을 포함하였다. 그런데 『양서』, 백제전도 3종 의복 명사를 백제어로 소개하고, 3종 의복 명사 소개에 앞서 백제 사신의 절(拜)·걸음걸이(行)를 고구려와 비교하였다. 반면 『양서』, 고려전(高驪傳)은 일부 풍속을 부여(夫餘)와 비교하나, 고구려의 절(拜)·걸음걸이(行)는 백제·신라와 비교하지 않았다.[25] 이것은 『양서』, 고려전에 전사(前史)에서 채록한 서술이 많다는 점에서도 이해된다.[26] B-①의 4종 의복 명사는

---

24 이한상, 「신라 복식의 변천과 그 배경」, 『신라문화』 43, 東國大學校 新羅文化硏究所, 2014, 153~154쪽.

25 『梁書』 권54, 列傳48, 東夷, 高驪, 801~802쪽.

26 국사편찬위원회, 앞의 책 2, 2004, 463쪽.

양인(梁人)이 고구려 관련 지식을 기준으로, 삼국 사신을 구별하려는 의도에서 작성되었다고 보이기 때문이다. 즉 4종 의복 명사는 양인이 신라 사신을 구별하고자 가시성·특이성을 갖는 품목을 한정적으로 기록한 것이다.

간군(干群) 관위는 고관(高官)이므로,[27] 간군(干群) 관위 이후 설명된 4종 의복 명사는 신라 관복의 명사로 이해된다. 또 신라 사신의 활동과 관복 착용 상황을 고려하면, 4종 관복 명사는 고관(高官)의 조복(朝服) 품목으로 이해된다. 따라서 4종 조복 명사·2종 신라 사신도를 통해 고관 조복의 품목에 대해 접근할 수 있다.

한편 하관 조복의 품목은 고관 조복에 대한 자료와 수·당 조복·공복의 관품별 품목 및 신라 공복의 관위군(官位群)별 품목을 통해 접근이 가능하다. 신라 공복은 관(冠)을 통해 대아찬 이상을 3군(群, (1)이벌찬, (2)이찬·(3)잡찬, (4)파진찬·(5)대아찬)으로, 하관을 2군(群, (10)대나마~(13)사지, (14)길사~(17)선저지)으로 구분하고, 의색(衣色)을 통해 전 관인을 4군(群)으로 구분하였다. 수·당 조복의 원리를 고려하면, 신라도 고관 조복에 전 품목을 갖추고 관위군별 차등을 두었겠다. 〈그림 4〉·〈표 9〉를 보자.

---

27 정덕기, 『신라 상·중대 중앙행정제도 발달사』, 혜안, 2021, 218~221쪽.

〈그림 4〉 「번객입조도」, 신라사신(❶) · 「왕회도」, 신라사신(❷)

〈표 9〉 2종 회화 자료의 신라 사신 복식에 대한 선행연구의 분석 결과

	품목	세부	「번객입조도」, 신라 사신(❶)	「왕회도」, 신라 사신(❷)
머리	冠 (遺子禮)	명칭	·	幘(①)
		모양	方形(②), 屋 앞이 약간 숙여져 있음(③)	정수리가 평평함(③)
		바탕색	·	흑색에 가까운 진녹색(②)
		襈	있음(②)	있음(③). 옅은 황색 襈(②)
		纓	턱에서 끈을 묶음(②·③·④)	·
	髮樣	머리 모양	상투 추정(②)	被髮·剪髮(①·②)
		혼인 여부	기혼으로 추정(②·④)	미혼으로 추정(②·④)
		연령	높은 연령(②·③)	낮은 연령(②·④)
상체	襦 (尉解)	명칭	襦(②)	襦(②)
		領·衽	直領·右衽(②)	直領·右衽(①·②·③)
		色	·	옅은 분홍(①) 황색 계열(②·③) 백색(④)
		길이	·	고구려·백제보다 짧고, 엉덩이까지 옴(①·②·④)
		소매	·	길이가 길고 품이 넉넉(②)
		깃 (襈)	있음(②·③·④)	청록색·일부 붉은색 襈(①) 옅은 청록색 襈(②) 일부 2중 襈(①·②·③) 있음
		수구 (襈)	있음(②·③·④)	있음(④), 청록색 襈(①) 옅은 청록색 계열 襈(②)
		도련 (襈)	있음(②)	청록색·일부 붉은색 襈(①) 옅은 청록색 襈(②) 일부 2중 襈(①·②·③)
	內衣 中單	여부	내의 없음(②)	남녀공용의 貫頭衣(①) 내의(貫頭衣) 없음(②) 내의가 있다고 추정(③)
허리	帶	여부	帶 있음(④)	帶 있음. 拱手 자세로 인해 가림(①·②·③·④)
		帶 재질	革帶나 布帛帶(②)	革帶의 존재 추정(②) 布帛帶·銙帶 사용 가능성 있음(③)
		銙帶 여부	원형 장식만 있는 銙帶, 佩飾 없 음(②·④) 銙帶 있음. 역심엽형 과판일 가능성 있음(③)	·
		착용 방법	띠끝꾸미개를 帶 중간에 삽입했 을 수 있음(③)	고구려·백제의 帶 착용법과 다름 (④)

품목		세부	「번객입조도」, 신라 사신(❶)	「왕회도」, 신라 사신(❷)
하체	袴 (柯半)	명칭	袴(②·④)	袴(①·②·④)
		통 넓이	바지 부리로 갈수록 통이 좁아 짐(②). 麗·濟보다 통이 좁음(②)	바지 통이 넓음(①) 바지 부리로 갈수록 통이 좁아짐 (①·②·④). 麗·濟보다 통이 좁음(②)
		色	·	襦와 비슷한 옅은 분홍색(①) 襦보다 옅은 황색(②·③) 백색(④)
		바지 무늬	·	청록색 마름모무늬(①) 연한 청색 구름무늬(②) 무늬 있음(③)
		襀	·	있음(③). 청록색 襀(①) 襦의 선과 유사한 색의 襀
		바지 부리	바지부리를 靴 안에 집어넣음 (②·④) 行縢으로 보이는 장식(③)	·
발	洗 (靴)	명칭	靴(②·④)	靴(①·②·③·④)
		모양	·	발뒤꿈치 회색 구분(②) 신코 높음(②)
		色	·	흑색(②·④)
		신목	신목에 장식선 있음(②)	신목이 보이지 않음(③)
장식	蔽膝	여부	사신을 표현하는 의례용 폐슬류 의 장식 있음(②)	·

※ 출전·범례 : 아래 약호를 따라 처리. 이하 〈표 10〉의 출전·범례도 동일한 약호 활용.
①김영재, 「「王會圖」에 나타난 우리나라 삼국사신의 복식」, 『한복문화』 3-1, 한복문화학
회, 2000, 22~23쪽.
②남윤자·이진민·조우현, 「「王會圖」와 「蕃客入朝圖」에 묘사된 三國使臣의 服飾 研究」, 『
服飾』 51-3, 한국복식학회, 2001, 160~166쪽.
③권준희, 「신라 복식의 변천 연구」, 서울대학교 대학원 의류학과 박사학위논문, 2001,
94~100쪽.
④정은주, 「中國 歷代 職貢圖의 韓人圖像과 그 인식」 『漢文學論集』 42, 槿域漢文學會,
2015, 92~95쪽.

〈그림 4〉는 2종의 신라 사신도를, 〈표 9〉는 선행연구에서 2종
신라 사신도의 복식에 대해 분석한 것을 제시한 것이다. 이상의 논의
를 토대로 신라 조복의 품목을 살펴보자.

첫째, 〈그림 4〉-❷의 색(色)에 대해 〈표 10〉을 통해 검토하기로
한다.

<표 10> 「왕회도」, 신라 사신도(<그림 4-❷>)에 활용된 색

품목	색		
冠	흑색에 가까운 진녹색(②)		
襦	옅은 분홍색(①)	황색 계열(②·③)	백색(④)
袴	襦와 유사한 옅은 분홍색(①)	襦보다 옅은 황색(②·③)	백색(④)
靴	흑색(②·④)·신발 뒤꿈치 회색 구분(②)		
冠-襈	옅은 황색 襈(②)		
襦-깃	청록색·일부 붉은색 襈(①)	옅은 청록색 襈(②)	
襦-수구	청록색 襈(①)	옅은 청록색 계열 襈(②)	
襦-도련	청록색·일부 붉은색 襈(①)	옅은 청록색 계열 襈(②)	
袴-밑단	청록색 襈(①)	옅은 청록색 계열 襈(②)	

<표 10>은 <표 9>에서 <그림 4>-❷의 관(冠)·유(襦)·고(袴)·화(靴) 및 관(冠)·유(襦)·고(袴)의 선색(襈色) 관련 견해를 재정리한 것이다. 관색(冠色)은 흑색에 가까운 진녹색이라 하나 신중할 필요가 있다. 조복 관색은 화색(靴色) 및 유·고의 선색(襈色)보다 분명하지 않고, 색·재질에 대한 문헌도 없기 때문이다.

공복 관색(冠色)과 비교해도 마찬가지다. 공복 관색은 '주(朱)·잡자(雜紫)·비(緋)'의 순서이다. 중국식 색채 위계(주(朱)·자(紫)·비(緋)·녹(綠)·청(靑)) 중 '주(朱)·자(紫)의 질(秩)'을 활용했다는 점과 조복·공복의 선후 관계를 고려하면, 조복 관색이 진녹색일 수도 있다. 그러나 신라의 색채 위계에서 진녹색이 가진 지위·의미를 찾기 어렵다. 또 조복의 이념·분별 원리를 고려하면, 조복의 관색(冠色)을 구별할지 의문이다. 관색이 흑색에 가깝다는 지적과 수·당 조복의 진현관 색을 고려하면 흑색일 가능성도 높다. 현존 자료 환경에서는 신라 조복의 관색은 단색(單色)으로서 관인 분별의 기능은 없었고, 흑색에 가까운

색이나 녹색일 수 있다는 정도의 추정만 가능하다고 판단된다.

유·고 색은 옅은 분홍색·황색 계열·백색이 제시되었다. 고색은 논자별로 유색을 따라 비정하였다. 『수서』~『신당서』, 신라전은 신라에서 숭상(崇尙)한 복색(服色)으로 소(素)·백(白)을 설명하였고, 소(素)·백(白)은 채도·어감 차이는 있으나 백색을 의미한다.28 중국에서 '숭상한 복색'의 용례는 대개 조복색(朝服色)을 말하므로,29 유·고의 색은 백색으로 이해된다.

관의 선색(襈色)은 옅은 황색, 유·고의 선색(襈色)은 청록색·옅은 청록색, 일부 붉은색이 지적되었다. 〈그림 4〉-❷에서 관의 선색은 유색에 가까워 백색일 가능성이 크다. 그러나 관·유·고의 선색을 구체화하려면, 미술사 연구의 확충을 기다릴 필요가 있다.

선색(襈色)에서 생각할 것은 두 가지이다. 먼저 관의 선색과 달리 유·고의 선(襈)은 주요 선색(襈色, 청록·옅은 청록)이 뚜렷해 통일성이 높다. 선은 상·하의의 마감이므로, 선색의 높은 통일성은 조복의 통일성을 제고한다. 수·당 조복의 선은 위치별 명칭이 다르나 흑색(皁·玄)만 사용해 조복의 통일성을 높였는데, 유사한 제작원리가 신라 조복에도 적용되었다.

나머지 하나는 선색(襈色)에 일정한 분별 기능을 상정할 수 있다.

---

28 『詩經』, 召南, 羔羊. "羔羊之皮, 素絲五紽【毛傳 : 素, 白也.】" ; 『釋名』 권4, 釋綵帛. "白, 啓也. 如氷啓時色也." 소(素)·백(白)의 관계에 대해서는 '본서 2장 각주 70)' 참고.

29 『資治通鑑』 권73, 魏紀5, 明帝 景初 元年(237), 2318쪽. "春 正月 壬辰. 山茌縣言黃龍見. 高堂隆以爲魏得土德, 故其瑞黃龍見, 宜改正朔·易服色, 以神明其政, 變民耳目. 帝從其議. 三月. 下詔改元. 以是月爲孟夏四月, 服色尙黃, 犧牲用白, 從地正也.【[元]湖三省 注 : 是月, 春 三月也. 殷爲正, 以建丑, 十二月爲歲首. 服色尙黃, 以土代火之次. 犧牲用白, 從殷也.】 更名 『太和曆』 曰, 『景初曆』."

조복은 '군신상하동복(君臣上下同服)'의 이념을 의복령(衣服令)으로 구현하는 관복이므로, 신라 조복도 1벌의 상·하의에 쓰는 주요 선색은 통일시켰을 가능성이 높다. 그런데 군(軍)부대를 금색(衿色)으로 구분하는 사례가 있으므로, 선색으로 직렬을 구분할 가능성이 있고,[30] 2중의 선(襈)도 이와 관계될 수 있다. 다만 신라는 문무의 관위 체계를 구분하지 않으므로, 조복 선색은 대개 〈그림 4〉-❷의 주요 선색을 따를 가능성이 높다.

둘째, 책(幘)처럼 묘사된 관(冠)을 보자. 중국의 책은 무장(武將)이나 관을 갖추지 못한 자가 썼고, 전한 말 이래 내책외관(內幘外冠)이 바른 착장 방법이었다. 그러나 〈그림 4〉-❶·❷는 책만 묘사하였다. 고구려의 대가(大加)·주부(主簿) 등은 책을 썼고, 소가(小加)의 절풍을 책(幘)으로 부르기도 하였다.[31] 이로 보아 신라에서 책을 쓰는 사람의 지위도 낮지 않았고, 책을 통해 무관(武官) 복식과의 관련성도 상정할 수 있다. 후술하겠지만, 고·화도 중국에서는 무관 복식에 쓴 것이다. 따라서 신라 조복은 무관복과 긴밀히 관계를 맺고 있다.

한편 하관(下官)에게는 책의 착용을 제한하거나, 책의 장식 규정에 차이가 있을 수 있다. 수·당 조복의 관은 양(梁, 골)의 개수로 모든 관인을 3군(群)으로 구분하는 품목이다. 또 신라 공복에서 색관(色冠)

---

30 『三國記』 권40, 雜志9, 職官 下, 武官·衿. 선색(襈色)·금색(衿色)의 구체적인 역할·기능은 차후 과제이다.

31 『後漢書』 권85, 列傳75, 東夷, 高句驪, 2813쪽. "大加·主簿皆著幘, 如冠幘而無後. 其小加著折風, 形如弁.";『三國志』 魏志 권30, 烏丸·鮮卑·東夷傳, 高句麗, 844쪽. "大加·主簿頭著幘, 如幘而無餘. 其小加著折風, 形如弁.";『南齊書』 권58, 列傳39, 東南夷, 高麗, 1010쪽. "高麗俗服窮袴, 冠折風一梁, 謂之幘. …… 使人在京師, 中書郞王融戲之曰. "服之不衷, 身之災也. 頭上定是何物?"答曰. "此卽, 古弁之遺像也."";『梁書』 권54, 列傳48, 東夷, 高句驪. 844쪽. "大加·主簿頭所著似幘, 而無後. 其小加著折風, 形如弁."

을 규정적으로 착용하는 집단이 ⒀사지 이상이었고, 색관 규정을 볼 수 없는 집단이 ⒁길사 이하이다. 이것은 하관, 즉 비간군(非干群) 관위소지자도 두 집단으로 구분됨을 의미하며, 이로 인해 조복에 쓰는 책의 착용 제한이나 책 장식의 변형에 대한 규정이 있었을 가능성이 있다. 그러나 고관·하관 조복의 관이 지닌 차이를 구체화하기는 어렵다.

관과 함께 볼 것이 영(纓)·잠도(簪導)이다. 〈그림 4〉-❶·❷에 묘사된 관은 관 둘레가 머리 둘레보다 작으므로, 관을 고정할 품목이 반드시 필요하다. 중국 관(冠)은 일반적으로 관끈인 영과 남자용 비녀인 잠도를 고정 품목으로 활용하는데, 〈그림 4〉-❶에는 영만 보인다.

영은 묶은 머리(修髮·韜髮)나 푼 머리(被髮)에 관계없이 관에 부착한 끈을 내려 턱에서 끈을 묶어 관을 고정하는 품목이다. 〈그림 4〉-❶은 영을 정확히 묘사하였다. 반면 잠도는 묶은 머리를 전제로 관을 고정하는 품목이다. 관(冠)의 어원은 '묶은 머리를 꿴 것(貫)'이며,32 잠도는 관과 묶은 머리를 꿰어 관을 고정하기 때문이다.

〈그림 4〉-❷는 푼 머리 위에 관을 살짝 얹은 듯 묘사해 영 관련 묘사가 생략되었다고 이해된다. 또 신라 남자는 머리를 자르기도 하였으므로(剪髮),33 묶은 머리를 항상 유지하지는 않았다. 따라서 신라 조복의 관은 영으로 고정하도록 규정되었을 것이다. 이것은 공복 색관(色冠)의 고정방식과도 같다. 따라서 조복·공복의 관을 모두 영으로 고정한 것은 신라 전통의 관 형태를 고려한 조치로 이해된다. 또 수·당 조복의 영색(纓色)은 관색(冠色)을 따르므로, 신라 조복의 영색도

---

32 『釋名』 권4, 釋首飾. "冠, 貫也. 所以貫韜髮也."
33 『新唐書』 권220, 列傳145, 東夷, 新羅, 6202쪽. "男子剪髮鬻, 冒以黑巾."

관색을 따랐을 가능성이 높다.

한편 신라 조복의 관에는 잠도 관련 규정이 없었다. 이것은 영의 활용을 비롯해 한국 고대 관에서 잠(簪)·잠도(簪導)의 의미가 크지 않다는 점에 기인할 것이다. 『삼국사기』·『삼국유사』에서 잠은 '당의 고관',[34] '초인(宵人, 소인)이나 야부(野夫, 초야에 있는 사람이나 농부)를 부르는 호칭(號)'의 상대어(對)로 쓴 용례만[35] 각 1건씩 보인다. 이로 인해 한국 고대의 관에서 잠(簪)·잠도(簪導)는 이질적인 품목으로 이해되기 때문이다.

한편 신라 조복의 관은 수·당 조복의 관과 달리 백필(白筆)을 삽식하지 않았다. 백필은 수판(手板)의 하나로 군주(君主)의 하명(下命)을 받아쓰거나 지시봉처럼 쓰기 위해 문관이 소지하는 붓에서 기원하였고, 수·당에서는 문관이 진현관에 꽂는 위신재이다.[36] 신라 조복의 관인 책은 진현관보다 둘레·크기가 작았고, 중국의 책은 무관의 쓰개였다. 따라서 신라 조복의 관은 백필의 삽식을 규정하지 않았다. 이상에서 신라 조복의 관은 단색(單色) 책을 책의 색을 따르는 영으로 고정하였다. 또 신라 조복에서는 관위군별 책의 착용 제한 및 책 장식 규정의 차이를 상정할 수 있다.

셋째, 백색 유(襦)를 보자. 유의 어원은 '따뜻한 옷'이며,[37] 엉덩이를

---

34 『三國史記』 권47, 列傳7, 薛罽頭. "我願西遊中華國, 奮不世之略, 立非常之功, 自致榮路, 備簪·紳·劒·佩, 出入天子之側, 足矣."

35 『三國遺事』 권2, 紀異2, 駕洛國記. "一日, 上語臣下曰. "九干等, 俱爲庶僚之長, 其位與名, 皆是宵人·野夫之號, 頓非Manufacture職位之稱. 儻化外傳聞必有嗤笑之恥.""

36 『隋書』 권12, 志7, 禮儀7, 白筆, 273쪽. "案, 徐氏『雜注』云. ""古者貴賤皆執笏, 有事則書之, 故常簪筆." 今之白筆, 是遺象也. 『魏略』曰. "明帝時大會而史簪筆." 今文官七品已上, 通耗之. 武職雖貴, 皆不耗也.""

37 『釋名』 권5, 釋衣服. "襦㠵也. 言溫㠵也".

덮고 띠로 여미는 남녀공용 저고리로, 깃·수구·도련 등에 이색(異色) 선(襈)을 댄 옷이다.[38] <그림 4>의 유는 마감용 상의겉옷으로 우임 (右衽)·직령의(直領衣)이다. 중국 직령의(直領衣)도 우임(右衽)이 원 칙이므로,[39] 신라·중국 직령의는 임(衽)의 방향이 같다. 그러나 수·당 조복은 곡령(曲領)에[40] 방심(方心)을 달았지만, 신라 조복은 직령이고 방심 관련 장식이 없다. 또 <그림 4>-❷에는 속옷으로 보이는 묘사 가 있다. <그림 5>를 보자.

<그림 5> 번객입조도」, 신라 사신(㉮)·「왕회도」, 신라 사신의 상체(㉯)

※ 범례 : ㉯의 검은색 원은 속옷 묘사 표시.

---

38 강순제·김미자·김정호·백영자·이은주·조우현·조효숙·홍나영, 『한국복식사전』, 민속원, 2015, 560쪽.

39 『論語集註』 권7, 憲問. "微管仲, 吾其被髮左衽矣.【集註 : 衽, 衣衿也. 被髮左衽, 夷狄 之俗也.】"

40 『隋書』 권12, 志7, 禮儀7, 曲領, 275쪽. "案, 『釋名』, "在單衣內襟領上, 橫以雍頸." 七品已 上有內單者則服之, 從省服, 及八品已下, 皆無."

수·당 조복의 상의는 백색 유와 중단·강색 단의를 겹쳐 입고, 단의 는 중단이 드러나게 입었다. 조복 상의는 여러 상의를 겹쳐 입으므로, 신라 조복에도 속옷은 규정되었다. 〈그림 5〉-㉗의 붉은색 원에서 백 색 유 아래에 입는 속옷이 겉으로 보이므로, 신라 조복의 속옷에도 복색을 규정하였다. 또 비슷한 상의를 입는 관복은 속옷 색에 대한 규정도 있었다고 이해된다. 당에서는 속옷에 자신이 쓸 수 없는 상복 (常服)의 색(色)을 금했기 때문이다. C를 보자.

C. [당(唐) 고종(高宗)] 함형(咸亨) 5년(674) 5월 10일 칙(勅)을 내 렸다. "듣기로, 외관(外官)·백성 중에 령(令)·식(式)에 의거하지 않는 자가 있어, 포삼(袍衫) 안에 '주(朱)·자(紫)·청(靑)·녹(綠)' 등 색을 쓴 단삼(短衫)·오자(襖子)를 입거나 여야(閭野)에서 공공연히 옷을 드 러내기에 이르렀다 한다. 귀천(貴賤)을 분별하지 않고, 이륜(彝倫)을 섞는 것이다. 지금 이후 의복 하(下)·상(上)은 각자의 품질(品秩)에 의거하며 높은 이(上)는 낮은 이(下)의 [복색을] 통용하되, 낮은 이는 높은 이의 [복색을] 범(僭)하지 못하게 하라." 이에 유사(有司)에서 엄단(嚴斷)할 것을 령(令)하였다.[41]

C는 674년 당 고종이 내린 칙(勅)으로, 외관(外官)·백성 중 포(袍)· 삼(衫)의 속옷인 단삼(短衫)·오자(襖子)에 자신이 못 쓰는 상복 색을 쓴 자를 대상으로 한다. 고종은 이들을 '귀천의 분별을 무시하고, 인륜

---

41 『唐會要』 권31, 輿服 上, 章服品第, 664쪽. "咸亨 五年 五月 十日 勅. "如聞, 在外官人·百 姓, 有不依令·式, 逢於袍衫之內, 著朱·紫·靑·綠等色短衫·襖子, 或于閭野, 公然露服. 貴 賤莫辨, 有斁彝倫. 自今以後, 衣服下上, 各依品秩, 上得通下, 下不得僭上." 仍令有司, 嚴 加禁斷."

을 어지럽힌 자'라 하고, '상득통하(上得通下), 하부득참상(下不得僭上)'을 어기면 엄단하라 하였다.

신라의 공복 제정 시점과 C는 시기적 격차가 있지만, '상득통하(上得通下), 하부득참상(下不得僭上)'은 의복령(衣服令)의 기본 원리이고,[42] 신라 공복에도 관위군별로 관색(冠色)·의색(衣色)이 규정된다. 따라서 조복 상의처럼 입는 옷은 속옷 색에 대한 규정도 마련되었을 것이다. 이 외 신라 조복에 포처럼 유의 위에 입는 덧옷이 있는지는 알기 어렵다. 이상에서 신라 조복의 상의는 속옷 위에 직령·우임의 백색 유를 입고, 유에 일부 2중 선(襈)을 쓰나 주요 선색(襈色)은 통일하도록 규정되었다고 이해된다.

넷째, 대(帶)와 패식(佩飾)·폐슬·고의 무늬를 보자. 우선 유의 여밈·고의 착용을 고려하면, 신라 조복에 대는 당연히 규정되었다. 한편 <그림 4>-❶의 허리 부분에는 대와 둥근 모양의 장식이 묘사되었다. 이로 인해 기본 대의 재질로 혁(革)·포백(布帛)이 제기되었고, 둥근 장식만 있는 과대(銙帶)를 찼다는 분석도 있다.

신라·수·당의 공복은 혁대만 규정하나, 수·당 조복은 혁대(革帶)·신대(紳帶)가 규정된다. 따라서 신라 조복도 혁대·포백대 등 2종 이상의 대를 규정했겠다. 또 <그림 4>-❶로 보아 신라 조복의 대는 수·당 조복의 대에 비해 짧았거나, 대가 길어도 늘어뜨리지 않게 찼다고 이해된다. 또 조복에 다종의 대를 썼고, 삼한시대부터 대구(帶鉤)가 위신재로 기능했음을 고려하면, 신라 조복에도 관위군별 규정된 대구(帶

---

42 『新唐書』 권24, 志14, 車服, 서문, 武德 4년(621), 511쪽. "始著車輿·衣服之令, 上得兼下, 下不得僭上".

鉤)가 있었다고 이해된다.[43]

조복에 다종의 대가 쓰이므로, 과대(銙帶) 착용 규정도 상정된다. 과대는 혁대·포백대 등에 금속제 식판(飾板)을 못으로 박아 고정하는 관복 장식이다.[44] 고고학적 성과에 의하면, 6~7세기 대금구(帶金具)는 '누암리형(6세기 중엽) → 황룡사형(7세기 전반) → 당식(7세기 후반)' 과대로 변했다고 한다.[45] 6세기 중엽 이전의 과대가 출토되지 않아 불확실하나, 늦어도 520~521년을 전후한 시점의 신라 조복에는 과대 착용에 대한 규정도 있었다고 이해된다.[46]

한편 〈그림 4〉-❶은 패식(佩飾)을 거의 묘사하지 않았다. 조복의 분별 원리는 '특정 품목·식(飾, 장식)의 탈부착'이고, 과대는 옥(玉) 등 패식을 달기 위한 품목이다. 〈그림 4〉-❶의 과대는 초기 과대일 수 있어 속단하기 어렵지만, 패식 묘사가 생략되었다고 보인다. 「양직공도」·「번객입조도」·「왕회도」에서 양 무제·중국 관인의 묘사에 패식 및 식(飾) 대부분이 생략되었다는 점에서[47] 방증할 수 있다. 이로 인해 신라 고관 조복에만 쓴 패식을 알기 어렵지만, 신라 조복도 '특정 품목·식(飾)의 탈부착'을 통해 관인을 분별했을 것이다.

이제 폐슬(蔽膝)·고(袴)의 무늬를 〈그림 6〉을 통해 생각해보자.

---

43 이한상, 앞의 논문, 2014, 141~145쪽.

44 강순제·김미자·김정호·백영자·이은주·조우현·조효숙·홍나영, 앞의 책, 2015, 112쪽.

45 銙帶 관련 정리는 '이한상, 앞의 논문, 2014, 156, 160쪽' 참고.

46 과대 규정은 '『三國史記』 권32, 雜志1, 新羅樂'에 보이는 도금과요대(鍍金銙腰帶)나 '興德王 卽位 9년(834) 下敎'에 보이는 신분별 금속대의 금지 재질도 연관되겠지만, 유관 해명은 차후 과제이다.

47 국립공주박물관, 『국립공주박물관 상설전시도록』, 국립공주박물관, 2010, 205, 207쪽.

<그림 6> 「번객입조도」, 신라 사신(㉮)·「왕회도」, 신라 사신의 하체(㉯)

※ 범례 : ㉮의 검은색 원은 폐슬 추정 부분, ㉯의 검은색 원은 고(袴)의 무늬 표시.

<그림 6>은 <그림 4> 중 허리 이하 부분에 대해 폐슬류로 추정된 부분과 고(袴)의 무늬를 표시해 인용한 것이다. <그림 6>-㉮의 붉은색 원에는 특이한 물체가 있다. <그림 6>-㉮는 사신 관복이므로, '특이한 물체'는 무릎 덮개인 폐슬 종류로 추정되었다. 한국 폐슬은 혁대에 걸어 찼고, 폐슬에 조(藻)·분미(粉米)·보(黼)·불(黻) 등 장(章, 문양)을 관품별로 종류를 제한해 표현하였다.[48] 이것은 중국 폐슬도 마찬가지다. 폐슬은 관복의 마지막에 차서 폐슬 및 폐슬에 수놓은 문양이 가시성을 갖게 하는 품목이지만, <그림 6>-㉮에 묘사된 물체의 착장 방법은 다소 달리 나타난다. 그러나 <그림 6>-㉮에 묘사된 물

---

[48] 강순제·김미자·김정호·백영자·이은주·조우현·조효숙·홍나영, 앞의 책, 2015, 750쪽.

체도 허리에서 시작하였고, 조복 전면에서 가시성을 지니므로 폐슬의
일종으로 보인다. 〈그림 6〉-㉮의 물체는 세로선만 묘사되나, 폐슬이
라면 관위군별 여러 장(章, 문양)을 표현했을 것이다. 그러나 구체적
인 무늬의 종류·개수는 알 수 없다. 후술할 장(章, 문양)의 도안을 고
려하면, 신라 고유 무늬를 폐슬에 표현했다고 이해된다.

〈그림 6〉-㉯는 고의 무늬가 묘사되었고, 해당 무늬로 마름모·구
름이 제시되었다. 무늬가 있는 것은 분명하므로 조복 하의에 장(章,
문양) 관련 규정이 있었다고 보인다. 〈그림 4〉에 생략된 부분이 있
으므로, 조복 상의·폐슬의 장(章, 문양)에 대한 규정이 있었을 가능성
이 높다.

면복(冕服)의 장(章, 문양)을 참고하면, 고의 무늬가 기하 도형일
가능성은 희박하다. 시대별로 지정한 장(章, 문양)은 약간 다르나, 중
국 역대의 장(章, 문양)은 12개의 자연물이 기준이다. 중국 면복의 장
(章)은 상의(衣)에 '일(日)·월(月)·성신(星辰, 별)·산(山)·용(龍)·화충
(華蟲)'의 6장(章)을 미리 준비한 후 바느질해 부착하고, 하의(裳)는
대개 폐슬에 '종변(宗彝)·조(藻)·화(火)·분미(粉米)·보(黼)·불(黻)'의
6장(章)을 직접 수놓았다.[49] 천자는 12장(章)을 쓰고, 작위(爵位)·관
품별 '강쇄(降殺)의 원리'를 적용해 상·하의에 사용 가능한 장(章)의
개수를 제한하였다. '강쇄의 원리', 하의의 6장(章), 〈그림 6〉-㉯의
묘사를 아울러 고려하면, 고의 무늬는 구름보다 조(藻) 등 식물무늬일

---

49 『通典』 권61, 禮21, 嘉6, 君臣服章制度, 1713쪽. "『虞書』曰. "予欲觀古人之象, 日·月·星
辰·山·龍·華蟲作績, 宗彝·藻·火·粉米·黼·黻絺繡." 備十二章.【玄衣繡裳, 上六章在衣, 下
六章在裳. 上畫, 下繡.】"

가능성이 높다. 그러나 <그림 6>-㉯의 무늬와 12장(章)의 도안은 정확히 일치하지 않는다. 따라서 자연물·식물을 주제로 한 신라 고유 무늬를 수놓았다고 이해된다. 이상에서 신라 조복은 혁대·포백대·과대 등 다종의 대와 대구(帶鉤)를 갖추며 일정한 패식을 달았다. 또 폐슬 활용의 가능성이 있으며, 신라 고유 장(章)에 대한 규정도 일정 정도 마련되어 있었다.

다섯째, 고(袴)·화(靴)·화대(靴帶)를 보자. 고·화는 고관 조복에 쓰였다는 자체로 독특한 품목이다. 중국사에서 고·화는 춘추전국시대 조(趙)의 무령왕(武寧王)이 기마병을 운용하고자 보급한 호복(胡服)이며,50 수 양제 대업(大業) 원년(元年)~6년(605~610) 진행된 빈번한 대외원정으로 활동의 편의성을 고려해 문관에게도 통용시킨 품목이다. 다만 605~610년 고·화의 문·무통용은 임시 조치로, 수·당의 조복, 특히 문관 조복은 유(襦)·군(裙)을 입도록 규정하였다. 조복은 '선왕법복(先王法服)·구복(具服)·정복(正服)'으로 여겨졌기 때문이다. 반면 <그림 4>는 모두 고·화의 착용을 묘사했으므로, 신라 조복에서는 고·화의 착용을 규정하였다.

이제 고·화·화대(靴帶)의 관계와 고·화의 착장 방식 및 화의 발뒤꿈치 구분선을 <그림 7>을 통해 살펴보자.

---

50 쑨지 지음, 홍승직 옮김, 『중국 물질문화사』, 알마 출판사, 2017, 144~146쪽.

〈그림 7〉 고구려·백제 사신의 화(靴), 상고기 화(靴)·화대(靴帶) 묘사 유물

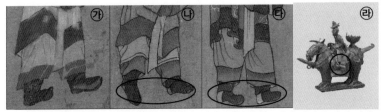

※ 출전 : ㉮「양직공도」, 백제국사의 하체 부분. ㉯ :「왕회도」, 백제 사신의 하체 부분.
㉰ :「왕회도」, 고구려 사신의 하체 부분. ㉱은 '"금령총 기마인물형 토기 주인상"(국
립중앙박물관 소장품), 국립중앙박물관 e뮤지엄(http://www.emuseum.go.kr)'.

〈그림 7〉은 삼국의 고·화 활용에 대한 자료이다. ㉮은 「양직공도」
중 백제국사(百濟國使)의 화, ㉯·㉰은 「왕회도」 중 백제·고구려 사신
의 화 부분을 위주로 인용하였다. ㉱은 '금령총 기마인물형 토기 주인
상'으로, 화 부분을 표기해 인용하였다.

〈그림 7〉-㉮·㉯·㉰를 통해 삼국 사신은 고 끝(바지부리)이 화를
덮도록 착용했음을 알려준다. 〈그림 7〉-㉮의 화는 흑색이며, 밑창·
왼쪽 신발 뒤꿈치 색이 약간 다르다. 〈그림 7〉-㉯·㉰의 화는 흑색이
고, 신발 뒤꿈치만 회색·노란색이 채색되었다. 〈그림 7〉-㉮·㉯는
백제 사신의 신발로, 〈그림 7〉-㉮의 왼쪽 신발 뒤꿈치 색 차이가
〈그림 7〉-㉯의 신발 뒤꿈치 색 차이와 관계될 수 있으나, 마멸·변색
문제를 배제하기 어렵다. 현재로는 〈그림 7〉-㉮·㉯의 신발 뒤꿈치
묘사에 차이가 있는 이유를 알기 어렵다.

〈그림 4〉-❷·〈그림 7〉-㉯·㉰를 통해 「왕회도」 중 삼국 사신의
화는 신발 뒤꿈치 색이 구분됨을 알 수 있다. 수·당 조복의 신발은
흑색(烏)이며, 신발 종류를 달리해 8·9품 관인을 구별하였다. 따라서

수·당 조복의 신발은 색으로 관인을 구분하지 않는다. 반면 신라 조복의 화에는 색을 통해 관인을 분별하는 기능이 다소 있었다고 보인다. 다만 신발 뒤꿈치 색의 가시성은 높지 않을 것이다. 조복의 이념·분별 원리 및 선색의 직렬 구분 가능성을 고려하면, 신발 뒤꿈치의 색 구분은 선색 구분과 유사한 역할을 가졌다고 추정된다.

〈그림 7〉-㉣는 상고기 신라 남자의 기마(騎馬) 상태와 〈그림 7〉-㉮와 같은 화(靴)·화대(靴帶)의 착장 방식을 보여준다. 〈그림 7-㉣〉는 신라 남자의 화·화대 착용이 전통적임을 보여주므로, 신라 조복의 화·화대는 전 관인의 조복에 규정되었다. 흥덕왕 9년(834) 하교에서 화·화대의 착용 금지 신분을 규정하지 않고, 신분별 재질만 규정한 것도 이와 관계되겠다. 따라서 신라 조복의 화·화대는 관위군별 재질 차이를 규정했다고 이해된다. 이상에서 신라 조복은 고로 화를 덮었고, 고와 화를 화대로 묶었다.

여섯째, 백말(白襪)·홀(笏)에 대해 살펴보자. 백말은 신발 착용 전에 신는 흰 버선으로, 〈그림 4〉에서 표현될 수 없다. 〈그림 4〉-❶은 고로 화를 덮은 후 화대로 묶었고, 〈그림 4〉-❷는 고로 화를 덮어 신목을 볼 수 없기 때문이다. 이로 인해 신라 조복에 백말 관련 규정의 존재가 모호하나, 옷의 일차적 기능을 고려해야 한다. 옷은 신체를 엄호하였고, '신체 가림'의 기능이 중시되어 예의 구성 요소가 되었다. 따라서 신라 조복에도 백말은 규정되었다.

834년 하교에서 4두품~평인 남자의 말은 언급이 없어 일부 하관 조복에 백말 착용을 금할 가능성도 없지 않다. 이로 인해 4두품~평인 남자는 말의 착용을 금하고, 발의 보온을 위해 화·화대를 썼다고도 한다.[51] 그러나 백말과 화·화대는 역할이 다르고, 백말을 금지해도 실효성이 낮다. 조복에 고·화·화대를 쓰므로, 백말이 안 보이기 때문이다. 관인은 계절·착용감을 따라 백말을 신을 가능성이 높고, 국가 차원의 제제 수단도 적었을 것이다.[52] 수·당의 조복·공복은 전 관인에게 백말 착용을 규정하고, 신라 공복도 비가시성을 기준으로 백말을 규정했다고 이해된다. 따라서 신라 조복의 백말에 관인 분별의 기능은 없었다고 이해된다.

〈그림 4〉에서 홀은 생략되었다고 보인다. 홀은 군주의 명(命)을 받아 적거나 지시봉처럼 쓰는 수판(手板)류의 위신재이기 때문이다. 고대 중국의 제후(諸侯)는 상아홀, 대부(大夫)·사(士)는 대나무홀을 썼고, 서위 이래 5품 이상은 상아홀, 6품 이하는 대나무홀을 썼다. 이것이 수·당 조복·공복에 계승되어 고관·하관의 홀 재질이 달랐다. 신라 공복에서는 (9)급찬 이상이 아홀, (10)대나마 이하는 재질이 다른 홀을 들었고, (10)대나마~(13)사지와 (14)길사~(17)선저지의 홀은 재질·활용 여부에 차이가 있을 가능성이 있다. 조복은 공복보다 식(飾)이 많고 격이 높으며, 먼저 활용된 관복이다. 따라서 신라 조복에도 공복과 유사한 형태로 홀이 규정되었을 것이다.

이상에서 신라 상대 조복의 구성 품목은 〈표 11〉로 정리된다.

---

51 朴南守, 앞의 논문, 2011, 467~468쪽.
52 이것은 신라의 조당(朝堂)·청사(廳舍)·옥사(屋舍)가 입식구조인지 좌식구조인지, 또 입식이라면 신발을 신는 것·벗는 것 중 원칙이 무엇인지 설명할 수 있어야 해명할 수 있다. 따라서 차후의 과제이다.

<표 11> 신라 朝服의 구성 품목

구분	No.	품목	설명
머리	①	책(幘)	외관(外冠)이 없어 독립적으로 사용하는 쓰개 하관은 관위군별 착용 제한 혹 변형에 대한 규정이 존재할 가능성 있음
	②	영(纓)	책을 고정하는 필수 품목
상의	③	백색 유	우임(右衽)·직령의(直領衣)
	④	색 있는 속옷	색채 미상·속옷 노출
하의	⑤	백색 고	기마(騎馬)용 바지에서 기원
장식	⑥	관의 색선	색채 미상
	⑦	유-깃 색선	**청록색**, 일부 분홍색 선, 일부 2중 선
	⑧	유-수구 색선	**청록색** 선
	⑨	유-도련 색선	**청록색**, 일부 분홍색 선, 일부 2중 선
	⑩	고-밑단 색선	**청록색** 선
	⑪	고-무늬(章)	자연물이나 식물(예 : 조(藻)) 등 신라 고유의 자연물 무늬, 유도 무늬가 있을 수 있음
혁대	⑫	혁대	있음
	⑬	포백대	있음
	⑭	대구(帶鉤)	있음
	⑮	과대	있음
홀	⑯	홀(笏)	(9)급찬 이상 아홀, (10)대나마 이하 재질이 다른 홀 (10)대나마~(13)사지와 (14)길사~(17)선저지의 홀은 재질·활용 여 부에 대한 차등 가능성 있음
폐슬	⑰	폐슬류 장식	있음, 신라 고유 장(章, 문양)이 존재할 가능성 있음
발	⑱	백색 말	있음, 가시적이지 않은 품목
	⑲	화대(靴帶)	고·화를 묶는 품목
	⑳	흑색 화	신발 뒤꿈치에 색 구분이 있음
패식	㉑	각종 패식	상세사항 불명·존재 가능성 높음
비고			유·고의 주요 선색 : 통일성이 높음 유의 각종 선색·신발 뒤꿈치 색 : 직렬 구분의 가능성 있음 속옷 : 관위군별 상복(常服) 색(色)을 속옷에 금했을 가능성 있음 대 : 다종의 대를 쓰지만, 대를 늘어뜨리지 않음 백말 : 일부 하관은 백말 착용을 금했을 수 있지만, 실효성 없음

※ 범례 : ①굵게 : 주요 선색.
　　　　②검정 바탕 흰 글씨 : 고대 중국에서 무관만 쓴 복식 품목.

　신라 상대 조복은 관·유·고·화의 4품목을 골격으로 삼고, 최소 21
품목으로 구성한 관복이다. 중국 조복처럼, 신라 조복도 관색(冠色)·

복색(服色)·주요 선색(襈色) 등에 통일성을 주어 '군신상하동복(君臣上下同服)'의 이념을 구현하고, '특정 품목·식(飾, 장식)의 탈부착'을 통해 관인을 분별하였다. <표 11>은 고관 조복의 품목에 기준을 두어 정리한 것이므로, 하관 조복은 특정 품목을 금하거나, 격을 낮춰 규정했을 것이다.

<표 11>에서 더 생각할 것은 책·고·화이다. 중국에서 책·고·화는 무관 복식에 기원을 두고 문관 조복에 쓰지 않았다. 이로 인해 신라 조복은 중국인이 보기에 특이하거나 유래를 이해하기 어려운 관복이었다. 수의 민부상서 이자웅이 신라 사신의 관에 대해 무지하거나,[53] 『삼국사기』, 색복지 찬자가 신라 상대 복식을 이속(夷俗)으로 평가한 것도[54] 이와 연관되겠다.

53 『隋書』 권70, 列傳35, 李子雄.
54 『三國史記』 권33, 雜志2, 色服, 서문.

5장

상·중대 무관복(武官服)의 구성 품목과 무관의 위신재

1. 수·당 무관과 신라 무관의 관복 품목

신라는 하나의 관위 체계에서 문관직(文官職)과 무관직(武官職)을 보임하였다. 조복은 '군신상하동복(君臣上下同服)'의 이념 아래 의색을 백색으로 통일해 조회·청정·의례에 쓴 관복, 공복은 관위군별 의색을 4색으로 구분해 백관(百官)의 일상 근무복으로 쓴 상복(常服)이다. 따라서 문·무관 관복의 차이는 크지 않으며, 무관복은 백관의 조복·공복에 적용된 원리를 대부분 따랐다고 이해된다.

그러나 3가지 이유에서 무관 고유의 관복 품목을 고민해야 한다. 첫째, 무관 조는 무관 고유의 의장물·위신재인 금·화·령 등을 서술하였다. 이것은 백관 중 무관만 금이 허용되며, 무관복(武官服)과 금이 불가분의 관계를 맺고 있기 때문이다.

둘째, 무관의 업무상 다종의 제복이 필요하였다. 전시를 위한 갑주

(甲冑) 등 무구(武具)를 비롯해 각종 의례나 평시 업무를 위한 관복이 있을 것이기 때문이다. 이사금시기부터 중앙군(中央軍)·상비군(常備軍)인 6부병(六部兵)이 운용되었으므로,[1] 무관 조의 무관은 대개 상설 관직이다. 무관은 평시에 왕도(王都), 부대별 거점인 영(營)에서 예하 부대를 관리하거나, 왕·궁성 등의 경위(警衛), 부대별 관할지역 경계 등을 수행하였다. 갑주의 무게나 갑주 착용자의 활동성·편의성, 업무 처리의 효율성을 고려하면, 무관이 항상 갑주를 입었다고 보기 어렵다. 또 왕·대신 등을 알현·대면하거나 국가 중요 의례에 참석할 때, 위관(衛官) 등 특정 직렬의 관인 외 무관의 무기·무구 착용은 제약되었다.[2] 안전 관계 문제가 있고, 무기는 신중히 취급할 도구로 여겨졌기 때문이다. 실성이사금 7년(408)의 대마도(對馬島) 선공(先攻) 논의 (論議) 중 서불한(舒弗邯) 미사품(未斯品)의 "병기는 흉악한 기물(凶器)이며, 전쟁은 위태로운 일(危事)이다"란 발언은[3] 『노자(老子)』·『한 비자(韓非子)』 이래 병기 인식과 맥이 통한다.[4] 즉 무관의 갑주 착용

---

1 정덕기, 「신라 上古期 대외 방어 전략의 변화와 于山國 征伐」 『新羅史學報』 50, 新羅史學會, 2020, 148~151쪽.

2 『隋書』 권12, 志7, 禮儀7, 劍, [開皇]十二年(592), 275쪽. "因蔡徵上事, 始制凡朝會應登殿坐者, 劍履俱脫. 其不坐者, 敕召奏事及須升殿, 亦就席解劍乃登. 納言·黃門·內史令·侍郎·舍人, 旣夾侍之官, 則不脫. 其劍皆眞刃, 非假. 旣合舊典, 弘制依定. 又准晉 [成帝] 咸康 元年 (335) 定令故事, 自天子已下, 皆衣冠帶劍. 今天子則玉具火珠鏢首, 餘皆玉鏢首. 唯侍臣帶劍上殿, 自王公已下, 非殊禮引升殿, 皆就席解而後升. 六品以下, 無佩綬者, 皆不帶." 유관 사례로 수 조복의 검 착용이 주목된다. 수의 5품 이상 관인은 조복에 진검을 패용하나, 전(殿)에 오를 때 검의 휴대는 시신과 관인에게 특별한 예우를 보일 때만 가능하였다. 따라서 군주와의 거리가 가까울수록, 무구의 착용은 제한되었다고 이해된다.

3 『三國史記』 권4, 新羅本紀4, 實聖尼師今 7년(408) 春 2월. "王聞, …… 舒弗邯未斯品曰. "臣聞, '兵, 凶器. 戰, 危事.' 況涉巨浸以伐人! ……."

4 [魏]王弼 注 / 樓宇烈 校釋, 『老子道德經注校釋』, 北京, 中華書局, 2008, 30쪽. "夫佳兵者, 不祥之器. 物或惡之, 故有道者不處. …… 兵者, 不祥之器, 非君子之器, 不得已而用之, 恬淡爲上."; [淸]王先愼 撰 / 鐘哲 點校, 『韓非子集解』, 北京, 中華書局, 1998, 15쪽. "故曰, '兵

은 상황에 따라 제약되었으므로, 무관에게는 다양한 관복이 필요하였다.

셋째, 무관의 업무 환경상 문관과 다른 관복 품목이 있었다. 전시 무관복에는 방한(防寒) 품목이 필요하였다. 조분이사금 16년(245) 겨울(冬) 10월의 사례는 군복 중 방한 품목의 필요성을 보여준다. 우로(于老)는 신라 북변을 침입한 고구려와 싸우다 마두책으로 퇴각해 대치하고, 퇴각한 날 밤 추위가 심해 병사를 위로하며 몸소 불을 지폈다. 이에 병사가 감격했다고 한다.5 밤에 불을 피우면 적의 표적이 되기 쉬우므로, 우로군은 밤에 불을 피우기 쉽지 않았다. 이 상황에서 우로가 불을 피우게 하자 병사가 감격하였다. 이것은 군사 운용 시 방한 대책의 중요성을 보여준다. 겨울의 전쟁이므로, 우로군은 출동 전에 덧옷·핫옷 등 방한 의류를 준비하였다. 전장에서 불을 피우기 어려울 수 있으므로, 두꺼운 옷을 껴입어 방한을 도모할 것이기 때문이다. 따라서 전시 무관복에는 방한 품목이 필요하였다.

평시 무관복에는 호신(護身)·방한 품목, 문관과 구별하는 품목이 필요하였다. 무관의 주요 평시 업무는 경계·부대 관리이기 때문이다. 경계는 위험을 수반하고, 번(番)·숙직(宿直)과 불가분의 관계에 있다. 따라서 문관과 달리 호신·방한 품목이 필요하였다. 부대 관리는 병졸을 지휘하며 수행되며, 병졸에게는 관인·비관인 구분보다 문관·무관, 무관 중 지휘자의 구별이 중요하였다. 따라서 문·무의 관위가 분리되

者凶器也.” 不可不審用也.”

5 『三國史記』 권2, 新羅本紀2, 助賁尼師今 16년(245) 冬 10월. “高句麗侵北邊. 于老將兵, 出擊之, 不克, 退保馬頭柵. 其夜苦寒, 于老勞士卒, 躬燒柴煖之, 羣心感激.”

지 않더라도, 무관을 가시적으로 구별하는 관복 품목이 필요하였다.

무관복의 고유 품목은 무엇일까? 금·화·령 등 '식(飾)'은 3장에서 상론하고, 본 장에서는 '복(服)'을 위주로 살펴보자. 먼저 포(袍)가 주목된다. 포는 방포(方袍)·가사(袈裟)나 백제 대왕의 복식으로 쓰기도 하나,[6] 신라 상고기에 수졸(戍卒)·군사(軍士)가 포를 쓴 사례가 있다. A를 보자.

A-①. 장령진(長嶺鎭)에 순행해 수졸(戍卒)을 위로하고, 수졸마다 정포(征袍)를 내렸다.[7]

A-②. 비열성(比列城)에 행차해 군사(軍士)를 위로하고, 정포(征袍)를 내렸다.[8]

A-①·②는 아달라이사금(阿達羅尼師今) 4년(157) 3월·소지마립간 (炤知麻立干) 3년(481) 2월의 기사로, 이사금·마립간이 진(鎭)·성(城) 등에 행차해 수졸·군사를 위로하며 정포(征袍)를 내렸다고 한다. 포 (袍)는 겉옷(表衣)과 달리 상·하의 구분 없이 유(襦)에 덧입어 발등까지 내려오는 방한용 덧옷이며,[9] 의례용 복식으로 쓰기도 하였다.[10] 신

---

6 『三國遺事』권3, 原宗興法 厭髑滅身 ; 『三國史記』권24, 百濟本紀2, 古尒王 28년(261) 春 正月 初吉 ; 『三國史記』권33, 雜志2, 色服, 『唐書』云.

7 『三國史記』권2, 新羅本紀2, 阿達羅尼師今 4년(157) 春 3월. "巡幸長嶺鎭, 勞戍卒, 各賜征 袍."

8 『三國史記』권3, 新羅本紀3, 炤知麻立干 3년(481) 春 2월. "幸比列城, 存撫軍士, 賜征袍."

9 『釋名』권5, 釋衣服, "袍. 丈夫著下至跗者也. 袍, 苞也. 苞, 內衣也. 婦人以絳作衣裳, 上下 連, 四起施緣 亦曰, 袍. 義亦然也. 齊人謂如衫, 而小袖曰侯頭. 侯頭猶言解瀆, 臂直通之言 也." ; 『急就篇』권2, "袍襦, 表裏, 曲領帬." 【[唐]顔師古 注 : 長衣曰, 袍. 下至足跗.】 ; 『廣雅』 권7, 釋器. "袍, 襺長襦也." ; 『唐六典』권16, 衛尉·宗正寺, 474쪽. "袍之制有五. 一曰, 青 袍. 二曰, 緋袍. 三曰, 黃袍. 四曰, 白袍. 五曰, 皂袍.【說文曰 : "袍, 襺也. 以絮曰襺, 以縕曰

라는 당과 교류하며 왕·왕족이 포를 선물 받아 입거나, 수졸·군사 등
이 포를 입었으므로(A-①·②), 귀천의 구분 없이 포를 입었다고도 한
다.11 A-①·②의 정포(征袍)는 사여 대상으로 보아 군복(戎衣)인 전포
(戰袍)로, 이사금·마립간의 순행·행차에 따른 하사품이었다. 따라서
A-①·②의 정포(征袍)는 기성복·군복이며, A-①·②의 정포(征袍)로
보아 무관복에 포가 있었다. 의복령(衣服令)의 기본 원리를 고려하
면,12 하급자의 군복 품목은 상급자 관복에도 있을 것이기 때문이다.

신라의 포 착용 제한은 엄격하지 않겠지만, 2가지 이유에서 관복
품목으로써의 포는 무관만 설정되었다. 첫째, 포는 2종 신라 사신도에
보이지 않는다. 2종 신라 사신도는 521년 11~12월 무진(戊
辰)(521.12.15~522.1.17)까지 양(梁)에 체류한 사신을 묘사하였다.
한겨울에 조복을 입은 신라 사신을 그리며 포를 묘사하지 않은 것은
조복 품목에 포가 없기 때문이다.

둘째, 포는 군사를 의미할 수 있다. 선덕왕(善德王) 12년(643) 9월
신라가 당에 사신을 보내 고구려·백제의 침입을 호소하자, 당 태종은
위기를 모면할 3개의 책략 중 1개를 선택하라 하였다. 이 중 두 번째
책략은 '붉은(주(朱) 혹 강(絳)) 포(袍)와 붉은 기치(丹幟)' 수천 개를
받아 신라군을 당군으로 위장하는 것이었다.13 '주(朱)·강(絳)·단(丹)'

袍." 今之袍, 皆繡畵, 以武豹·鷹鸇之類, 以助兵威也.】"

10 이여성 지음 / 김미자·고부자 해제, 『조선복식고』, 민속원, 2008, 134쪽.

11 朴南守, 「신라의 衣生活과 織物 생산」 『한국고대사연구』 64, 한국고대사학회, 2011,
464~465쪽.

12 『新唐書』 권24, 志14, 車服, 서문, 武德 4년(621), 511쪽. "始著車輿·衣服之令, 上得兼下,
下不得僭上." 시기적 격차가 있지만, 의복령의 기본 원리는 '834년 하교'에도 나타난다.
'834년 하교'의 중요 기준 중 하나는 하위 신분이 상위 신분의 복식을 쓰지 못하도록 하는
것이기 때문이다.

은 채도 차이가 있으나 적색(赤色) 계열 색이다.14 당의 복식·기치(旗幟)는 각각 황색(黃色)·적색을 숭상하였다.15 즉 '주(朱)·강 (絳)·단(丹)'은 당군을 의미하는 색, '포·기치'는 군사를 의미하는 복식·기물이다. 당 태종의 발언은 당시 한·중이 포·기치를 군용 품목으로 인식하였음을 전제한다. 따라서 관복 품목으로써의 포는 무관에게만 설정되었다.

한국 측 자료에서 포 외 무관 고유의 관복의 품목을 더 찾기 어렵지만, 유관 품목은 더 있었다. 포는 방한·군사와 관계되나 호신과 거리가 있고, 무관의 고하를 구별하는 품목도 있었을 것이기 때문이다. 이로 인해 무관 관복의 품목을 인접 국가의 사례 및 신라 상대 조복·공복의 품목을 비교해 보충할 필요가 있다.

비교 대상이 되는 인접 국가의 사례로 적절한 것은 수·당의 무관·위관(衛官) 관복으로 판단된다. 무관 조의 금·화·령 관계 서술이 중고기 중반~중대 말의 기록에 보인다는 점을 고려하면, 일단 수·당이나 일본의 사례를 비교 대상으로 생각할 수 있다. 이 중 일본의 관위제(冠位制)·위계제(位階制)는 추고천황(推古天皇) 11년(603)에 처음 보여16 정비된 시기가 다소 늦으므로, 더 적절한 비교 대상은 수·당의

---

13 『三國史記』 권5, 新羅本紀5, 善德王 12년(643) 秋 9월, 帝曰. "…… 我又能給爾數千'朱袍·丹幟'. 二國兵至, 建而陳之, 彼見者以爲我兵, 必皆奔走. 此爲二策. ……." ; 『新唐書』 권220, 列傳145, 東夷, 高麗, 6188쪽. "帝曰. "…… 我以'絳袍·丹幟'數千賜而國, 至, 建以陣, 二國見, 謂我師至, 必走, 二策也. ……."

14 주(朱)·강(絳)·단(丹)·적(赤)에 대해서는 '문은배, 『한국의 전통색』, 안그라픽스, 2012, 190~191·162~163·184~185·164~165쪽 ; 황란다(黃仁達) 저 / 조성웅 옮김, 『중국의 색』, 도서출판 예경, 2013, 34~38·43~46·51~54·18~22쪽' 참고.

15 『唐六典』 권4, 尙書禮部, 419쪽, "凡服飾尙黃, 旗幟尙赤."

16 『日本書紀』 권22, 推古天皇 11년(603) 12월 戊辰朔壬申, 93~94쪽.

사례이다. 수·당의 관복은 한(漢)~위진남북조시대(魏晉南北朝時代)에 진행된 관복 정비의 흐름을 반영한 결과물의 하나이고,17 수·당 무관·위관 관복의 품목에 대한 자료도 풍부하다. 이상을 고려하여 수·당 무관·위관의 관복 품목과 신라 상대 조복·공복의 품목을 종합적으로 비교해 신라 무관의 관복 품목을 보충하기로 한다.

수·당의 관인은 용도·직렬에 따라 다양한 관복을 썼고, 문관과 무관, 위관은18 '평소 공무(尋常公事)'에 입는 상복(常服)의 차이가 컸다. 수·당의 문관 상복은 변관(복)(弁冠(服))이고, 무관·위관은 평건책(복)(平巾幘(服))을 주로 착용하기 때문이다.19 다만 수는 무직(武職)·시신(侍臣)이 무변(복)(武弁(服))·평건책(복)을 통용하였고,20 일부 고위 위관은 무변(복)을 썼다. 〈표 12〉를 보자.

---

17 한대~남북조시대에 진행된 관복 정비의 흐름과 수·당 관복의 관계에 대해서는 '본서 3장 및 4장의 논의를 참고.

18 수의 위관은 광의에서 무관이나, 무관과 다른 위신재를 쓰기도 한다. 이로 인해 협의에서 수의 무관·위관이 구분될 수 있고, 『삼국사기』, 무관 조에서 시위부·무관이 구분되는 이유와도 관계가 있을 수 있다. 그러나 당의 무관·위관은 위신재 차이가 크지 않고, 이 문제는 무관 조의 전반적인 서술 범례를 검토할 필요가 있다. 따라서 차후 과제로 삼겠다.

19 『舊唐書』 권45, 志25, 輿服, 隋制, 平巾幘·弁冠, 1930쪽 ; 『唐六典』 권4, 尙書禮部, 423쪽. "弁服, 尋常公事則服之. 平巾幘之服, 武官及衛官, 尋常公事則服之."; 『新唐書』 권24, 志 14, 車服, 521쪽. "平巾幘者, 武官·衛官公事之服也." 평건책(복), 변관(복)은 황제·황태자·관인이 썼다. 이하 본 장에서 '평건책(복), 변관(복)'만 쓸 때는 무관·위관, 문관의 상복(常服)을 의미한다.

20 『隋書』 권12, 志7, 禮儀7, 257쪽. "武弁, 平巾幘, 諸武職, 及侍臣通服之. 侍臣加金璫附蟬, 以貂爲飾, 侍左者左珥, 右者右珥."

〈표 12〉 수에서 무변(복)을 쓴 위관과 그 시종의 평건책(복), 양당갑(❶)

No.	관복 품목					부대명+관직명	양당갑(참고)
	머리	衫	상의	하의	기타		
①-1	武弁	·	絳朝服		劍·佩·綬	정3품 : 左右 衛·武衛·武候·領左右 등 府 大將軍(좌우무위대장군만 赤樿杖)	❶
①-2	平巾幘	紫衫	大口襦	大口袴	金玳瑁裝兩襠甲	①-1의 侍從만 해당	
②-1	武弁	·	絳朝服		劍·佩·綬	종3품 : 左右 衛·武衛·武候·領左右·監門 등 府 將軍(좌우무위장군만 白樿杖)	
						정4품上 : 太子의 左右衛·宗衛·內率 등 府의 率(좌우종위솔만 白樿杖)	
						종4품上 : 太子의 左右衛·宗衛·內率 등 府 副率, 太子 左右監門府郞將(=率)	
						정5품上 : 太子 左右監門府의 副率	
②-2	平巾幘	紫衫	·	大口袴	金裝兩襠甲	②-1의 侍從만 해당	
③-1	武弁	·	絳朝服		劍·佩·綬	종4품下 : 左右衛 直閤將軍	
						정6품上 : 左右衛 直寢·直齋	
						종6품上 : 太子直閤	
③-2	平巾幘	緋衫	大口襦	大口袴	銀裝兩襠甲	③-1의 侍從만 해당	

※ 출전 : 『隋書』 권12, 志7, 禮儀7, 259~260쪽. ❶ : 국립중앙박물관, 『옛 중국인의 생활과 공예품』, 2011, 33쪽의 '북조(北朝) 무사 도용'의 앞면·뒷면(국립중앙박물관 소장품). ②관직별 품계 : '『隋書』 권28, 志23, 百官 下, 785~786쪽' 참고.
※ 범례 : ①굵게 : 직급별 구분. ②'·' : 자료에 서술 없음.

〈표 12〉는 수의 무변(복)을 입는 위관, 위관별 시종의 관복을 정리한 것이다. 무변(복)을 입는 위관은 궁실·황제·태자 시위를 맡는

부(府)의 총·부책임자이다.21 무변(복)은 '무변(武弁)·강조복(絳朝服,
강사포(絳紗袍))·검(劍)·패(佩)·수(綬)'로 구성되었다. 적성장(赤檉
杖)·백단장(白檀杖)의 활용 여부는 관직 구분을 반영하나, 무변(복)은
품계 차이를 반영하지 않았다. 이는 궁실·황제·태자 시위의 총·부책
임자란 구별이 중시되며 나타났다고 판단된다.

시종은 '평건책(平巾幘)·삼(衫)·대구고습(大口袴褶)·양당갑(兩襠
甲)'으로 구성된 평건책(복)을 쓰지만, 지휘자의 직급·직무에 따라 삼
색(衫色), 양당갑의 장식을 달리하였다. 삼은 소매를 없애고 옷자락을
튼 윗옷, 양당갑은 소매 없이 가슴·등 가림판을 단추로 연결한 조끼
형태 갑옷이다.22 궁실·황제 시위를 맡는 대장군(大將軍)의 시종은 자
색 삼에 금(金) 및 아열대에 서식하는 얼룩무늬 바다거북(玳瑁) 껍질
로 장식한 양당갑을 입었다. 궁실·황제 시위를 맡는 장군(將軍), 태자
시위를 맡는 솔·부솔은 자색 삼에 금으로 장식한 양당갑을 입었다.
좌우위의 직합장군(直閤將軍)·직침(直寢)·직재(直齋), 태자좌우위의
직합(直閤)은 숙직관·시위관이고,23 숙직 위관의 시종은 비색 삼, 은
으로 장식한 양당갑을 입었다. 당의 위관은 공사(公事)에 평건책(복)
을 썼다.

수의 무관, 당의 무관·위관이 평소 업무에 널리 쓴 관복은 평건책
(복)이므로, 그 구성 품목을 〈표 13〉으로 정리하였다.

---

21 『隋書』 권28, 志23, 百官 下, 左右衛·左右武衛府·左右武候·左右領左右府·左右監門府,
   778~779쪽 ; 『隋書』 권28, 志23, 百官 下, [太子]左右衛·左右宗衛·左右内率·左右監門,
   780~781쪽.
22 『釋名』 권5, 釋衣服. "裲襠, 其一當胷, 其一當背也. …… 衫, 芟也. 芟末無袖端也."
23 『隋書』 권28, 志23, 百官 下, 778쪽. "直閤將軍【六人.】·直寢【十二人.】·直齋·直後【各,
   十五人.】, 竝掌宿衛·侍從."

<표 13> 수·당 평건책(복)의 구성 품목

구분	No.	품목		수 『舊唐書』, 輿服 1~5품	수 『舊唐書』, 輿服 6~9품	당 『舊唐書』, 輿服 1~5품	당 『舊唐書』, 輿服 6~9품	당 『新唐書』, 車服 1~3품	당 『新唐書』, 車服 4~5품	당 『新唐書』, 車服 6~7품	당 『新唐書』, 車服 8~9품
머리쓰개	①	平巾幘		○	○	○	○	金·玉飾 兼用		金飾	
	②	冠支		·	·	○	○	·		·	
	③	箄簪(簪箄導)		犀	牛角	○	○	·		·	
상의	④	衫		紫	緋	·	·	·		·	
	⑤	袍		白	白	·	·	·		·	
	⑥	褶	재질	·	·	·	·	細綾, 羅		小綾	
			색	·	·	紫	緋	紫	緋	綠	碧
	⑥-1	白練 襦		·	·	·	·	○		○	
하의	⑦	[大口] 袴	재질	·	·	·	·	細綾, 羅		小綾	
			색	·	·	白	白	紫	緋	綠	碧
	⑦-1	白練 裙		·	·	·	·	○		○	
허리	⑧	起梁帶		金玉鈿	·	金玉雜鈿	金飾隱起	玉梁寶鈿	金梁寶鈿	金飾隱起	
신발	⑨	[烏皮]靴(鞾)		靴	靴	鞾	鞾	烏皮靴		烏皮靴	
상의	⑩	兩(裲)襠[甲]		'大仗陪立'에 일부 무관 착용							
손	⑪	縢蛇		'大仗陪立'에 일부(수) 혹 모든(당) 무관 착용.							
비고				- 수 대장배립(大仗陪立) : 1~5품·친시(親侍)는 양당(兩襠)·등사(縢蛇)를 더하나, 각 훈시(勳侍)는 양당(兩襠)·등사(縢蛇) 제거(『舊唐書』 권45, 志25, 輿服, 隋制, 平巾幘, 1930쪽). - 당 화(靴)는 무관·위관의 배립대장(陪立大仗)에 씀(『舊唐書』 권45, 志25, 輿服, 平巾幘, 1945쪽). 양당(裲襠)·등사(縢蛇)는 무관·위관의 배(陪)[립(立)]대장(大仗)에 씀(『新唐書』 권24, 志14, 車服, 平巾幘者, 521쪽). 백련(白練) 유(襦)·군(裙) : '『新唐書』 권24, 志14, 車服, 平巾幘者, 521쪽'만 보임. 평건책의 복은 무관·위관이 평시 공사(公事)에 입는다.【관(冠)·습(褶)은 본품색(本品色)을 따르며, 모두 대구고(大口袴)·기량대(起梁帶)·오피화(烏皮鞾)를 쓴다. 만약 무관이 대장(大仗)에 배립(陪立)하면, 등사(縢蛇)·양당(裲襠)을 더한다.】 (『唐六典』 권3, 尙書禮部, 平巾幘之服, 423쪽. "平巾幘之服, 武官及衛官, 尋常公事則服之.【冠及褶依本品色, 並大口袴, 起梁帶, 烏皮鞾. 若武官陪位大仗, 加縢蛇裲襠.】").							

※ 출전 : 수는 '『舊唐書』 권45, 志25, 輿服, 隋制, 平巾幘, 1930쪽', 당은 '『舊唐書』 권45, 志25, 輿服, 平巾幘, 1945쪽 ; 『新唐書』 권24, 志14, 車服, 羣臣之服 二十有一, 平巾幘者, 521쪽 ; 『唐六典』 권3, 尙書禮部, 平巾幘之服, 423쪽.

※ 범례 : ①당 평건책은 『구당서』·『신당서』의 설명에 차이가 크므로 분리. ②『당육전』의 규정은 너무 소략하므로, 비고에 정리. ③'·' : 서술 없음. ④'○' : 있음.

수·당 무관은 대장(大仗)에 배립(陪立)하면, 평건책(복)에 양당갑을 차고 손에 등사(騰蛇)를 들었다. 등사는 길이가 8척(尺, 2.4m)이고, 표면에 금(錦), 중간에 면(綿)을 붙인 뱀 모양 기물로, 의장용 무기·기물 등 식(飾)의 하나이다.[24]

수·당 무관은 일상 근무에 평건책(복)을 쓰나 품목 차이가 있고, 당 평건책(복) 품목은 '『구당서』, 여복지(이하 여복지), 『신당서』, 거복지(이하 거복지), 『당육전』, 상서예부' 등 사료 계통별 차이가 있다. 이를 고려해 수·당의 평건책(복)을 정리해보자.

첫째, 수·당 무관은 평건책을 쓰지만, 장식 품목과 무관의 분별 방식이 다소 다르다. 수는 비잠(算簪)의 재질로 고관(1~5품)·하관(6~9품)을 구분하였다. 당 평건책의 수식 품목은 여복지에 관지(冠支)·잠비도(簪算導)라 하나, 관지·잠비도를 통한 무관의 분별 방식은 알려주지 않는다. 명칭상 비잠·잠비도는 두발에 꽂는 남자 비녀, 관지는 평건책에 꽂는 장식이다. 비잠·잠비도는 잠(簪)의 일종으로 이해되며, 관지는 '관에 꽂는 가지(支)'로 이해되기 때문이다. 거복지는 평건책의 수식 품목을 서술하지 않고, 고관(1~5품)은 하관(6~9품) 대비 옥식(玉飾)을 겸용할 수 있다고 하였다. 평건책은 비잠·잠비도를 가리는 쓰개이다. 따라서 평건책은 문·무관만 구분하며, 평건책으로 무관의 고하를 분별하기는 어려웠다.

둘째, 수·당 평건책(복)의 상·하의는 대구고(大口袴)·습(褶)이 기

---

24 『新唐書』 권24, 志14, 車服, 平巾幘者, 521쪽. "騰蛇之制. 以錦爲表, 長八尺, 中實以綿, 象蛇形." 등사는 의장용 무기·기물이겠지만, 실체가 불분명하다. 자구적 유사성과 손에 든 물건이란 점에서 후대 무관의 등채(藤策)·등편(藤鞭)이 주목된다. 등채(등편)은 융복

본이며, 색으로 무관을 구분하였다. 수는 습 위에 삼을 입고, 고관·하관을 자삼·비삼으로 구분하였다. 거복지에서 당 무관은 백련(白練) 유(襦)·군(裙)을 썼다고도 하나, 여복지와 『당육전』, 상서예부는 당 무관 상복이 고습이라 하였다. 수·당 황제는 기마복으로 평건책(복)을 썼다.25 따라서 당의 무관 상복은 대구고·습이며, 백련 유·군을 겸용한 때도 있었다. 여복지·거복지의 당 무관 상복 규정은 각각 무덕령(武德令)·용삭(龍朔) 2년(662) 령(令)으로 보이기 때문이다. 이것은 품색(品色)의 변화를 통해 이해할 수 있다.

당 무관 상복은 삼 관련 규정이 없지만, 여복지는 대구고·습에 자·비를 써서 고관·하관을 구분했다고 한다. 거복지는 고관과 하관의 고습 재질이 세릉(細綾)·라(羅)와 소릉(小綾)이라 하고, 1~3·4~5·6~7·8~9품이 자(紫)·비(緋)·녹(綠)·벽(碧)을 썼다고 한다. 『당육전』, 상서예부는 관(冠)·습(褶)을 본품색(本品色)에 따랐다고 한다. 거복지와 『당육전』, 상서예부는 고습의 품색(品色)을 위주로 서술하므로, 무관의 고·하를 구분하는 중요 기준은 품색이었다.

당은 태종(太宗) 정관(貞觀) 4년(630) 8월 병오(丙午)에 비로소 1~3·4~5·6~7·8~9품의 상복 색을 자(紫)·비(緋)·녹(綠)·청(靑)으로 정했고, 고종(高宗) 용삭(龍朔) 2년에 자·청의 혼란을 이유로 8~9품의 색을 벽(碧)으로 고쳤다. 이후 고종 상원(上元) 원년(元年, 674)과 예종

(戎服)·구군복(具軍服)에 쓰는 지휘봉·말채찍이다(강순제·김미자·김정호·백영자·이은주·조우현·조효숙·홍나영, 『한국복식사전』, 민속원, 2015, 270~271쪽). 등사는 지휘권 표시를 위한 기물일 수 있으나 길이가 8척이나 되므로, 등사·등채(등편)의 관련성에 대한 문제는 차후 과제이다.

25 『舊唐書』 권45, 志25, 輿服, 天子衣服, 平巾幘, 1937쪽. "平巾幘 …… 乘馬則服之."; 『新唐書』 권24, 志14, 車服, 凡天子之服十四, 平巾幘者, 516쪽. "平巾幘者, 乘馬之服也."

(睿宗) 문명(文明) (元年, 684, 측천무후(則天武后) 광택(光宅) 원년)에 품색(品色)이 다소 변하나, 674년의 변화는 4~9품의 색을 세분화한 것이다.26 따라서 여복지에 있는 대구고·습 색의 규정은 630년 이전 수의 삼색(衫色)을 계승한 규정이고, 거복지에 있는 대구고·습 색의 규정은 662년의 규정에 기준하였다. 수는 삼색(衫色)을 통해, 당은 대구고·습의 색을 일치시킨 후 품색을 통해 무관을 구분하였다.

수·당 평건책(복)에 규정된 대구고(大口袴)는 위진남북조 시대에 정착한 중국식의 통이 넓은 바지이다. 전국시대(戰國時代) 조(趙)의 무령왕이 호복(胡服)의 기마복(騎馬服) 중에서 고를 군복으로 수용하였다. 무령왕이 수용한 직후의 고는 통이 좁고 몸에 꼭 맞아 활동성이 높은 합당고(合襠袴)였다. 합당고는 가랑이 선을 드러내었으므로, 반발이 많았다. 위진남북조 시대에 고는 평상복이 되며, 문관이 고습을 입고 천자를 알현하기도 하였다. 이로 인해 고는 품위가 없고 전통 예복이 아니라고 여겨졌다. 이 대안으로 중국식 의상 관념을 투영해 통·길이를 넉넉히 한 대구고가 출현하나, 기장이 길어 진흙탕·가시밭 등에서 걸을 때 걸리적거렸다. 이로 인해 대구고 무릎 아래에서 명주로 바지통을 묶어 나팔바지처럼 입는 박고(縛袴, 묶은 바지)가 유행하였다.27

셋째, 수·당 무관은 습 위에 마감 상의를 입었다. 수 무관은 습 위에

---

26 『唐會要』 권31, 輿服 上, 章服品第, 663~664쪽. "貞觀 四年 八月 十四日. 詔曰. "冠冕制度, 以備令文. 尋常服飾, 未爲差等." 於是三品已上服紫, 四品·五品已上服緋, 六品·七品以綠, 八品·九品以靑. …… 至龍朔 二年 九月 二十三日. 孫茂道奏稱. "準舊令, 六品·七品著綠, 八品·九品著靑. 深靑亂紫, 非卑品所服. 望請改六品·七品著綠, 八品九品著碧, 朝參之處, 聽兼服黃." 從之. ……."

27 화메이 지음 / 김성심 옮김, 『복식』, 도서출판 대가, 2008, 28~30쪽.

색삼(色衫)·백포(白袍)를 입었다. 당 평건책(복) 규정은 삼·포를 쓰지 않은 듯 서술하였다. 당 평건책(복)에서 삼의 활용은 불명확하나, 포는 당의 무관도 썼다. 중국의 포 확산은 수 양제(煬帝)의 빈번한 전쟁에 기인하며, 포는 고습 등 군복과 관련이 많은 상의 덧옷이기 때문이다. 실제 당 태종은 정관(貞觀) 4년(630) 11월 제위장군(諸衛將軍)에게 소매(褾袖)를 금(錦)으로 덧댄 자포(紫袍)를 수여하기도 하였다.[28] 또 당 초 제위(諸衛)의 대장군(大將軍)·중랑장(中郎將) 이하 포를 받은 자들은 포에 부대의 상징 동물인 서우(瑞牛, 상서로운 소), 서마(瑞馬, 상서로운 말), 호(虎, 범), 응(鷹, 매), 표(豹, 표범)이나 신수(神獸)인 백택(白澤)·벽사(辟邪)를 수놓았으므로,[29] 포는 부대를 표지하는 품목이었다. 이상에서 수·당 평건책(복)은 포 등을 마감 상의로 규정하였다.

넷째, 수·당 평건책(복)의 허리띠는 기량대(起梁帶)이며, 기량대는 재질이 다른 전(鈿)·은기(隱起) 등으로 장식하였다. 전은 금·은·옥·나전 등으로 만든 꽃 모양 장식(金華飾)이나 꽃 모양 머리를 단 비녀이다.[30] 평건책(복)은 무관 상복·기마용 관복이고 기량대는 허리띠이므로, 전은 비녀보다 기량대에 '붙이는' 장식이다. 활동성과 기마의 편의성을 고려하면, 허리띠에 '꽂는' 장식으로 볼 수 없기 때문이다. 특히 기마 상태에서는 패식이 부딪히며 나는 소리로 말을 놀라게 할 수 있

---

28 『舊唐書』 권45, 志25, 輿服, 貞觀四年又制, 十一月, 1952쪽. "賜諸衛將軍紫袍, 錦爲褾袖."
29 『新唐書』 권24, 志14, 車服, 唐初, 530쪽. "諸衛 大將軍·中郎將, 以下給袍者, 皆易其繡文, 千牛衛以瑞牛, 左右衛以瑞馬, 驍衛以虎, 武衛以鷹, 威衛以豹, 領軍衛以白澤, 金吾衛以辟邪."
30 諸橋徹次, 『大漢和辭典』 권11, 東京, 大修館書店, 1959, 511쪽.

었다.31 은기는 불룩 튀어나온 모습(철기(凸起)·돌출(突出)된 모양)을 말하므로, 기량대에 붙이는 장식물이다. 수·당 무관은 기량대·장식으로 무관을 분별하였다. 수 무관은 기량대의 금옥전(金玉鈿) 활용 여부로 고관·하관을 구별하였다. 당 무관은 기량대의 (보(寶))전(鈿)·(금식(金飾))은기 활용을 통해 고관·하관을 구별하였다. 무덕령은 고관만 금옥잡전(金玉雜鈿)을, 용삭 2년 령은 1~3·4~5품이 각각 옥량(玉梁)·금량(金梁)의 보전(寶鈿)을 쓰게 하였다. 수·당 평건책(복)의 기량대·장식은 무관의 고·하를 구분하는 기능이 중요하였고, 고위 무관을 세분하고자 옥량(玉梁)과 금량(金梁) 보전(寶鈿)을 규정하였다.

수·당 평건책(복)의 기량대·장식은 변관(복)(弁冠(服))의 혁대·패식과 구분되는 품목이다. 수·당 변관(복)은 혁대(革帶)와 각종 패식을 썼다. 수에서는 1~3품이 소수(小綬)·옥패(玉佩)를, 1~5품이 반낭(鞶囊, 관인(官印) 주머니)를 찼다. 수 변관(복)의 반낭은 1~2·3·4~5품에 차등을 두어 고관이 찼다. 당에서는 1~3·4~5·6~7·8~9품이 옥(玉)·금(金)·은(銀)·유석(鍮石) 패식을 차고, 1~5품은 소수·옥패·반낭을 찼다. 수·당 무관·문관 상복의 허리띠·장식은 기능은 유사하나 무관·문관을 구분하고, 무관 상복의 허리띠·장식은 활동성을 중시해 규정되었다.

다섯째, 수·당 평건책(복)의 신발은 오피화(烏皮靴, 烏皮鞾)이다. 수·당 변관(복)의 신발은 오피리(烏皮履)이다. 수·당 무관·문관은 상복 신발의 색·재질이 같으나, 형태(靴·履)로 양자를 구별하였다. 리

---

31 『舊唐書』 권45, 志25, 輿服, 景龍 2년(708) 7월, 太子左庶子 劉子玄의 議, 1950~1951쪽.

(履)는 면복·구복 외 여러 관복에 통용하나, 화는 호리(胡履)에서 기
원해 고습에만 썼고 활동성이 높아 군복에만 쓴 신발이다.32

이상 수·당 무관이 대장배립(大仗陪立)에만 쓰는 양당갑·등사와
평시 업무에 쓰는 평건책(복)의 구성 품목을 머리쓰개·상의·하의·허
리·신발 위주로 정리하였다. 수·당 평건책(복)은 군복·기마복에서 기
원해 착용자의 편의, 업무의 효율성을 높인 관복이다. 이로 인해 평건
책(복)은 변관(복)보다 품목이 단출하였다. 또 대개 평건책(복)의 식
은 고관·하관의 구별, 고관 내부 구별(1~3·4~5품)을 위한 기능이 있
다. 이것은 수·당 무관의 구조와 관련이 있다.

수의 금군(禁軍) 12위(衛)는 대개 대장군·장군이 정3품·종3품, 랑
장(郎將)과 장사(長史, 랑장의 보좌관(佐官))가 4~5품이다. 좌우 비
신·감문부는 랑장(정4품)이 총책임자, 직재(정4품)·직합(정5품)이 부
책임자이다. 당의 금군 16위(衛)는 상장군(上將軍)·통군(統軍)이 종2
품, 대장군·장군이 정3품·종3품, 중랑장이 정4품하(下), 좌랑장·우랑
장이 정5품상(上)이다.33 당의 중랑장은 대개 위(衛)의 병사를 통솔해
부(府)별 사무를 총괄하고, 좌·우 랑장은 중랑장을 보좌하였다.34 즉
수·당 무관은 대개 3품 이상이 대장군·장군 등 장군으로 최고위 무관

---

32 『隋書』 권12, 志7, 禮儀7, 履·舃, 267쪽. "案, 『[禮]圖』云. "複下日, 舃. 單下日, 履. 夏葛,
冬皮." 近代或以重皮, 而不加木, 失於乾腊之義. 今取乾腊之理, 以木重底. 冕服者, 色赤, 冕
衣者, 色烏, 履同烏色. 諸非侍臣, 皆睨而升殿. 凡舃, 唯冕服, 及具服著之, 履則諸服皆用.
唯褶服以靴. 靴, 胡履也. 取便於事, 施於戎服."

33 『隋書』 권28, 志23, 百官 下, 800~801쪽 ; 金鐸敏 主編, 『譯註 唐六典 上』, 신서원, 2003,
750~765쪽 ; 俞鹿年, 『中國官制大辭典』, 北京, 黑龍江人民出版社, 1992, 1392~1393·
1405~1406쪽.

34 『당육전』 권24, 諸衛府, 187·192·196·201·208쪽 ; 『당육전』 권25, 諸衛府, 222·239쪽.
당의 중랑장은 대개 각 위 업무의 실질적 책임자이다.

이고, 4~5품은 랑장으로 고위 무관이었다.

이제 신라 무관의 관복을 생각해보자. 첫째, 신라 무관도 대장(大仗) 등 특정 의장에 참여하였다. 신라의 의장은 시위부(侍衛府) 위주로 운영되겠지만, 시위부는 진평왕 18년(596)경에 본격적으로 정비되고 진덕왕 5년(651) 3도(徒)를 두면서 확대·개편되었다.[35] 신라 상대 의장과 관련해 시위부의 확대·개편 이전에 있던 '선덕왕의 남산(南山) 행차'가 주목된다.

김유신은 누이가 김춘추의 자식을 배자, 온 나라에 누이를 태워 죽인다고 선언하였다. 유신은 선덕왕의 남산 행차를 '기다려(俟)' 연기를 냈다. 선덕왕은 '좌우(左右)'에 물어 상황을 파악하고, 춘추를 보내 유신을 저지한 후 춘추가 혼례를 치르게 하였다.[36]

김유신은 진평왕 51년(629) 8월경에 부장군(副將軍) 혹 장군(將軍)이므로,[37] 선덕왕의 남산 행차 당시 고위 무관이었다. 김유신은 일정·경유지·수행원 구성 등을 포함한 선덕왕의 행차 계획을 먼저 파악해 선덕왕의 행차를 '기다려(俟)' 소동을 일으켰다. 이것은 남산 행차를 위한 경위·의장 계획이 있었음을 의미한다. 선덕왕에게 상황을 전달한 좌우는 지근거리에서 왕을 경위한 고위 무관이겠다. 선덕왕대 시위부의 장관은 대감(상당위는 (9)급찬~(5)아찬)이고, 시위부의 규모도 크

---

35 신범규, 「신라 중고기 시위부의 역할과 배치양상」 『新羅史學報』 47, 新羅史學會, 2019, 5~11쪽.

36 『三國遺事』 권1, 紀異1, 太宗春秋公. "庾信知其有娠, 乃嘖之曰. "爾不告父母而有娠何也?" 乃宣言於國中, 欲焚其妹. 一日. 俟善德王遊幸南山, 積薪於庭中, 焚火烟起. 王望之問. "何烟?" 左右奏曰. "殆庾信之焚妹也." 王問其故. 曰. "爲其妹無夫有娠." 王曰. "是誰所爲?" 時公昵侍在前顏色大變. 王曰. "是汝所爲也. 速往救之." 公受命馳馬, 傳宣沮之, 自後現行婚禮."

37 『三國史記』 권4, 新羅本紀4, 眞平王 51년(629) 秋 8월 ; 『三國史記』 권20, 高句麗本紀8, 榮留王 12년(629) 秋 8월.

지 않았다. 따라서 당시에 시위부 관인 외 무관도 경위·의장에 참여하였다. 시위부의 확대·개편 이후에도 열병 등 주요 군례(軍禮)에 시위부 관인 외 무관이 의장에 참여하겠다. 이 경우, 무관은 의장 참여를 드러내고자 호신·의장용 품목을 관복에 더 활용했다고 이해된다.

둘째, 신라 무관의 머리쓰개는 신라 조복·공복의 머리쓰개와 차이가 작고, 남자 비녀는 쓰지 않았다. 수·당의 고위 문관은 변관에 9~5개의 기(璂)를 달므로, 평건책은 변관 대비 품목이 단출하다. 이것은 활동성이 높은 무관 업무의 성격을 고려하기 때문이다. 신라 관인은 조복·공복에 단출한 책·색관(色冠)을 쓰고 관끈으로 고정하였다. 또 신라 남자는 묶은 머리를 자르기도 하므로, 남자 비녀(簪導)는 필수 고정 품목이 아니었다. 따라서 신라 무관복의 머리쓰개는 조복·공복의 머리쓰개와 유사하였다. 머리쓰개에 무관의 구별 기능이 있었다면, 공복처럼 색관(色冠)을 썼다고 이해된다.

셋째, 신라 무관복의 상의는 4색(자(紫)·비(緋)·청(靑)·황(黃))을 쓴 윗옷이 중심이다. 수·당 평건책(복)은 품색의(品色衣)였고, 신라 공복은 상의에 4색을 쓰기 때문이다. 따라서 신라 무관복의 상의도 4색으로 규정되었다. 또 '흑의장창말보당주(黑衣長槍末步幢主)'라는 관직명으로 보아, 신라 무관복의 상의는 업무상 특징에 따라 4색 외 의색을 쓰기도 하였다.

넷째, 신라 무관복의 마감 상의는 포이다. 포는 수졸도 입었고, 방한 기능이 있기 때문이다. 그러나 포의 4색 활용 여부, 4색을 통한 관인 구분 여부는 알 수 없다. 수·당 평건책(복)도 품색의이나, 품색은 포에 적용되지 않기 때문이다.

다섯째, 신라 무관복의 하의는 대구고보다 통이 좁은 고이다.
〈그림 8〉-❶~❻을 보자.

〈그림 8〉 박고(縛袴, ❶)·대구고(大口袴, ❷~❹)와 신라의 고(❺~❻)

※ 출전 : ❶은 국립중앙박물관, 앞의 책, 2011, 33쪽의 '북조(北朝) 무사 도용'(국립중앙
박물관 소장품). ❷는 「양직공도(梁職貢圖)」, 백제국사도, ❸~❺는 「왕회도」의 백
제·고구려·신라 사신도, ❻은 「번객입조도」, 신라 사신도.
※ 범례 : ①❶은 대구고를 박고(縛袴)로 변형해 입었고, 대구고·박고의 통 넓이를 가시
적으로 보여주어 인용. ②「번객입조도」도 고구려·백제 사신도를 전하나, 바지통 넓
이 묘사가 불분명해 인용하지 않음.

〈그림 8〉-❶은 대구고를 박고 형태로 입은 북조 무사 도용으로
무릎 아래에서 고를 한번 묶었음에도 신발을 가려 고의 통이 넓음을
보여준다. 〈그림 8〉-❷~❹는 「양직공도」·「왕회도」의 백제·고구려 사
신, 〈그림 8〉-❺·❻은 2종 회화 자료의 신라 사신이다. 백제·고구려
사신의 고는 대구고에 가까우나, 신라 사신의 고는 백제·고구려의 고
보다 통이 좁고 바지부리로 갈수록 좁아진다(〈그림 8〉-❺).38 〈그림

---

38 김영재, 「「王會圖」에 나타난 우리나라 삼국사신의 복식」『한복문화』 3-1, 한복문화학회,
2000, 20~23쪽 ; 남윤자·이진민·조우현, 「「王會圖」와 「蕃客入朝圖」에 묘사된 三國使臣
의 服飾 硏究」『服飾』 51-3, 한국복식학회, 2001, 163~164쪽 ; 정은주, 「中國 歷代 職貢圖

8>-❺·❻의 고를 고려하면, 신라 무관복의 하의는 대구고보다 통이 좁은 고이다.

여섯째, 신라 무관복의 허리띠는 조복·공복의 허리띠와 다른 종류일 수 있다. 수·당은 기마의 편의와 활동성 등을 고려해 평건책(복)·변관(복)의 허리띠 종류를 달리했기 때문이다.

일곱째, 신라 무관복의 신발은 화이며, 화대 착용이 가능하였다(〈그림 8〉-❻). 또 〈그림 8〉-❻은 신발과 신발 뒤꿈치 색의 차이를 보여주므로, 무관을 신발 뒤꿈치 색으로 구별할 가능성을 배제하기 어렵다.

2. 신라 무관 고유의 의장물(儀仗物)·위신재(威信材)

전 장에서 신라 무관복의 품목을 ①잠도 없이 관끈으로 묶는 책·색관(色冠), ②관위군별 4색의(色衣)나 흑색 등 업무 특성을 반영한 색의(色衣), ③마감 상의인 포, ④통이 좁은 고, ⑤조복·공복과 다른 허리띠, ⑥화·화대 등으로 제시하고, 특정 의장 참여를 위한 호신·의장용 기물을 설명하였다. 본 장에서는 신라 무관 고유의 의장물·위신재인 금·화·령을 살피기로 한다. 〈표 14〉를 보자.

의 韓人圖像과 그 인식」『漢文學論集』42, 槿域漢文學會, 2015, 86·94~95쪽. 「왕회도」의 백제 사신 바지는 통이 좁다고도 한다(정은주, 위의 논문, 2015, 90쪽).

〈표 14〉 신라 무관의 화(花)·령(鈴)과 표미(豹尾) 그림(❶~❺)

구분	관직	花 재질 짐승	부위	개수(副)	길이(長) 서술	尺	cm	넓이(廣)	비고	鈴 有無	재질	둘레(圍)
將軍	大將軍	·	·	3	9寸	0.9	26.6	3寸5分	·	×	·	·
	上將軍	·	·	4	9寸5分	0.95	28.0	·	·	×	·	·
	下將軍	·	·	5	1尺	1.0	29.5	·	·	×	·	·
·	大監	大虎	頰皮	·	9寸	0.9	26.6	2寸5分	·	○	黃金	1尺2寸
	弟監	熊	頰皮	·	8寸5分	0.85	25.1	·	·	○	白銀	9寸
	少監	鷺	尾	·	·	·	·	·	·	○	白銅	6寸
	火尺	鷺	尾	·	·	·	·	·	·	○	鐵	2寸
幢主	軍師幢主	大虎	尾	·	1尺8寸	1.8	53.1	·	·	×	·	·
	三千幢主	大虎	尾	·	1尺8寸	1.8	53.1	·	·	×	·	·
	諸著衿幢主	大虎	尾	·	1尺8寸5分	1.85	54.6	·	·	×	·	·
	大匠尺幢主	熊	臂皮	·	7寸	0.7	53.1	·	본문	○	黃金	9寸
		中虎	額皮	·	8寸5分	0.85	25.1	·	분주			
幢監	軍師監	熊	胸皮	·	8寸5分	0.85	25.1	·	·	×	·	·
	三千監	鷺	尾	·	[8寸5分]	[0.85]	[25.1]	·	·	×	·	·

사료
①화(花). 맹수 가죽, 수리 깃으로 만들어 깃대 위에 두니, ㉠이른바 표미(豹尾)와 같다. ㉡ 지금(高麗) 사람은 화를 '면창장군화(面槍將軍花)'로 이르나, 물명(物名)을 말하지 않는다. 화의 수는 많거나 적은데, 화의 뜻은 상세하지 않다(『三國史記』 권40, 雜志9, 職官 下, 武官. "花. 以猛獸皮, 若鷲鳥羽作之, 置杠上, 若所謂豹尾者. 今人謂之'面槍將軍花', 不言物名. 其數或多或少, 其義未詳.").
②령(鈴). 길을 갈 때 짐말 위에 두며, 탁(鐸)이라고도 한다(『三國史記』 권40, 雜志9, 職官下, 武官. "鈴. 行路置馱馬上, 或云, 鐸.").

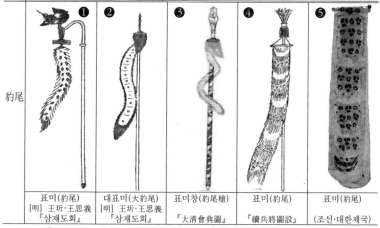

豹尾	❶ 표미(豹尾) [明] 王圻·王思義 『삼재도회』	❷ 대표미(大豹尾) [明] 王圻·王思義 『삼재도회』	❸ 표미창(豹尾槍) 『大淸會典圖』	❹ 표미(豹尾) 『續兵將圖設』	❺ 표미(豹尾) (조선·대한제국)

※ 출전: 『三國史記』 권40, 雜志9, 職官 下, 武官. ❶·❷ : 王圻·王思義 編, 『三才圖會集

成3-三才圖會 下』, 민속원, 2014, 1863·1865쪽. ❸ : 諸橋徹次,『大漢和辭典』권10, 東京, 大修館書店, 1959, 679쪽. ❹ :『속병장도설(續兵將圖說)』의 표미기(서울대학교 규장각 한국학연구원 소장품)(https://kyudb.snu.ac.kr/pf01/rendererImg.do) ❺ : 국립고궁박물관,『군사의례-조선 왕실 군사력의 상징』, 2020, 179쪽에 인용된 조선·대한제국 표미기(豹尾旗)(국립고궁박물관 소장품, 비단, 17.1×69㎝).
※ 범례 : ①'·' : 서술 없음. ②'길이(長)'의 '尺·㎝' : '尺'은 '1尺=10寸, 1寸=10分'(李宇泰, "韓國古代의 尺度",『泰東古典硏究』1, 태동고전연구소, 1984, 4쪽)에 기준해 척(尺)으로 단위 통일. '㎝'는 한척(漢尺, 1척(尺)≒23.3㎝)·당척(唐尺, 1척(尺)≒29.5㎝)의 혼용 및 7세기 당척의 도입에 대한 선행연구를 참조해(이종봉,『한국도량형사』, 소명출판, 2016, 21~34쪽), 당척 기준으로 소수점 이하 두 자리에서 반올림. ③'[ ]' : 필자 보충. ④대장척당주는 제착금당주 앞에 서술되나, 짐승 기준으로 순서 변경.

〈표 14〉는 무관 조의 화·령을 쓴 무관과 풀이한 자료, '표미(豹尾)' 도판을 정리한 것이다. 화는 장군(將軍)·당주(幢主)·당감(幢監)과 대감(大監)·제감(弟監)·소감(少監)·화척(火尺)의 4종 무관만, 령은 4종 무관과 대장척당주(大匠尺幢主)만 썼다. 따라서 화·령은 무관의 업무 특성에 따른 의장물이며, 령보다 화가 널리 쓰였다. 화·령이 반영하는 무관의 업무 특성은 무관별 부대 내부의 역할이 선명하지 않아 구체화하기 어렵다.

화(花)는 사람이 쓰는 의장물이나, 령(鈴)은 수송용 짐말(駄馬)에 매다는 방울이다(〈표 14〉-①·②). 령은 대감·제감·소감·화척의[39] 4종 군관과 대장척당주만 썼으므로, 군관별 짐말에 매달아 소리를 통해 수송 물품의 통행을 구분하여 신속한 통행을 도모하거나, 짐말의 이탈을 막기 위한 기물이다. 4종 군관의 령은 황금·백은·백동·철이며, 령의 둘레는 '대감(12촌)→제감(9촌)→소감(6촌)'으로 가면서 3촌씩 줄었다. 재질·둘레 차이는 무관별 업무 특성 및 서열을 반영하겠다. 대

---

39 흔히 대척(大尺)으로 읽지만, 제군관에 대척이 없다. 대척을 화척으로 읽어야 한다는 견해와 자형(字形)을 고려하면(정구복·노중국·신동하·김태식·권덕영,『개정증보 역주 삼국사기 4』, 한국학중앙연구원 출판부, 2012, 582쪽 ; 김부식 저 / 이강래 교감,『原本 三國史記』, 한길사, 1998, 425쪽), 화척으로 보인다. 따라서 본서에서는 화척으로 보아 논의를 전개하겠다.

감·대장척당주의 령은 같은 재질이나 3촌의 둘레 차이가 있다. 또 6정(停)·9서당(誓幢)만 대장척당주·대감을 같이 두었다.[40] 대감·대장척당주 령 둘레의 차이는 6정·9서당 무관의 구조에 원인이 있겠지만, 구체화하기 어렵다. 한편 소감·화척의 령 둘레 차이는 4촌으로 대감·대장척당주 령의 둘레 차이인 3촌보다 차이가 크다. 소감·화척은 상당위가 같은 동급 관직이며,[41] 수리 꽁지깃(鷲尾)으로 만든 화를 썼다. 그러나 령의 재질·둘레 차이로 보아 업무 특성에 따른 대우 차이가 있었다.

화(花)의 실체는 표미(豹尾)·면창장군화(面槍將軍花)를 통해 접근할 수 있다. 『후한서』, 여복지는 표미가 대가(大駕)·법가(法駕) 행렬의 끝에 세워 성중(省中)·도로를 구분한 깃발이라 하고, 이 문장의 주(注)는 표미에 군사의 제정(制正) 기능이 있다고 하였다.[42] 『고금주(古今注)』는 표미가 주(周)에서 군법(軍法)을 맡는 무관인 군정(軍正)의 기(旗)이며, 표(豹)는 군자의 고상한 인품을, 미(尾)는 겸허함을 상징한다고 한다.[43]

또 후대 자료이나, 『삼재도회(三才圖會)』에 수록된 표미·대(大)표미와 『속병장도설(續兵將圖說)』에 수록된 표미(〈표 14〉-❶·❷, ❹),

---

40 『三國史記』 권40, 雜志9, 職官 下, 武官, 大官大監·隊大監·大匠尺幢主.

41 『三國史記』 권40, 雜志9, 職官 下, 武官, 少監·火尺.

42 『後漢書』, 志 권29, 輿服 上, 3649~3550쪽. "古者, 諸侯貳車九乘. 秦滅九國, 兼其車服. 故大駕屬車八十一乘, 法駕半之. 屬車, 皆皁蓋赤裏, 朱轓, 戈矛弩箙, 尙書·御史所載. 最後一車懸豹尾. 豹尾以前比省中. 【[梁]劉昭 注 : 『小學』, 漢官篇曰. "豹尾過後, 罷屯解圍." 胡廣曰. "施於道路, 豹尾之內爲省中, 故須過後, 屯圍乃得解, 皆所以戒不虞也." 『淮南子』曰. "軍政執豹皮, 所以制正其衆." 『禮記』, "前載虎皮." 亦此之義類.】"

43 김만원, 『文淵閣欽定四庫全書-독단·고금주·중화고금주 역주』, 역락, 2019, 133쪽. "豹尾車, 周制也. 所以象君子豹變. 尾, 言謙也. 古軍正建之."

'『만기요람(萬機要覽)』, 군정편(軍政篇)1, 형명제도(刑名制度)'의 표미 설명 등이 주목된다. 『삼재도회』는 『고금주(古今注)』의 표미거(豹尾車) 설명을 통해 (대)표미를 정의하고, 『후한서(後漢書)』, 여복지(輿服志)의 설명을 인용해 주의 표미는 후한(後漢)의 대가(大駕)·법가(法駕) 중 마지막 1대에 표미를 드리우고 장대(竿)에 금(金)을 둔 기원이라 하였다.44 『만기요람』은 표미가 군영·군관구(信地)에 세워 멋대로 엿보거나 출입하는 것을 금하는 깃발로, 기한을 정해 밖에 나가게 하고 기한보다 늦게 들어오면 형을 내린다고 하였다.45 즉 표미는 군법·군법 집행자를 표지하는 깃발이 특정 수레, 군대 책임자, 군사 주둔을 알린 깃발로 전화된 것이다. 또 『대청회전도(大淸會典圖)』의 표미창, 조선·대한제국 표미기(〈표 14〉-❸·❺)의 형태를 고려하면, 표미는 동물 꼬리를 그대로 쓰거나 표범 꼬리 무늬를 넣어서 만든 깃발이었다.

신라의 화는 고려에서 면창장군화로 불렸고(〈표 14〉-①), 화의 재질은 큰 범·중간 범·곰의 가죽, 큰 범의 꼬리, 수리 꽁지깃 등이다. 따라서 신라의 화는 창대·깃대에 표범 무늬를 넣은 가죽이나, 큰 범의 꼬리를 매단 깃발이다. 또 장군, 4종 무관, 일부 당주·당감 등의 화가 규정되었다. 따라서 화는 부대 주둔을 표지하고, 부대 내 특정 무관의 주재 여부를 알리는 기물이다.

---

44 王圻·王思義 編, 『三才圖會集成3-三才圖會 下』, 민속원, 2014, 1864~1865쪽. "按, 崔豹, 『古今注』曰. "豹尾車, 周制也. 以象君子豹變. 尾, 言謙也. 古者軍正建之." 又『[後]漢[書]』, 輿服志曰. "属車, 最後一車垂豹尾, 金逢于竿, 亦其遺制.""

45 박성훈 편, 『한국삼재도회 下』, 시공사, 1277쪽에 인용된 『萬機要覽』, 軍政篇1, 刑名制度. "…… 立在信地, 不許擅闖出入, 決期赴表, 以戮後至."

화는 재질·개수·길이·넓이로 차등을 두고, 재질로 차등을 세분하였다. 대장척당주화의 본문·주석을 고려하면, 곰 앞다리(臂) 가죽과 중간 범 이마(額) 가죽은 대체 관계이다. 4종 무관과 대장척당주 화로 보아, 화 재질은 '큰 범(大虎)→곰·중간 범→수리 꽁지깃'의 차등이, 맹수 가죽은 부위별로 '빰(頰)→앞다리·이마→가슴'의 차등이 있었다. 장군화 재질은 알 수 없고, 장군의 직급이 낮아지며 개수가 추가되었다. 군사당주·삼천당주·제착금당주의 화는 1.8~1.85척의 큰 범 꼬리를 썼고, 여타 화 대비 약 2.6~1.85배가 길다. 군사당주·삼천당주·제착금당주의 화를 큰 범 꼬리만 쓴 이유를 구체적으로 알기 어렵지만, 이들 무관의 업무가 대장척당주 등 여타 무관과 다르기 때문이겠다. 한편 군사당주·삼천당주·제착금당주의 화 길이는 큰 범 꼬리를 간단히 가공하며 길어졌다고 이해된다. 한국 범의 꼬리 길이는 60~97cm 정도이기 때문이다.46

이제 금을 보자. '무관 조, 금(衿)'의 자료 계통(a), 23군호의 금색 유형(b)을 〈표 15〉로 정리하였다.

〈표 15〉 '무관 조, 금(衿)'의 자료 계통 분석(a), 범군호의 금색 유형(b)

No.	자료 계통	자료
		'무관 조, 衿'의 자료 계통(a)
①	'무관 조, 금(衿)'	蓋, 『書傳』, 所謂 '徽織'.
㉠	『春秋左傳正義』 권15, 昭公 21년(BC 513), 10월 丙寅, 1631~1632쪽.	"揚徽者, 公徒也." 【[晉]杜預 注:徽, 識也】【[唐]孔穎達 疏:…… 鄭玄云. "@徽號, 旌旗之名也." …… 鄭玄云. "號名者, (ㄴ-4)徽識所以相別也. 鄕遂之屬謂之名, 家之屬謂之號, 百官之屬謂之事. (ㄴ-4)在國以表朝位, 在軍又象其制, 而爲之, 被之, 以備死事."】

---

46 국립생물자원관, 『한눈에 보는 멸종위기 야생생물』, 2018, 46쪽.

'무관 조, 衿'의 자료 계통(a)

No.	자료 계통	자료
②	'무관 조, 금(衿)'	②-1. 『詩』云. "織文鳥章". 箋云. "織. 徽織也. 鳥章, 鳥隼之文章. 將帥以下, 衣皆著焉." ②-2. 『史記』・『漢書』謂之旗織. '織'與'織', 字異, 音同. ②-3. 『周禮』司常, 九旗所畫異物者. ②-4. 徽織所以相別. 在國以表朝位. 在軍又象其制, 而爲之, 被之, 以備死事.
㉡	『毛詩正義』권10, 小雅-南有嘉魚之什, 六月, 744~747쪽.	㉡-1. "織文鳥章, 白旆央央"【[漢]毛亨 傳 : ⓑ鳥章, 錯革鳥爲章也. ……】【[漢]鄭玄]箋云. "織, 徽織也. 鳥章, 鳥隼之文章, 將帥以下, 衣皆著焉."】(744쪽) ㉡-2. 【[唐]孔穎達 疏 : 正義曰. "言徽織者, 以其在軍爲徽號之織. 『史記』・『漢書』謂之旗織, '織'與'織', 字雖異, 音實同也."】(746쪽) ㉡-3. 【[唐]孔穎達 疏 : 知者, [『周禮』,] 司常, "掌九旗之物名, 各有屬." [鄭玄]注云. "物名者, 所畫異物則異名也. 屬謂徽織也."】(746쪽) ㉡-4. 【[唐]孔穎達 疏 : [『周禮』,] 大司馬曰. "仲夏, 教茇舍, 辨號名之用, 帥以門名." [鄭玄]注云. "號名者, 徽織所以相別也. 在國以表朝位, 在軍又象其制, 而爲之, 被之, 以備死事. 帥謂軍將至伍長."】(747쪽)
③	'무관 조, 금(衿)'	③. 羅人 徽織, 以靑・赤等色爲別者. 其形象半月, 鬮亦著於衣上, 其長短之制未詳.

23군호별 금색 유형(b)

유형	군호	개수
1색	③十停, ⑤三武幢, ⑬軍師幢, ⑭仲幢, ⑲仇七幢	5
2색	①六停, ②九誓幢, ④五州誓, ⑦急幢, ⑧四千幢, ⑨京五種幢, ⑩二節末幢, ⑪萬步幢	8
3색	⑰皆知戟幢	1
鬮	⑥鬮衿幢, ⑳二鬮幢	2
無衿	⑫大匠尺幢, ⑮百官幢, ⑯四設幢, ⑱三十九餘甲幢, ㉑二弓, ㉒三邊守幢	6
미상	㉓新三千幢	1

※ ①굵게 : '무관 조, 금(衿)'과 대응. ②네모 문자 : 범군호의 23군호 나열 순서.

<표 15>-(a)처럼, '무관 조, 금(衿)'은 자료 계통을 따라 3부분으로 구분된다. ①는 금이 『서전(書傳)』의 휘직(徽織)과 같다고 하였다. 그러나 『상서정의(尙書正義)』 본문에서 휘(徽)는 대개 미(美)・선(善)으

로 쓰였고, 휘직으로 쓴 용례를 찾기 어렵다.[47] ①의 의미나 ①·②의 관계로 보아, ①은 『춘추좌전정의(春秋左傳正義)』, 소공(昭公) 21년 (BC 513) 10월 병인(丙寅)의 "깃발을 든 자, 공(公)의 무리다"란 문장의 공영달 소(疏)에 인용된 정현(鄭玄) 주(注)와 맥락이 유사하다(㉠). 이 문장은 화등이 송군(宋軍)을 격파해 송 원공이 도망가려 하자, 주읍인(厨邑人) 박(濮)이 송 원공의 군중(軍中)을 독려하며 쓴 말이다. ㉠의 본문 맥락과 휘직이 정기(旌旗)라는 정현의 견해(ⓐ)를 참고하면, 휘직은 아군(我軍)을 표지한 깃발이다. 따라서 ①은 신라의 금이 아군을 표지하는 깃발임을 알려준다.

②는 『시경』·『사기』·『한서』·『주례』 등이 거론되나, 자구(字句)상 '『모시정의(毛詩正義)』, 소아(小雅), 유월(六月)'의 본문·정현 주·공영달 소를 정현 주 위주로 축약한 것이다(㉡). ㉡-1은 조장(鳥章)이 가죽에 새·새매 무늬를 수놓은 장(章)이며(ⓑ), 깃발, 장수 이하가 상의(上衣)에 붙이는 장(章)이라 하였다. ㉡-2는 '치(幟)·직(織)'의 음이 유사해 기치(旗幟)·휘직(徽織)은 같은 것이라 하였다. ㉡-3은 사상(司常)이 9기(旗)의 '물명(物名)'을 맡았고, 다른 사물을 그려 이름을 달리했

---

47 『삼국사기』의 편찬연대로 보아, '무관 조, 금(衿)'의 『서전(書傳)』은 한(漢) 공안국(孔安國)의 『상서전(尙書傳)』이나 당(唐)의 『상서정의(尙書正義)』를 말한다. 『상서정의』 본문의 휘(徽)는 '「요전(堯典)」 및 「주서(周書)」, 무일(無逸)·입정(立政)'에 각 1건씩 보이나 美로 쓴 용례이다. 공안국 전(傳)의 휘는 「요전」에 2건, 「주서」, 무일에 6건이 보이나, 본문을 가리키거나 미(美)·선(善)으로 쓴 용례이다(金東柱 譯註, 『譯註 尙書正義 1』, 전통문화연구회, 2013, 239~249쪽 ; 金東柱 譯註, 『譯註 尙書正義 5』, 전통문화연구회, 2018, 360~361쪽 ; 金東柱 譯註, 『譯註 尙書正義 6』, 전통문화연구회, 2019, 127쪽). 현존 『상서정의』에 기초하면 '무관 조, 금(衿)'의 『서전』 관계 문장은 다소 오기이나, 『상서』의 복잡한 유전(流傳) 과정, 『상서정의』의 편찬과정을 고려하면(金東柱 譯註, 위의 책 1, 2013, 5~34쪽), '무관 조, 금(衿)'의 찬자가 본 『상서』의 판본이 다를 가능성을 완전히 배제하기는 어렵다.

다고 하였다. ⓒ-4는 호명(號名)이 휘직을 서로 구별하는 까닭이라 하였다. 또 휘직은 국가(國)에서는 조정의 위계를 표현하고, 군대(軍)에서는 조정의 위계를 본받으며, 휘직을 입혀 죽음에 대비했다고 하였다. ⓒ-1의 '장수 이하'는 ⓒ-4에서 '군장(軍將)~오장(伍長)'으로 풀이되었다. ⓒ은 휘직이 특정 위치의 무관이 위계에 따라 쓴 깃발·상의 부착물이자 무관의 죽음에 관계된 위신재이며, 휘직에 새·새매 등 물명을 위계에 따라 그린 그림이 있음을 보여준다. 따라서 ②는 '무관조, 금(衿)'의 찬자가 신라의 금과 중국 고례(古禮)의 유사성을 비교해 금을 풀이한 설명이다.

③은 신라의 금 무늬가 반달(半月)로 통일되었고, 무늬 대신 색·재질(闕)로 구분하며, 깃발 치수(長短)를 알 수 없다고 하였다. 즉 ③은 신라·중국의 금·휘직 차이를 통해 금을 풀이한 설명이다.

〈표 15〉-(b)는 단색 금, 2~3색 금, 계금(罽衿)이 있음을 보여준다. 계는 모직물로 자체 색이 있고, 재질을 통해서도 여타 금과 구분된다. 이와 함께 ②·③의 내용과 금의 자의(字義)를 고려하면, 계금은 반달 모양의 장착물을 모직물에 수놓아 만든 깃발과 상의 도련(목깃·수구)에 둘러 덧댄 식(飾)이다. 나머지 '색이 있는 금', 즉 색금(色衿)은 반달 모양 장착물을 천에 수놓아 만든 깃발이나 상의 도련에 둘러 덧댄 식(飾)이다. 범군호의 23군호는 9색(녹(綠)·자(紫)·백(白)·비(緋)·황(黃)·흑(黑)·적(赤)·벽(碧)·청(靑))을 단색이나 2~3색으로 조합하거나, 계로 만든 깃발을 써서 부대를 표지하였다. 한편 제군관은 무관의 착금 유형(착금(著衿), 무금(無衿), 서술 없음) 구분, 동급 관직의 착금 유형 구분을 전한다. 무관 직무의 중요도·종류, 지휘계통 등을 따라

착금 유형이 구분되겠지만, 유관 해명이 미진해 이유를 구체화하기 어렵다. 다만 특정 무관은 관복에 부대 표지인 금을 달았으므로, 금이 특정 부대 무관 중 중요 무관의 전사자 수 등을 세는 위신재란 점은 분명하다.

이제 구기(九旗, 9旗) 관련 자료를 통해 구체적인 금의 모습, 깃발·상의 도련의 관계, 금이 죽음을 대비하는(被之, 以備死事) 위신재인 이유를 검토하기로 한다. 9기 및 명정(銘旌)·물(物)·백택기(白澤旗) 도안을 〈표 16〉으로 정리하였다.

〈표 16〉 '『주례주소(周禮注疏)』, 사상(司常)'의 9기(旗)(a), 명정(銘旌)(❶)·물(物)(❷)·백택기(白澤旗)(❸·❹·❺) 도안(b)

				'『周禮注疏』, 司常'의 9旗(a)			
No.	9기	바탕색	재질	상징대상	도안	모양의 의미 (정현 주)	모양의 의미 (가공언 소)
①	대상 (大常)	絳	帛	왕	해·달 (日·月)	天明	三辰(즉 해·달·별)
②	기 (旂)	絳	帛	제후	교룡	용1 : 升朝 용2 : 下復	용1 : 升龍 용2 : 降龍
③	전 (旜)	絳	通帛	孤·卿	·	王의 政教를 받듬(奉)	도안 없음
④	물 (物)	絳白	雜帛	대부·사	·	先王 正道를 돕는 직 (佐職)	중앙 : 赤(周 正色) 옆 : 白(殷 正色)
⑤	기 (旗)	絳	帛	師都 (6鄉·6遂 大夫)	곰·범 (熊·虎)	용맹히 수비, 침범 불가(守猛, 莫敢犯)	6鄉·6遂 大夫가 軍將으로 역할
⑥	여 (旟)	絳	帛	州·里	새·새매 (鳥·隼)	勇捷	勇과 捷疾
⑦	조 (旐)	絳	帛	縣·鄙	거북(龜) 뱀(蛇)	扞難 辟害	거북 : 등껍질로 방어 뱀 : 상황을 잘 피함
⑧	수 (旞)	·	全羽, 5색 평깃	道車		王의 朝夕 연회 出入. 5색 평깃은 文德을 상징	
⑨	정 (旌)	·	析羽, 5색 평깃	游車		王이 鄙에서 소규모 전렵. 5색 평깃은 文德을 상징	

銘旌·物·白澤旗	銘旌(❶)·物(❷)·白澤旗(❸·❹·❺) 도안(b)				

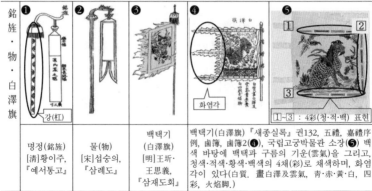

	❶ 강(杠)	❷	❸	❹ 화염각	❺ ①②③ ①~③ : 4彩(청·적·백) 표현
	명정(銘旌) [淸]황이주, 『예서통고』	물(物) [宋]섭숭의, 『삼례도』	백택기 (白澤旗) [明]王圻· 王思義, 『삼재도회』	백택기(白澤旗)『새종실록』권132, 五禮, 嘉禮序例, 鹵簿, 鹵簿2(❹), 국립고궁박물관 소장(❺) 백색 바탕에 백택과 구름의 기운(雲氣)을 그리고, 청색·적색·황색·백색의 4채(彩)로 채색하며, 화염각이 있다(白質, 畫白澤及雲氣, 靑·赤·黃·白, 四彩, 火焰脚.)	

※ 출전 : (a) : 『周禮注疏』권27, 司常, 859~863쪽. ❶·❷ : 장동우 역주, 『의례 역주 7-사상례·기석례·사우례』, 세창출판사, 2014, 50쪽. ❸ : 王圻·王思義 編, 앞의 책, 2014, 1870쪽. ❹ : '『세종실록』권132, 五禮, 嘉禮序列, 鹵簿, 鹵簿2'의 백택기(국사편찬위원회 영인본『세종실록』5책 282쪽, 국가기록원 소장장품). ❺ : '국립고궁박물관, 『국립고궁박물관 전시안내도록』, 2011, 280쪽'에 인용된 백택기(국립고궁박물관 소장품).

※ 범례 : ①❹·❺ 아래 백택기 설명 : '『세종실록』권132, 五禮, 嘉禮序列, 鹵簿, 鹵簿2'의 백택기 설명을 풀어 씀.

　　〈표 16〉-(a)는『주례(周禮)』에서 사상(司常)이 맡는 9기(旗)를 정리한 것이다. 9기는 휘직·휘호(徽號)로, 조정 위계의 구분에 따라 국사(國事)·군사(軍事)를 대비하는 기물이다. 9기는 대개 주(周)에서 숭상한 강색(絳色)을 바탕색으로 쓰고, 백(帛)으로 만들었다.[48] 9기는 다른 의미를 담아 모양·도안을 달리하였다(〈표 16〉-(a)). 9기 중 대상(大常)·기(旂)·기(旗)·여(旟)·조(旐)의 5기는 도안이 있었고, 기(旗)·여(旟)·조(旐)의 도안은 군사적 의미가 담겼다. 9기는 '관부(官府), 주(州)·리(里), 가(家)' 등 깃발 소지자 소속에 따라 직함을 썼고, 9기

---

48 『周禮注疏』권27, 司常, 859~860쪽. "司常. 掌九旗之物名, 各有屬, 以待國事.【[漢]鄭玄 注 : 物名者, 所畫異物, 則異名也. 屬, 謂徽識也. [『禮記』,] 大傳, 謂之徽號. …… 凡九旗之帛, 皆用絳.】【[唐]賈公彦 疏 : 云, "九旗之帛, 皆用絳"者. 以周尚赤, 故[『毛詩』,] 爾雅云, "纁帛緅"也. 按, 全羽·析羽, 直有羽而無帛, 而鄭云"九旗之帛"者, 據衆有者而言. ……】"

는 상기(喪旗)인 명정(銘旌)과도 유사하였다.⁴⁹

생전에 '물(物)'이 있는 대부·사는 상(喪)을 치를 때 물을 명정으로 썼다. 생전에 '물(物)'이 없는 사는 상(喪)을 치를 때 명정을 새로 만들었다. 명정은 위에 검은 포(緇) 1척을, 아래에 붉은 포(赬末) 2척을 붙인 세로 깃발이며, 죽은 자를 구분하고자 끝에 씨(氏)·명(名)을 써서 3척의 대나무 깃대(杠)에 맨 깃발이다(〈표 16〉-(b)-❶·❷).⁵⁰

금은 중국 고례에 보이는 휘직과 역할이 유사하다(〈표 15〉-(a)-①·②). 따라서 금은 천·계로 만든 장방형의 세로 깃발이며, 단색의 바탕색이 규정되었다. 색금·계금의 바탕색이 같은지는 알 수 없다. 부대 표지의 효율성을 높이려면, 계금은 재질 색을 바탕색으로 쓸 확률이 높기 때문이다. 휘직은 소지자의 직함, 씨(氏)·명(名)을 깃발 하단에 기재하므로, 금도 소지자·부대 지휘자의 성명을 기재하였다. 즉 휘직·금은 소지자가 사망했을 때, 사망자 신원 확인을 위한 기능이 있었고, 상기(喪旗)로 활용되는 기물이다. 따라서 휘직·금은 소지자의 죽음에 대비하는(以備死事) 위신재이다.

---

49 『周禮注疏』 권27, 司常, 863~864쪽. "皆畫其象焉, 官府各象其事, 州里各象其名, 家各象其號." 【[漢]鄭玄 注：事·名·號者, 徽識, 所以題別衆臣, 樹之於位, 朝各就焉. …… 或謂之事, 或謂之名, 或謂之號, 異外內也. 三者, 旌旗之細也. [『儀禮』,] 士喪禮曰. "爲銘, 各以其物. …… 書名於末." 此蓋其制也. 徽識之書, 則云某某之事, 某某之名, 某某之號. 今大閱禮象而爲之. 兵, 凶事, 若有死事者, 亦當以相別也. …… 異於在國, 軍事之節也.】 [唐]賈公彦 疏：云. "此蓋其制也"者. 此在朝表朝位, 其銘旌制亦如此. …… [『儀禮』,] 士喪禮 "竹杠長, 三尺." 則死者, 以尺易刃, …… 其旌身亦以尺易刃也. 若然, 在朝及在軍, 綴之於身, 亦如此, 故云蓋其制也.』

50 장동우 역주, 『의례 역주 7-사상례·기석례·사우례』, 세창출판사, 2014, 49~50쪽. "爲銘, 各以其物. 亡則, 以緇, 長半幅, 赬末, 長終幅, 廣三寸. 書銘于末曰, 某氏 某之柩 【[漢]鄭玄 注：銘, 明旌也. 雜帛爲物, 大夫·士之所建也. 以死者爲不可別, 故以其旗識識之. 愛之斯錄之矣. 亡, 無也. 無旗不命之士也. 半幅, 一尺, 終幅, 二尺. 在棺爲柩. '今文', 銘皆旌爲名, 末爲旆也.】 竹杠長三尺, 置于宇西階上. 【[漢]鄭玄 注：杠, 銘橦也. 宇, 梠也.】』

금의 길이는 알기 어렵지만(〈표 15〉-(a)-③), 화·명정 길이를 통해 대략적인 최소 길이 추정이 가능하다. 화는 0.85~1.85척(尺)(〈표 14〉), 명정은 3척의 세로 깃발이다. 화는 주로 부대원을 대상으로 한 깃발, 금은 부대 표지 깃발이다. 금은 타 부대도 볼 수 있도록 크게 제작될 것이므로, 금이 화보다 길었다고 이해된다. 따라서 금의 길이는 최소 1.85~3.0척(尺) 이상으로 추정된다.

금의 도안은 신라 고유 방식으로 규정되었다. 휘직은 다양한 도안, 즉 이물(異物)을 그렸고, 9기 중 4기는 도안이 없다. 또 도안 없는 4기 중 2기는 기폭(旗幅)이 없다. 반면 금은 모두 기폭이 있고, 도안은 반달로 통일되며, 9색 중 1~3색의 조합으로 구분되었다(〈표 15〉-(a)-③).

이와 함께 금의 바탕색, 1~3색의 활용 방식을 생각할 필요가 있다. 휘직은 대개 국가에서 숭상한 색을 바탕색으로 썼다(〈표 5〉-(a)). 신라는 조복에 백색을 숭상했으므로(服色尙(畫)素·朝服尙白), 기치도 백색을 숭상했을 수 있다. 당처럼 복식·기치에 숭상한 색이 다를 수 있으나, 사다함의 사례가 있기 때문이다.

진흥왕 23년(562) 9월 가야가 반란을 일으키자(叛), 진흥왕은 이사부에게 가야 토벌을 명하였다. 사다함은 이사부의 가야 공격에 종군을 자원하였다. 이로 인해 부장(副將) 혹 귀당(貴幢)의 비장(裨將)으로 출진하였다. 사다함은 이사부에 앞서 휘하 낭도 5,000인을 통솔해 '전단문(栴檀門)'을 점령하고, '백기(白旗)'를 세웠다(立). 이로 인해 가야인이 당황하였다. 이사부의 대군이 도착하여 승기를 타고 가야를 멸망시켰다고 하였다.[51]

여기서 '사다함이 전단문에 세운 백기'가 주목된다. 가야 토벌 당시

사다함의 관직은 본기에 부장(副將), 사다함열전에 귀당의 비장으로
전한다. 무관 조는 귀당의 금색을 '청(靑)·적(赤)'이라 하였으므로,52
귀당의 금색과 사다함이 세운 깃발 색의 관계는 많지 않다. 또 대개
백기는 투항·항복을 의미하나, 사다함이 세운 백기는 전단문 점령 완
료를 알린 신호였다. 가야인은 사다함이 전단문에 세운 백기를 보고
혼란에 빠졌다. 이것은 가야인이 전단문에 꽂힌 백기를 보고, 신라가
전단문을 점령·장악했다고 판단했기 때문이다. 즉 '사다함이 전단문
에 세운 백기'는 '사다함의 부대'나 '신라'를 상징하는 깃발이었다.

실제로 군기(軍旗)는 단위부대나 국가를 상징하는 용도로 활용되는
기물로, 『삼국사기』·『삼국유사』에도 유관 사례가 서술되어 있다. 백
제 근초고왕의 태자 근구수는 369년 고구려의 고국원왕을 대적하면
서, 백제인 사기(斯紀)의 말을 듣고 적기(赤旗)를 들고 있는 고구려
정예 부대를 쳐서 대승하였다.53 이 사례의 '적기(赤旗)'는 고구려 고국
원왕이 지휘한 여러 부대 중 단위부대를 의미한다. 한편 369년 백제의
근초고왕은 한수 남쪽에서 사열하면서 '황색 기치(黃色 旗幟)'만을 사

---

51 『三國史記』 권4, 新羅本紀4, 眞興王 23년(562) 9월. "加耶叛. 王命異斯夫討之, 斯多含副
之. 斯多含領五千騎先馳, 入栴檀門, 立白旗. 城中恐懼, 不知所爲. 異斯夫引兵臨之, 一時盡
降."; 『三國史記』 권44, 列傳4, 斯多含. "眞興王命伊飱 異斯夫, 襲加羅【一作, 加耶.】國.
時斯多含年十五六, 請從軍. 王以幼少不許, 其請勤而志確, 遂命爲貴幢裨將, 其徒從之者亦
衆. 及抵其國界, 請於元帥, 領麾下兵, 先入旃檀梁.【旃檀梁, 城門名. 加羅語謂門爲梁云.】
其國人, 不意兵猝至, 驚動不能禦. 大兵乘之, 遂滅其國."

52 『三國史記』 권40, 雜志9, 職官 下, 武官, 凡軍號, 六停. "二曰. 上州停. 眞興王 十三年
(552), 置. 至文武王 十三年(673), 改爲貴幢. 衿色, 靑·赤."

53 『三國史記』 권24, 百濟本紀2, 近肖古王 24년(369) 秋 9월. "高句麗王 斯由, 帥步騎二萬,
來屯雉壤, 分兵侵奪民戶. 王遣太子, 以兵徑至雉壤, 急擊破之. 獲五千餘級, 其虜獲分賜將
士."; 『三國史記』 권24, 百濟本紀2, 近仇首王 卽位條(375). "先是(369). 高句麗 國岡王 斯
由, 親來侵. 近肖古王遣太子拒之. 至半乞壤將戰, 高句麗人 斯紀, 本百濟人. 誤傷國馬蹄,
懼罪奔於彼. 至是還來, 告太子曰. "彼師雖多, 皆備數疑兵而已. 其驍勇, 唯赤旗. 若先破之,
其餘不攻自潰." 太子從之. 進擊大敗之."

용하였다.[54] 근초고왕이 사열한 군사는 왕이 직접 지휘하는 군사이거나 백제의 군사일 것이므로, '황색 기치'는 '백제왕' 혹은 '백제'를 상징하는 깃발이다. 또 화랑 관창은 계백이 지휘하는 백제군의 상징물을 '기(旗)'로 지칭하였다. 계백은 관창의 용맹과 나이를 고려해 생환시켰으나, 관창은 "적의 가운데에 들어가서 장수의 목을 베지도 못하고, 기(旗)를 뺏어오지도 못한 이유는 죽음이 두려워서가 아니다"라고 한 후, 다시 출진하였다.[55] 즉 관창의 발언에서 기(旗)는 계백이 지휘하는 군사나 백제의 군사를 상징하는 기물로 나타난다. 즉 기치(旗幟)는 단위부대나 국가를 상징하는 기물이었다.

그렇다면 '사다함이 전단문에 세운 백기'는 무엇을 상징할까? 사다함의 명성은 어려서 화랑에 추대될 정도였지만,[56] 그 명성이 가야까지 퍼졌다고 생각하기 어렵다. 또 가야인은 '신라군의 전단문 점령'에 혼란을 느꼈다. 더욱이 유관 사례인 고구려 백암성주 손대음이나 당 소정방의 행동을 고려하면, '사다함이 전단문에 세운 백기'는 '사다함의 부대'보다 '신라'를 상징하는 깃발이다.

손대음은 당 태종에게 복심을 보내 투항 의사를 전달하고, 성에 '당치(唐幟)', 즉 당을 상징하는 깃발을 꽂아 백암성의 저항 의지를 꺾고 투항을 유도하였다.[57] 또 백제 멸망 과정에서 부여태(夫餘泰)는 도성

---

54 『三國史記』 권24, 百濟本紀2, 近肖古王 24년(369) 冬 11월. "大閱於漢水南 旗幟皆用黃."

55 『三國史記』 권5, 新羅本紀5, 太宗武烈王 7년(660) 秋 7월 9일. "…… 生致堦伯. 堦伯俾脫冑, 愛其少且勇, 不忍加害. 乃嘆曰, "新羅不可敵也. 少年尙如此, 況壯士乎!" 乃許生還. 官狀告父曰. "吾入敵中, 不能斬將, 搴旗者, 非畏死也." 言訖, 以手掬井水飮之, 更向敵陣疾鬪."

56 『三國史記』 권44, 列傳4, 斯多含. "系出眞骨. 奈密王七世孫也. 父仇梨知 級湌. 本高門華冑, 風標淸秀, 志氣方正. 時人, 請奉爲花郞, 不得已爲之. 其徒無慮一千人, 盡得其歡心."

57 『三國史記』 권21, 高句麗本紀9, 寶藏王 4년(645) 5월. "李世勣進攻白巖城 西南, 帝臨其西北. 城主 孫代音, 潛遣腹心請降. 臨城投刀鉞爲信曰. "奴願降, 城中有不從者." 帝以唐幟與

을 굳게 지켰으나 부여문사(扶餘文思)가 도성을 나와 나당연합군에 투항하는 것을 막을 수 없었다. 이에 소정방이 군사를 시켜 성가퀴(즉 성첩(城堞))을 넘어 당의 '기치(旗幟)'를 세우니, 부여태는 매우 급히 도성을 열고 명(命)을 청했다고 한다.[58] 전쟁 중 성·성문·성가퀴 등에 적국을 상징하는 깃발이 꽂히는 것은 성·성문·성가퀴 등의 점령을 의미하였다. 이상을 고려하면, '사다함이 전단문에 세운 백기'는 신라를 상징하는 깃발이었다.

'사다함이 전단문에 세운 백기'를 고려하면, 신라는 기치의 색으로 백색을 숭상하였다. 즉 신라는 복(服)·기치(旗幟)에 숭상한 색이 같았다. 이 점에서 부대 깃발로 쓴 금은 신라를 상징하는 백색을 바탕색으로 하고, 반달 도안을 수놓아 붙인 위신재이다.

금에 금색을 표현하는 방법과 관련해 백택기(白澤旗)의 사례(〈표 16〉-(b)-❸·❹·❺)가 주목된다. 백택기는 당에서도 쓴 의장기의 하나이다.[59] 후대 자료이나, 『세종실록』은 백택기를 묘사하면서 백색 바탕에 신수(神獸)인 백택과 운기(雲氣, 구름 기운이나 구름 모양)을 그리고, 4채(청·적·황·백)를 칠하며, 기폭에 화염각을 단다고 하였다. 고궁박물관에서 소장하고 있는 채색된 백택기(〈표 16〉-(b)-❺)는 4채를 써서 백택·운기를 그리고, 깃발 가장자리 3곳에 4채를 표현하였다.

신라의 금은 반달 모양이므로 도안이 복잡하지 않으나, 금색은 1~3

其使曰. "必降者, 宜立之城上." 代音立幟, 城中人, 以爲唐兵已登城, 皆從之."

58 『三國遺事』권1, 紀異2, 太宗春秋公. "王 次子 泰, 自立爲王, 率衆固守. 太子之子 文思, 謂王 泰曰. "王與太子出, 而叔擅爲王. 若唐兵解去, 我等安得全?"率左右縋而出, 民皆從之. 泰不能止. 定方令士起堞, 立唐旗幟, 泰窘迫, 乃開門請命. 於是, 王及太子 隆·王子 泰·大臣 貞福, 與諸城皆降."

59 『唐六典』권16, 衛尉宗正寺, 武庫令, 472쪽. "旗之制三十有二 …… 十七曰. 白澤旗."

색을 조합해 썼다. 신라에서 반달을 반이나 셋으로 구분하여, 2~3색을 표현했다고 보기 어렵다. 신라사에서 반달이 지닌 의미·상징에 대한 해명은 차후 과제이다. 그러나 금의 도안이 반달로 통일되었음을 고려하면, 반달은 신라를 상징하는 도안의 하나일 것이다. 이 점에서 반달을 2~3개로 등분하기보다, 반달을 선명히 드러내며 금색을 표현했다고 판단된다. 이로 인해 반달 도안 자체에 색이 들어갈 확률이 높지 않다. 따라서 <표 16>-(b)-❺의 백택기처럼, 깃발 가장자리에 1~3색의 금색을 표현했다고 이해된다.

　이상 부대 깃발·표지의 의미를 갖는 금을 검토하였다. 한편 신라 무관의 관복은 색금·계금을 상의 도련에 붙여 무관의 위신재로 썼다. 신라 무관복은 관인 분별의 기능이 있는 색의(色衣)이므로, 무관복의 상의 도련에 붙인 금은 바탕색·직함 등을 생략했다고 이해된다. 따라서 무관복의 상의 도련에 붙인 금은 1~3종 금색, 성명 등을 위주로 구성되었다. 「왕회도」에 보이는 신라 조복의 이중 선색(襈色) 묘사를 고려하면, 1~3종 금색은 상의 목깃·수구에 모두 표현되었다. 상의 목깃·수구에 붙인 금의 하나는 성명이 기재되어 죽음에 대비해 신원을 확인하는 기물이었다(被之, 以備死事). 『삼국사기』·『삼국유사』 등에 말단 무관의 전사(戰死)가 기록된 중요 이유의 하나는 무관복의 상의 도련에 붙인 금이 현대의 부대 표지·마크나 인식표로 기능하기 때문이겠다.

6장

결론

복식·장복은 잉태부터 장례까지 사람과 관계를 맺는 사물이며, 사람의 삶에 필수적인 3가지 요소의 하나이다. 개인은 복식·장복을 통해 몸을 보호하며, 예의 이행을 구현하였고, 국가·사회는 때·장소에 따른 복식·장복을 의칙·규범에 입각한 제복을 제정해 국가·사회 운영의 정당성을 표현하였다. 따라서 복식·장복은 개인·사회·국가 간 관계에서 타자에 대비해 자신·자국의 정체성을 단적으로 표현하는 수단·도구이다. 이 점에서 신라 상대 관복제도는 신라 상대 관료제의 운영방식과 문화정체성을 대변한다. 나아가 한국사의 기원 중 하나가 신라라는 점을 고려하면, 신라 상대 관복은 한국의 전통 의복, 즉 한복(韓服)의 기원 중 하나이자, 동이(東夷) 의복·문화의 원형(原形) 중 하나이다. 신라 상대 관복제도사 연구는 동이·한국 문화의 원형을 찾고 되새기는 과정을 살펴본다는 점에서 현재적 의의가 있다.

본서는 신라 상대의 관복제도를 공복(公服)·조복(朝服)·무관복(武官服)의 3개 관복(官服)으로 나누어 설명하고자 하였다. 신라 관복에 대한 자료는 편린만 남은 상태이며, 관복별 1벌의 구성 품목을 맞추기 어렵다. 본서는 자료의 한계를 극복하고자 비교사적·훈고학적 방법론과 예제·경학의 논의를 적극적으로 활용하고, 문헌·회화 자료를 상호 보완적으로 분석하여 관복별 1벌의 구성 품목을 고증하였다. 이상의 방법론을 통해 한(漢)~수(隋)·당(唐)의 관복과 신라 상대 관복을 비교하였고, 신라 상대 3개 관복의 관복별 구성 품목을 자료적으로 보완해 구체적으로 정리하였다. 이제 본서의 논의를 요약해 결론으로 삼고자 한다.

2장에서는 신라 상대 조복의 존재·용도에 대해 논의하였다. 신라 조복 관계 자료의 미약, 법흥왕제와 「왕회도」·「번객입조도」 등 한국·중국 자료의 계통별 차이, 신라전(新羅傳)의 풍속 관계 기사에 대한 사회사적 시각 위주의 풀이로 인해 상대 조복의 존재·용도에 대한 논의는 부진하였다. 따라서 본서 2장에서는 문헌 고증의 방법을 통해 논의를 진전시키고자 하였다.

신라 상대 조복에 대한 국내 측 자료는 극히 희박하다. 그러나 시계열성·계통성을 고려해 중국에서 남긴 기록을 분석하면 신라 상대 조복의 편린을 찾을 수 있다. 이를 위해 『후한서』·『삼국지』, 동이전의 서문을 분석해 동이전 구성 정보의 대본·동이전의 찬술 의도를 살폈다. 『후한서』·『삼국지』, 동이전은 사인·역인의 활동을 통한 간접 정보와 답험을 통한 직접 정보를 집록한 자료이다. 한전(韓傳)은 대부분 간접 정보에 기초한다. 동이전은 보편성이 강한 동이 각국을 구별하고, 동이와 중국의 관계를 설정하기 위해 작성되었다. 또 동이전의 풍속 관계 기사는 간접 정보를 대본으로 찬자의 의도를 반영해 선별된 기사이다.

한전(韓傳)의 풍속 관계 기사를 분석하면, 마한·진한 남자의 복식을 6가지로 파악할 수 있다. 첫째, 마한·진한 남자는 머리에 관(冠)·책(幘) 등 쓰개를 쓰지 않아 상투를 내놓았고, 상투를 영주로 장식하기도 하였다. 둘째, 영주로 목걸이·귀걸이를 만들어 착용하였다. 셋째, 겉옷에 핫옷(袍)이 있었고, 핫옷을 영주로 수식하였다. 넷째, 풀·가죽으로 만든 리(履, 목 짧은 신발)를 많이 신고 다녔다. 다섯째, 대(帶, 허리띠)로 옷을 여몄고, 일부는 대구(帶鉤, 허리띠를 묶는 고리)를 쓰기도 하였다. 여섯째, 마한 남자에 비해 진한 남자는 고(袴, 바지)·화(靴, 목 긴 신발) 등을 더 널리 활용하였다.

한전(韓傳)의 풍속 관계 기사에는 일반적인 마한·진한 남자의 복식과 구별되는 조복(朝服)의 존재가 보인다. 마한인은 한 군현을 포함한 대외 교류에 참여하고자, 의(衣)·책(幘)·인(印)·수(綬) 등으로 대표할 수 있는 조복을 갖추었다. 조복의 구비 여부를 통해 마한인의 계층을 구분할 수 있다. 이것은 마한인이 조복의 의미·용도를 알고 있었으며, 조복이 마한의 위신재 중 하나였음을 보여준다. 마한의 사례로 미루어 진한에도 조복의 의미·용도에 대한 지식이 있었으며, 『삼국유사』, 선도성모수희불사 조'의 조의(朝衣)도 이러한 배경에서 나타난 표현이다. 따라서 신라 상고기에도 조복이 활용되었다. 조복은 청정·조회를 위해 입는 관복이므로, 늦어도 남당 청정이 시작될 무렵에는 조복이 활용되었다.

색복지(色服志) 서문의 시기 구분과 『수서』·『북사』·『구당서』·『신당서』, 신라전의 풍속 관계 기사가 지닌 계통성을 분석하면, 중고기 조복의 활용을 확인할 수 있다. 『수서』·『북사』·『구당서』, 신라전은 복색상소(服色尚素)·복색상화소(服色尚畫素)·조복상백(朝服尚白)을 서술하였다. 이 기사는 '이자웅-신라 사신 문답'처럼, 중국의 신라 이해도가 낮은 상황에서 신라의 대중 외교 증대에 따라 유관 정보가 증보된 것이다. 소(素)·백(白)은 거의 같은 색으로 백색을 말한다. 따라서 복은 조복을 말한다. 이 기사로 진평왕대에 백색 조복의 존재를 알 수 있다. 또 색복지 서문의 의복지제(衣服之制)에 대한 시기 구분을 고려하면 중고기 조복의 활용을 파악할 수 있다. 색복지 서문의 시기 구분은 이러한 상황을 반영해 649년 이전의 신라 의복제도를 이속(夷俗)이란 연속성에서 평가하였다.

상고기에 조복은 청정(聽政)·조회(朝會)·사신 왕래를 비롯한 관인의 공무 전반에 쓰는 관복이자, 관인의 구복(具服)·정복(正服)으로 활용되었다. 중고기 초에도 조복은 관인의 구복(具服)·정복(正服)이었지만, 공복이 발생하며 조복의 용도는 축소되었다.

3장에서는 520년 율령을 반포하며 의복령(衣服令)의 하나로 제정된 공복(公服)의 구성 품목과 분별 원리를 설명하였다. 신라는 520년 '법흥왕제(法興王制)'를 통해 백관의 공복과 주(朱)·자(紫)의 질(秩)을 제정하였다. 520년 제정한 공복은 6대 130년에 해당하는 중고기 대부분의 시기에 쓴 중고기 공복이다. 공복은 일상 업무용 관복인 상복(常服)이며, 착용자의 편의와 업무의 효율성을 높이기 위한 판단이 전제되는 관복이다. 이로 인해 공복은 상의 겉옷 색에 분별 기능을 집중시켜 품목을 단출하게 만든 관복이다.

현존 법흥왕제는 의·관·홀 등의 분별 품목만 전하며, 공복 1벌의 구성 품목을 전하지 않는다. 따라서 신라 공복의 구성 품목을 구체화하고자, 북위~수·당 공복의 발달과정과 수·당 변관복의 품목, 521년 신라-양 교류·외교 과정에서 나타난 자료를 활용하였다. 유관 자료를 검토하면, 신라 중고기 공복은 머리의 색관(色冠)·조영(組纓, 관을 묶거나 고정하기 위한 끈), 상체의 색의(色衣), 손에 드는 홀(笏), 허리에 차는 대(帶, 혁대(革帶)), 하체의 고(袴, 바지), 발에 신는 백말(白襪, 흰 버선), 흑화(黑靴, 검정색 목 긴 신발)로 구성되었다. 특히 신라 공복의 품목 중 관·조영은 불가분의 관계에 있으며, 잠도(簪導, 남자용 비녀)는 규정되지 않았다는 점을 주목하였다. 신라 고유의 관은 머리의 둘레보다 관 둘레가 작았고, 신라 남자는 푼 머리(被髮) 상태에서도 관을 쓰기 때문이었다.

신라 중고기 공복의 품목을 고려하면, 법흥왕제는 색복지에 의제·관제 규정으로 나뉘어 수록된 자료이다. 현존 법흥왕제의 의·관·홀 등 3품목은 공복의 분별 품목이다. 법흥왕제는 착장 순서를 따라 의·관의 순서로 기록되었고, 윗옷과 쓰개의 종류를 막론하고 규정된 분별을 지키라는 포괄적 규정이다. 또 아홀은 수판 등 실용 품목에서 기원하고, 간군·비간군 관인을 분별하는 품목이다.

신라 공복은 색의(色衣)·색관(色冠) 등을 특징으로 하는 색복(色服)이므로, 복색존비(服色尊卑)를 구현한 관복이다. 신라 고유의 색채위계를 따라 자(紫)·비(緋)·청(靑)·황(黃)의 4색의(色衣)를 관위군(官位群)별로 규정하였다. 신라 공복의 색의는 북위·수·당의 색의와 달리 녹(綠)을 쓰지 않았고, 황(黃)을 양성화하여 일차적인 규정으로 사용하였다.

신라 공복의 관은 금관(錦冠)·비관(緋冠)의 사례로 보아, 색으로 구분하는 색관(色冠)이다. 금(錦)은 '2색 이상의 여러 색으로 먼저 염색한 실을 활용해 짠 진귀한 직물'을 말하므로, 관(冠)을 통한 관인의 구분 기준을 재질·색채로 풀이한 논의가 많다. 그러나 삼국이 널리 활용한 관인 구분의 수단은 색이고, 신라 관(冠)의 둘레는 머리의 둘레보다 작다. 따라서 금관(錦冠)에 구현된 관인 구분의 주요 기준은 색이다. 삼국의 고관(高官)이 자색을 쓴 위신재를 갖고 있다는 점과 고구려의 최상위 직물인 '자지힐문금(紫地纈紋錦)'을 고려하면, 신라의 금관(錦冠)은 '자색을 바탕색으로 하고, 여러 색(잡색)을 섞은 관', 즉 잡자색관(雜紫色冠)이다.

현존 법흥왕제는 (1)이벌찬의 관색을 전하지 않는다. 그러나 본기에 서술되는 '주(朱)·자(紫)의 질(秩)'을 고려하면, (1)이벌찬의 관(冠)은 주관(朱冠)으로 이해된다. 신라 최상위 고관의 공복 관색(冠色)은 주(朱)·잡자(雜紫)·비(緋)의 위계를 가지고 있다. 자(紫)·비(緋)·청(靑)·황(黃)이 신라 고유의 색채 위계이므로, 공복의 관색은 주(朱)가 자(紫)보다 높다는 중국식 색채의 개념과 원리를 매우 제한적으로 참고해 구성하였다. 이것은 일차적으로 주사의 희소성에 기인하며, 중국문물을 참고하면서 자원 환경과 풍토의 차이 등 신라의 전통·현실을 고려한 판단이 이루어졌음을 나타낸다. 신라 중고기 공복은 색의·색관 등 색복, 의·관의 설명순서와 색채 위계 등을 동이 풍속(夷俗)에 기초하고, (1)이벌찬의 관색 및 관색의 색채 위계 중 '주(朱)·자(紫)의 질(秩)' 정도로 표상되는 중국식 색채 위계를 매우 제한적으로 참고한 관복이다. 따라서 신라 중고기 공복은 중고기 초 신라가 동이 전통을 기반으로 중국문물을 참고하는 자세, 즉 '이(夷)·당(唐) 상잡(相雜)'의 자세를 가시화해 국가예제를 재편한 산물이었다.

4장에서는 수·당 조복의 구성 품목을 분석해 조복의 이념·분별 원리를 제시하고, 수·당 조복·공복과 신라 공복의 품목을 참고해 「왕회도」·「번객입조도」의 신라 사신도를 훈고하였다. 이를 통해 신라 상대 조복의 구성 품목을 정리하였다.

진한은 '비라조의(緋羅朝衣)' 등 '특별한 색·직물로 권위를 드러내는 관복·조복'을 관인의 위신재로 활용하였다. 진한에서 관복·조복을 활용한 역사적 경험을 고려하면, 신라는 국초부터 관복·조복을 운영하였다. 신라는 251년 새로운 정청(政廳)인 남당(南堂)을 신축하고, 첨해이사금은 남당에서 청정(聽政)하였다. 남당청정(南堂聽政)을 고려하면, 늦어도 251년부터 신라 조복을 운용하였다.

251년~진평왕대까지 신라 조복에 대한 자료는 희박하다. 그러나 신라-수·당의 외교가 활성화되면서 "복색상(화)소(服色尙(畫)素)·조복상백(朝服尙白)" 등의 표현이 기록되었다. 신라-수·당의 외교에서 사신은 상대국 조당(朝堂)에서 열리는 조회(朝會)에 참석하였고, 상대국 통치자 간 문서를 수수(授受)하였다. 이것은 각국의 사신이 국가 간 빈례(賓禮)에 수행자로서, 자국의 조복을 착용해야 함을 의미하였다. 신라-중국의 외교가 양국 간 빈례를 전제하므로, 사신은 당연히 자국의 조복을 착용해야 하였다. 이 점에서 신라-양 외교의 산물인 2종의 신라 사신도는 신라 상대 조복을 전하는 자료이다. 2종의 신라 사신도를 분석하려면, 조복에 대한 자료적 이해를 제고할 필요가 있다. 따라서 수·당 조복의 발달과정·구성 품목·분별 원리를 먼저 분석하였다.

수·당 조복은 관인의 구복(具服)·정복(正服)으로 '배제(陪祭)·조향(朝饗)·배표(拜表)·대사(大事)' 등에 쓰였고, 28품목이나 그보다 적은 품목으로 구성된 관복이다. 수·당 조복은 '군신상하동복(君臣上下同服)'의 이념 아래 관품별 복색(服色)·선색(襈色)에 차등을 두지 않아 복장의 통일성을 제고하였다. 이로 인해 조복은 공복보다 구성 품목이 많았고, '특정 품목·식(飾, 장식)의 탈부착'을 통해 관인을 분별하는 관복이었다.

『양서』, 신라전에 기록된 4종의 관복 명사와 수·당 조복·공복 및 신라 공복을 통해 2종 신라 사신도를 분석하면, 신라 상대 조복은 21품목이나 그보다 적은 품목으로 구성되었다. 신라 조복의 관은 책을 영으로 고정하며, 속옷 위에 백색 유를 입고, 백색 유·고가 상·하의의 겉옷이었다. 또 상·하의의 겉옷 색, 각종 겉옷의 주요 선색을 일치시켜 조복의 통일성을 제고하였다.

허리에는 다종의 대를 썼고, 대구(帶鉤)·폐슬류 장식·각종 패식을 찼다. 발에는 백말·흑화를 신고, 고·화를 화대로 묶었다. 고에 자연물을 주제로 한 신라 고유의 장(章)이 있으므로, 장(章)에 관한 규정이 있었다고 추정된다. 또 선색과 화 뒤꿈치의 색 구분이 있어 직렬 구분의 역할이 상정되며, 520년 공복 제정 이후에는 상의 속옷에 공복 상의의 색을 쓸 수 없게 하는 금령이 있었을 가능성이 높다. 신라 조복도 관위군별 특정 품목의 격을 낮추거나, 특정품목·식(飾)의 탈부착을 통해 관인을 분별하였다.

신라 조복의 품목 중 책·고·화는 주목된다. 중국의 책·고·화는 무관의 복식에서 기원하였고, 문관의 조복에는 쓰지 않았다. 중국인의 시각에서 신라 조복이 특이해 기원·유래를 이해하기 어렵다거나, 『삼국사기』, 색복지 찬자가 신라 상대 복식을 이속(夷俗)으로 평가한 이유의 하나는 신라 조복의 구성 품목과 특징을 통해서도 이해할 수 있다.

5장에서는 신라 무관복(武官服)의 구성 품목과 신라 무관 고유의 의장물·위신재인 금·화·령의 의미·용도를 논의하였다. 신라 무관 고유의 의장물·위신재 활용이나 무관의 업무로 보아, 신라 무관은 타 직렬과 다른 관복을 착용하였다. 따라서 수·당·신라 관복을 비교사적 입장에서 검토해 신라 무관복의 구성 품목을 보충하고, 무관 조에 수록된 금·화·령의 의미·용도를 훈고학적으로 검토하였다.

신라는 하나의 관위 체계에서 문·무관을 보임하므로, 문·무관의 관복 차이는 크지 않다. 그러나 무관 고유의 의장물·위신재 관련 기록과 무관의 업무 및 업무 환경을 고려하면, 문·무관 관복은 차이가 있었다. 무관은 무구를 다루었고, 업무 환경상 호신·방한 품목이 필요하였다. 또 무관의 업무 환경상 병졸이 문·무관을 구별할 수 있는 무관 고유의 관복 품목이 필요하였다.

유관 품목으로 포가 주목된다. 상고기에 수졸·군사가 이사금·마립간으로부터 융의(戎衣)인 정포(征袍)를 하사받은 사례가 있기 때문이다. 의복령의 기본 원리를 고려하면, 병졸이 쓸 수 있는 복식은 무관의 관복 품목으로도 규정되었다. 이 점에서 무관복에 포가 설정되었다. 또 포는 자체로 군사를 의미하는 복식이므로, 관복 품목으로써의 포는 무관에게만 설정되었다.

수·당·신라의 관복을 비교하면 포 외 신라 무관의 관복 품목을 살필 수 있다. 수·당 무관은 대장(大仗)에 배립(陪立)하면 양당갑·등사

등을, 상복(常服)으로 평건책(복)을 썼다. 수·당 무관의 평건책(복)은 평건책, 품색을 쓴 대구고·습, 삼·포 등 마감 상의, 활동성과 기마의 편의를 고려해 전(鈿)·은기(隱起)로 장식한 기량대, 오피화 등으로 구성되었다. 수·당 무관의 평건책(복)은 군복·기마복에서 기원해 착용자의 편의, 업무의 효율성을 높이고자 단출하게 구성되었고, 고관·하관과 고관 내부를 구별하는 품목이 있었다.

신라 무관은 특정 의장 참여를 위한 호신·의장 품목이 있었다. 신라 무관복은 잠도 없이 관끈으로 묶는 책·색관(色冠), 관위군별 4색의(色衣)나 흑색 등 업무 특성을 반영한 색의(色衣), 마감 상의인 포, 통 좁은 고, 조복·공복과 다른 허리띠, 화·화대 등으로 구성되었다.

금·화·령은 신라 무관 고유의 위신재이다. 령은 짐말에 매단 방울이다. 군관별 짐말에 달아 소리를 통해 수송 물품의 신속한 통행을 도모하거나, 짐말의 이탈을 막기 위한 품목이다.

화는 표미이다. 표미는 군법 및 군법 집행자를 표지하는 깃발이 특정 수레, 군대 책임자, 군사 주둔을 알리는 깃발로 전화된 것이다. 신라의 화는 창대·깃대에 표범 무늬를 넣은 가죽이나 큰 범의 꼬리를 매단 깃발이다. 화는 부대 주둔 표지, 부대 내 특정 무관의 주재 여부를 알리는 품목이었다.

금은 중국 고례(古禮)의 휘직(徽織)에 비견되는 품목이다. 중국 고례(古禮)의 휘직은 9기(旗)를 말하며, 조정의 위계에 따라 국사·군사를 대비하는 기물이다. 9기는 대개 국가를 상징하는 색을 바탕색으로 하고, 의미에 따라 여러 도안을 썼다. 9기는 상기(喪旗)인 명정(銘旌)과 긴밀한 관계가 있다. 이로 인해 9기는 전쟁 중 사망자의 신원을 확인하는 기물이기도 하다.

금은 부대 표지 깃발, 무관복의 상의 도련에 붙인 장식이다. 부대 표지 깃발의 의미를 갖는 금은 깃발 소지자·지휘자의 직함·성명을 기재해 사망 후 신원을 확인하는 기물이며, 화보다 길었다. 신라는 고유의 장(章)인 반달을 금의 도안으로 활용하였다.

신라는 복·기치의 색으로 백색을 숭상하였다. 금의 바탕색은 신라를 상징하는 백색이며, 금색은 1~3색을 조합해 썼다. 반달 도안이 복잡하지 않다는 점과 반달의 의미를 드러낼 필요를 고려하면, 금색은 깃발 가장자리에 표현되었다.

무관복의 상의 도련에 쓴 금은 바탕색·직함 등을 생략하고, 1~3종의 금색을 상의 도련에 모두 표현하였다. 상의 목깃·수구에 붙인 금의 하나는 관인의 성명을 기재해 죽음·전사 등 상황에서 신원을 확인하는 기능이 있었다. 따라서 무관복의 상의 도련에 붙인 금은 현대의 부대 표지·마크나 인식표와 유사한 품목이다.

본서는 신라 상대 관복제도사를 공복·조복·무관복을 통해 설명하고자 하였다. 신라 상대 관복제의 주축을 이룬 3종 관복의 구성 품목은 신라 고유의 복식과 색채 위계를 반영해 규정되었다. 따라서 신라 상대 관복제도사는 자국 전통을 기초로 국가예제를 재편하는 과정을 반영하고 있다. 이 점에서 신라 상대 관복제도사는 동이 복식과 문화의 원형을 내포하는 것으로서, 중요한 역사적 의의가 있다고 하겠다.

참고문헌

1. 자료 및 공구서

『三國史記』『三國遺事』「壬申誓記石」「聖住寺碑」『高麗史』『朝鮮王朝實錄』『東國通鑑』『동아일보』

『史記』『漢書』『後漢書』『三國志』『魏書』『晉書』『南齊書』『梁書』『南史』『隋書』『北史』『舊唐書』『新唐書』『資治通鑑』('北京, 中華書局 標點校勘本' 참고)

『唐六典』『唐會要』『通典』『通志』『翰苑』「梁職貢圖」「(傳)閻立本王會圖」「梁元帝番客入朝圖」

『日本書紀』

『論語』『論語集註』『孟子』『詩經』『毛詩正義』『尙書正義』『禮記』『春秋左傳正義』『春秋左傳注疏』『周禮注疏』『儀禮注疏』

『戰國策』『急就篇』『藝文類聚』『釋名』『廣雅』『三才圖會』『太平御覽』

『老子道德經』『莊子』『韓非子集解』『朱子文集』『朱子語類』

李丙燾, 『國譯 三國史記』, 乙酉文化社, 1977.
김부식 저 / 이강래 교감, 『原本 三國史記』, 한길사, 1998.
정구복·노중국·신동하·김태식·권덕영, 『개정증보 역주 삼국사기 1~5』, 한국학중앙연구원, 2012.
姜仁求·金杜珍·金相鉉·張忠植·黃浿江, 『譯註 三國遺事 I~IV』, 以會文化社, 1995.
韓國古代社會研究所 編, 『譯註 韓國古代金石文 2~3』, 駕洛國史蹟開發研究院, 1992.
동북아역사재단 한국고중세사연구소 편, 『譯註 中國 正史 東夷傳 1-史記·漢書·後漢書·三國志』, 동북아역사재단, 2020.
동북아역사재단 한국고중세사연구소 편, 『譯註 中國 正史 東夷傳 4-晉書~新五代史 新羅』, 동북아역사재단, 2020.
동북아역사재단 한국고중세사연구소 편, 『中國 正史 東夷傳 校勘』, 동북아역사재단, 2018.
동북아역사재단 한국고중세사연구소, 『譯註 翰苑』, 동북아역사재단, 2018.

국사편찬위원회, 『中國正史 朝鮮傳 譯註 1~2』, 신서원, 2004.

金鐸敏 主編, 『譯註 唐六典 上』, 신서원, 2003.

金鐸敏 主編, 『譯註 唐六典 中』, 신서원, 2005.

[唐]杜佑 撰, 王文錦·劉俊文 等 點校, 『通典』, 北京, 中華書局, 1988.

[唐]歐陽詢 撰, 汪紹楹 校, 『藝文類聚』, 上海, 上海古籍出版社, 1982.

[宋]王溥 撰, 『唐會要』, 上海, 上海古籍出版社, 2006.

[宋]鄭樵 撰, 『通志』, 北京, 中華書局, 1987.

[宋]鄭樵 撰, 王樹民 點校, 『通志二十略』, 北京, 中華書局, 1995.

박성훈 편, 『한국삼재도회 下』, 시공사, 2002.

王圻·王思義 編, 『三才圖會集成3-三才圖會 下』, 민속원, 2014.

湯淺幸孫校釋, 『翰苑校釋』, 國書刊行會, 1983.

연민수·김은숙·이근우·정효운·나행주·서보경·박재용, 『譯註 日本書紀 2~3』, 동북아
　　역사재단, 2013.

[漢]毛亨 傳 / [漢]鄭玄 注 / [唐]孔穎達 疏 / 十三經注疏整理委員會 整理, 『毛詩正義』,
　　北京, 北京大學出版社, 2000.

金東柱 譯註, 『譯註 尙書正義 1』, 전통문화연구회, 2013.

金東柱 譯註, 『譯註 尙書正義 5』, 전통문화연구회, 2018.

金東柱 譯註, 『譯註 尙書正義 6』, 전통문화연구회, 2019.

[元]陳澔 編 / 정병섭 역, 『譯註 禮記集說大全-大傳』, 學古房, 2014.

[元]陳澔 編 / 정병섭 역, 『譯註 禮記集說大全-雜記 下』, 學古房, 2014.

[元]陳澔 編 / 정병섭 역, 『譯註 禮記集說大全-玉藻 1』, 學古房, 2013.

[周]左丘明 傳 / [晉]杜預 注 / [唐]孔穎達 正義 / 十三經注疏整理委員會 整理, 『春秋左傳
　　正義』, 北京, 北京大學出版社, 2000.

[魏]王弼 注·[唐]孔穎達 疏 / 盧光明·李申 整理 / 呂紹綱 審定, 『周易正義』, 北京, 北京大
　　學出版社, 2000.

[漢]鄭玄 注 / [唐]賈公彦 疏 / 十三經注疏整理委員會 整理, 『周禮注疏』, 北京, 北京大學
　　出版社, 2000.

注 鄭玄·疏 賈公彦 / 金容天·朴禮慶 譯註, 『十三經注疏 譯註 周禮注疏 1』, 전통문화연
　　구회, 2020.

김용천·박례경 역주, 『의례역주 1-사관례·사혼례·사상견례』, 세창출판사, 2012.

장동우 역주, 『의례 역주7-사상례·기석례·사우례』, 세창출판사, 2014.

김만원, 『文淵閣欽定四庫全書-독단·고금주·중화고금주 역주』, 역락, 2019.

조익 지음·박한제 옮김, 『이십이사차기 1』, 소명출판, 2009.

[宋]李昉 編 / 夏劍欽·王巽斋 校点, 『太平御覽』, 河北教育出版社, 石家庄, 1994.

[魏]張揖 撰·[清] 王念孫 疏證, 『廣雅疏證』

[清]王先愼 撰 / 鐘哲 點校, 『韓非子集解』, 北京, 中華書局, 1998.
[魏]王弼 注 / 樓宇烈 校釋, 『老子道德經注校釋』, 北京, 中華書局, 2008.
[清]徐乾學, 『讀禮通考』, 1696.

강순제·김미자·김정호·백영자·이은주·조우현·조효숙·홍나영, 『한국복식사전』, 민속
　　원, 2015.
申士垚·傅美琳 編著, 『中国风俗大辞典』, 北京, 中國和平出版社, 1991.
俞鹿年, 『中國官制大辭典』, 北京, 黑龍江人民出版社, 1992.
漢語大詞典編纂處, 『康熙字典 標點整理本』, 上海, 漢語大詞典出版社, 2002.

諸橋徹次, 『大漢和辭典』, 東京, 大修館書店, 1959.
尾崎雄二郎·竺沙雅章·戶川芳郎 編集, 『中國文化史大辭典』, 東京, 大修館書店, 2013.

국립고궁박물관, 『국립고궁박물관 전시안내도록』, 2011.
국립고궁박물관, 『군사의례-조선 왕실 군사력의 상징』, 2020.
국립공주박물관, 『국립공주박물관 상설전시도록』, 2010.

기마인물형토기 주인상 사진, 북조 도용 사진(국립중앙박물관 소장품, 국립중앙박물관
　　제공)
『續兵將圖說』 豹尾旗 사진(서울대학교 규장각 한국학연구원 소장품, 서울대학교 규장
　　각 한국학연구원 제공)
조선·대한제국 豹尾旗 사진, 조선 白澤旗 사진(국립고궁박물관 소장품, 국립고궁박물관
　　제공)
조선왕조실록 白澤旗 그림(국가기록원 소장품, 국가기록원 제공)
銘旌·物·豹尾槍 그림
중국 豹尾·大豹尾·白澤旗 그림(민속원 제공)

2. 저서

국립생물자원관, 『한눈에 보는 멸종위기 야생생물』, 2018.
김영하, 『韓國古代社會의 軍事와 政治』, 高麗大 民族文化研究所, 2002.
金哲俊, 『韓國古代社會研究』, 知識產業社, 1975.
김희만, 『신라의 왕권과 관료제』, 景仁文化社, 2019.
문은배, 『한국의 전통색』, 안그라픽스, 2012.

미야자키 이치사다(宮崎市定) 지음 / 임대희·신성곤·전영섭 옮김, 『구품관인법의 연구』,
    조합공동체 소나무, 2002.
쑨지 지음 / 홍승직 옮김, 『중국 물질문화사』, 알마 출판사, 2017.
왕웨이띠(王維提) 저 / 김하림·이상호 옮김, 『중국의 옷문화』, 에디터, 2005.
유지기 지음 / 오항녕 옮김, 『史通』, 역사비평사, 2012.
李基東, 『新羅骨品制社會와 花郎徒』, 一潮閣, 1984.
李文基, 『新羅兵制史研究』, 一潮閣, 1997.
이성시 지음 / 이병호·김은진 옮김, 『고대 동아시아의 민족과 국가』, 삼인, 2022.
이여성 지음 / 김미자·고부자 해제, 『조선복식고』, 민속원, 2008.
李如星, 『朝鮮服飾考』, 白楊堂, 1947.
이재만, 『한국의 전통색』, 일진사, 2011.
이종봉, 『한국도량형사』, 소명출판, 2016.
李鐘旭, 『新羅國家形成史研究』, 一潮閣, 1982.
李春植 主編, 『中國學資料解題』, 신서원, 2003.
장창은, 『고구려 남방 진출사』, 景仁文化社, 2014.
장창은, 『신라 상고기 정치변동과 고구려 관계』, 신서원, 2008.
전덕재, 『三國史記 잡지·열전의 원전과 편찬』, 주류성, 2021.
전덕재, 『한국 고대사회의 왕경인과 지방민』, 태학사, 2002.
全德在, 『新羅六部體制研究』, 一潮閣, 1996.
全海宗, 『東夷傳의 文獻的研究』, 一潮閣, 1980.
정덕기, 『신라 상·중대 중앙행정제도 발달사』, 혜안, 2021.
程樹德 저 / 임병덕 역주, 『九朝律考 1』, 세창출판사, 2014.
朱甫暾, 『금석문과 신라사』, 지식산업사, 2002.
하일식, 『신라 집권 관료제 연구』, 혜안, 2006.
韓國人文科學院 編輯委員會 編, 『新羅의 骨品制度』, 韓國人文科學院, 1989.
한준수, 『신라중대 율령정치사 연구』, 서경문화사, 2012.
홍나영·신혜성·이은진, 『韓中日 동아시아 복식의 역사』, ㈜교문사, 2011.
화메이 지음 / 김성심 옮김, 『복식』, 도서출판 대가, 2008.
황런다(黃仁達) 저 / 조성웅 옮김, 『중국의 색』, 도서출판 예경, 2013.
황선영, 『나말여초 정치제도사 연구』, 국학자료원, 2002.

末松保和, 『新羅史の諸問題』, 東京, 東洋文庫, 1954.
木村誠, 『古代朝鮮の國家と社會』, 東京, 吉川弘文館, 2004.
武田幸男, 『新羅中古期の史的研究』, 東京, 勉誠出版, 2020.
井上秀雄, 『新羅史基礎研究』, 東京, 東出版, 1974.

3. 논문

姜熺靜, 「미술을 통해 본 唐 帝國의 南海諸國 인식」 『中國史研究』 72, 中國史學會, 2011.

高富子·권준희·정완진, 「新羅 王京人의 衣生活」 『신라문화제학술발표논문집』 28, 동국대학교 신라문화연구소, 2007.

구효선, 「衣冠制를 통해 본 중고기 貴族의 양상」 『新羅文化』 34, 東國大學校 新羅文化研究所, 2009.

권준희, 「삼국시대 품급별 복색(服色)제도의 제정시기에 관한 연구」 『한복문화』 5, 한복문화학회, 2002.

권준희, 「신라 복식의 변천 연구」, 서울대학교 대학원 의류학과 박사학위논문, 2001.

김영심, 「6~7세기 삼국의 관료제 운영과 신분제-衣冠制에 대한 검토를 기반으로-」 『한국고대사연구』 54, 한국고대사학회, 2009.

김영재, 「「王會圖」에 나타난 우리나라 삼국사신의 복식」 『한복문화』 3-1, 한복문화학회, 2000.

金龍善, 「新羅 法興王代의 律令頒布를 둘러싼 몇 가지 問題」 『加羅文化』 1, 경남대학교 가라문화연구소, 1982.

김윤정, 「고려전기 집권체제의 정비와 官服制의 확립」 『한국중세사연구』 28, 한국중세사학회, 2010.

金鐘完, 「梁職貢圖의 성립 배경」 『魏晉隋唐史研究』 8, 魏晉隋唐史學會, 2001.

金哲埈, 「高句麗·新羅의 官階組織의 成立過程」 『李丙燾博士華甲記念論叢』, 一湖閣, 1956.

金義滿, 「新羅 衣冠制의 成立과 運營」 『전통문화논총』 6, 한국전통문화학교, 2008(b).

金義滿, 「新羅의 衣冠制와 骨品制」 『慶州史學』 27, 慶州史學會, 2008(a).

남윤자·이진민·조우현, 「「王會圖」와 「蕃客入朝圖」에 묘사된 三國使臣의 服飾 研究」 『服飾』 51-3, 한국복식학회, 2001.

盧鏞弼, 「新羅時代 律令의 擴充과 修撰」 『洪景萬敎授停年紀念 韓國史學論叢』, 景仁文化社, 2002.

노중국, 「三國의 官等制」 『강좌 한국고대사 2』, 가락국사적개발연구원, 2003.

盧重國, 「法興王代의 國家體制 强化」 『統一期의 新羅社會 研究』, 경상북도, 1987.

문창로, 「『삼국지』 한전의 王號와 그 실상」 『한국학논총』 50, 國民大學校 韓國學研究所, 2018.

朴南守, 「신라의 衣生活과 織物 생산」 『한국고대사연구』 64, 한국고대사학회, 2011.

朴秀淨, 「『三國史記』 職官志 研究」, 高麗大學校 大學院 韓國史學科 博士學位論文, 2017.

山本孝文, 「考古學으로 본 三國時代의 官人」 『한국고대사연구』 54, 한국고대사학회, 2009.

山本孝文, 「服飾과 身分表象」 『三國時代 律令의 考古學的 研究』, 서경, 2006.

서영교, 「『三國志』『魏略』의 '斯羅國'과 『魏書』의 斯羅」 『歷史學硏究』 59, 湖南史學會, 2015.

선석열, 「6세기 초반 신라 금석문을 통해 본 『梁書』 新羅傳의 관등 사료 비판」 『지역과 역사』 28, 부경역사연구소, 2011.

申東河, 「新羅 骨品制의 形成過程」 『韓國史論』 5, 서울대학교 국사학과, 1979.

신범규, 「신라 중고기 시위부의 역할과 배치양상」 『新羅史學報』 47, 新羅史學會, 2019.

辛鐘遠, 「三國史記 祭祀志 硏究」, 『史學硏究』 38, 한국사학회, 1984.

延敏洙, 「新羅의 大倭外交와 金春秋」 『新羅文化』 37, 동국대학교 신라문화연구소, 2011.

延正悅, 「新羅律令攷」 『南都泳博士古稀紀念 歷史學論叢』, 민족문화사, 1993.

유병하·성재현, 「천마총 출토 채화판(彩畫板)에 대한 기초적 검토-서조도와 기마인물도를 중심으로-」 『동원학술논문집』 11, 국립중앙박물관 외, 2010.

尹龍九, 「『梁職貢圖』의 流傳과 摹本」 『목간과 문자』 9, 한국목간학회, 2012.

李康來, 「7세기 이후 중국 사서에 나타난 韓國古代史像 - 통일기 신라를 중심으로 - 」 『한국고대사연구』 14, 한국고대사학회, 1998.

李基東, 「新羅 中代의 官僚制와 骨品制」 『震檀學報』 50, 震檀學會, 1980.

이도학, 「中原高句麗碑의 建立 目的」 『高句麗渤海硏究』 10, 高句麗硏究會, 2000.

李文基, 「『三國史記』 雜志의 構成과 典據資料의 性格」 『한국고대사연구』 43, 한국고대사학회, 2006.

李鎔賢, 「『梁書』·『隋書』·『南史』·『北史』의 新羅傳 비교 검토 - 통일이전 신라 서술 중국 사료의 성격」 『新羅史學報』 8, 新羅史學會, 2006.

李宇泰, 「韓國古代의 尺度」 『泰東古典硏究』 1, 태동고전연구소, 1984.

李仁哲, 「新羅律令의 篇目과 그 內容」 『정신문화연구』 54, 한국정신문화연구원, 1994.

李鐘旭, 「新羅 中古時代의 骨品制」 『歷史學報』 99·100合輯, 歷史學會, 1983.

이진민·남윤자·조우현, 「「王會圖」와 「蕃客入朝圖」에 묘사된 三國使臣의 服飾 硏究」 『服飾』 51, 한국복식학회, 2001.

이한상, 「신라 복식의 변천과 그 배경」 『新羅文化』 43, 東國大學校 新羅文化硏究所, 2014.

林起煥, 「4~6세기 中國史書에 나타난 韓國古代史像」 『한국고대사연구』 14, 한국고대사학회, 1998.

全德在, 「7세기 중반 관직에 대한 관등규정의 정비와 골품제의 확립」 『한국 고대의 신분제와 관등제』, 아카넷, 2000.

田鳳德, 「新羅의 律令攷」 『서울大學校論文集』 4, 1956.

정덕기, 「신라 상·중대 6부 관청의 운영과 구성 원리」 『東아시아古代學』 65, 東아시아古代學會, 2022.

정덕기, 「신라 진평왕대 對隋 외교와 請兵」 『新羅史學報』 52, 新羅史學會, 2021.

정덕기, 「신라 上古期 대외 방어 전략의 변화와 于山國 征伐」 『新羅史學報』 50, 新羅史

學會, 2020.

정덕기, 「6세기 초 신라의 尊號改正論과 稱王」『歷史學報』236, 歷史學會, 2017.

정은주, 「中國 歷代 職貢圖의 韓人圖像과 그 인식」『漢文學論集』42, 槿域漢文學會, 2015.

曹凡煥, 「新羅 智證王代 北魏에 사신 파견과 목적」『서강인문논총』46, 서강대학교 인문과학연구소, 2016.

朱甫暾, 「蔚珍鳳坪新羅碑와 法興王代 律令」『韓國古代史研究』2, 한국고대사연구회, 1989.

채미하, 「신라의 凶禮 수용과 그 의미」, 『韓國思想史學』42, 한국사상사학회, 2012(b).

채미하, 「한국 고대의 죽음과 喪·祭禮」, 『韓國古代史研究』65, 한국고대사학회, 2012(a).

崔圭順, 「冕服 관련 服飾史料 校勘-『後漢書』에서 『宋史』까지-」『新羅史學報』13, 新羅史學會, 2008.

崔圭順, 「중국 綬에 관한 연구-漢 이후 변화과정을 중심으로」『服飾』56-8, 한국복식학회, 2006.

崔圭順, 「中國의 初期 織金 研究」『服飾』57-5, 한국복식학회, 2007.

최의광, 「『三國史記』·『三國遺事』에 보이는 新羅의 '國人' 記事 檢討」『新羅文化』25, 東國大學校 新羅文化研究所, 2005.

홍성열, 「신라 통일기 5주서의 역할과 위상」『北岳史論』15, 北岳史學會, 2021.

홍승우, 「『三國史記』職官志 武官條의 기재방식과 典據資料」『史學研究』117, 한국사학회, 2015.

洪承佑, 「新羅律의 基本性格-刑罰體系를 중심으로」『韓國史論』50, 서울대학교 국사학과, 2004.

吳欣, 「冠冕之制 : 终结于帝制时代的章服」『中国消失的服饰』, 山东画报出版社, 2013.

木村誠, 「6世紀新羅における骨品制の成立」『歷史學研究』428, 東京, 歷史學研究會, 1976.

武田幸男, 「新羅官位制の成立」『朝鮮歷史論集 上』, 東京, 龍溪書舍, 1979.

武田幸男, 「新羅法興王代の律令と衣冠制」『古代朝鮮と日本』, 東京, 龍溪書舍, 1974.

武田幸男, 「新羅の骨品體制社會」『歷史學研究』299, 東京, 歷史學研究會, 1965.

朱甫暾, 「新羅骨品制社會とその變化」『朝鮮學報』196, 奈良, 朝鮮學會, 2005.

4. 인터넷자료

국립중앙박물관 e뮤지엄(http://www.emuseum.go.kr).
국사편찬위원회, 『조선왕조실록』(http://sillok.history.go.kr/).
서울대학교 규장각 한국학연구원(https://kyudb.snu.ac.kr/pf01/rendererImg.do).

대만 중앙연구원, 兩千年中西曆轉換(http://sinocal.sinica.edu.tw/).

출전

본서는 학술지에 게재한 논문 4편의 내용·문맥 등을 수정·보완해 단행본으로 구성하였다. 원 글의 서지를 아래에 밝힌다.

2장 : 「신라 上代 朝服의 존재와 용도」『한국고대사탐구』35, 한국고대사탐구학회, 2020.

3장 : 「신라 중고기 公服制와 服色尊卑」『新羅史學報』39, 新羅史學會, 2017.

4장 : 「신라 上代 朝服의 구성 품목 검토」『東아시아古代學』59, 東아시아古代學會, 2020.

5장 : 「신라 武官의 官服 구성 품목과 위신재」『白山學報』124, 白山學會, 2022.

찾아보기

□ 자료 제공 및 소장처

국가기록원

국립고궁박물관

국립공주박물관

국립중앙박물관

국사편찬위원회

민속원

서울대학교 규장각 한국학연구원

* 표지 앞, 뒤 : 삼국사기 정덕본(국사편찬위원회 한국사데이터베이스)

정덕기(丁德氣)

연세대학교 역사문화학과를 졸업하고, 동 대학원 사학과에서 석사·박사학위를 받았다. 한국고등교육재단
26기 한학연수장학생으로, 4서 3경 등을 배웠다. 육군3사관학교 군사사학과 조교수(일반)을 거쳐, 연세대학
교 역사문화학과·국립한국교통대학교 교양학부·수원여자대학교 유아교육과 등에서 강의하였다.

현재 서울대학교 기초교육원·육군사관학교 군사사학과 강사로 재직하고 있으며, 2020년도 신진연구자 지원
사업 '동아시아사 속 신라 중앙행정제도의 발달과정과 그 함의'를 수행하고 있다. 신라의 제도·군사·예제·관
복(복식) 등을 위주로 공부하고 있다.

저서로『신라 상·중대 중앙행정제도 발달사』(혜안, 2021)가 있고, 편저로『고대 동아시아의 수군과 해양활
동』(도서출판 온샘, 2022), 『시대를 앞서간 고승 元曉』(도서출판 온샘, 2021) 등 5권이 있다.

논문으로「신라 상·중대 6부 관청의 운영과 구성 원리」(『東아시아古代學』63, 2022), 「삼국 신라 연령등급
제의 연령과 속성」(『東아시아古代學』59, 2021), 「신라 진평왕대 對隋 외교와 請兵」(『新羅史學報』52,
2021), 「신라 上·中代 船府(署)의 정비와 水軍」(『한국고대사탐구』38, 2021) 등 신라사 관계 논문 20여편,
근대 양명학·실학 관계 논문 1편을 썼다.

신라 상대 관복제도사

초판 1쇄 인쇄 2023년 2월 25일
초판 1쇄 발행 2023년 2월 25일

지 은 이 정덕기
발 행 인 박종서
발 행 처 도서출판 역사산책
출판등록 2018년 4월 2일 제2018-60호
주   소 (10477) 경기도 고양시 덕양구 은빛로 39, 401호
         (화정동, 세은빌딩)
전   화 031-969-2004
팩   스 031-969-2070
이 메 일 historywalk2018@daum.net
페이스북 https://www.facebook.com/historywalkpub/

ISBN 979-11-90429-29-0

＊잘못된 책은 바꿔 드립니다.
＊이 책의 무단 복제와 전재를 금합니다.

값 25,000원